2004 年教育部
人文社会科学重点研究基地项目(04JJD820006)

促进我国知识产权产业化制度研究

曹新明　著

知识产权出版社
全国百佳图书出版单位

本书以推进国家知识产权战略实施为指针，以提升国家综合竞争力为基础，以发展我国经济为目的，全面、系统、深入地研究促进我国知识产权产业化制度的构建问题，寻求促进我国知识产权产业化的正确路径。

责任编辑：刘　睿　罗　慧　　　　责任校对：韩秀天
特约编辑：王福仓　　　　责任出版：卢运霞

图书在版编目（CIP）数据

促进我国知识产权产业化制度研究 / 曹新明著．—北京：知识产权出版社，2012.5
ISBN 978－7－5130－1293－5
Ⅰ．①促…　Ⅱ．①曹…　Ⅲ．①知识产权制度－研究－中国
Ⅳ．①D923.04
中国版本图书馆 CIP 数据核字（2012）第 080223 号

促进我国知识产权产业化制度研究
曹新明　著

出版发行：知识产权出版社

社　址：北京市海淀区马甸南村 1 号	邮　编：100088
网　址：http://www.ipph.cn	邮　箱：bjb@cnipr.com
发行电话：010－82000860 转 8101/8102	传　真：010－82005070/82000893
责编电话：010－82000860 转 8113	责编邮箱：liurui@cnipr.com
印　刷：北京紫瑞利印刷有限公司	经　销：新华书店及相关销售网点
开　本：720mm×960mm　1/16	印　张：15.75
版　次：2012 年 6 月第一版	印　次：2012 年 6 月第一次印刷
字　数：283 千字	定　价：38.00 元

ISBN 978－7－5130－1293－5 / D・1479（4176）

前言 PREFACE

悠悠华夏，历史久远，文化深厚。早在宋朝庆历年间（1041～1048年），毕昇就发明了活字印刷术，为人类文明作出了杰出贡献，比15世纪50年代的德国谷腾堡活字印刷术早400年。然而，由于我国的活字印刷术没有被普遍使用于民间，没有产业化，以至于西方人将谷腾堡当成了活字印刷术的首先发明人。造成这种误解的根本原因在于谷腾堡的活字印刷术在发明后，迅速地运用于欧洲各国，进而催生了世界上第一部著作权法——英国1710年的《安娜女王法》。

进入21世纪以来，国际形势发生变化，国家之间、地区之间以及国家与地区之间不再是剑拔弩张的军事对峙，而是严峻的经济贸易竞争。面对这种形势，党中央、国务院审时度势，采取了一系列重要措施，积极应对。2001年加入世界贸易组织，为我国企业走向国际市场创造了最有利的条件；2008年国务院发布《国家知识产权战略纲要》，将知识产权战略与人才强国战略、科教兴国战略、可持续发展战略等共同作为国家战略。知识产权是市场经营者形成竞争力的基础，只有知识产权产业化才能将智慧创作物转化为实实在在的竞争力。知识产权产业化是实施国家知识产权战略的关键环节，也是知识转化为生产力价值链条中承前启后的连接点。

基于此种理由，本课题研究以推进国家知识产权战略实施为指针，以提升国家综合竞争力为基础，以发展我国经济为目的，全面、系统、深入地研究促进我国知识产权产业化制度构建问题，寻求促进我国知识产权产业化的正确路径。

第一，构建促进知识产权产业化制度是国家知识产权战略成功实施的重要因素。知识产权产业化，首先是将处于静止状态的知识产权转化为动态运用，其次是让知识产权从法律意义走向市场意义，最后是使知识产权从潜力资源演绎为核心生产力。对市场经营者而言，拥有大量的知识产权固然重要，但知识产权本身并不等于企业的核心竞争力，只有具有产业化前景的知识产权、已经产业化的知识产权，才是企业的真正核心竞争力所在。

专题研究知识产权产业化对国家知识产权战略实施的作用，将有助于建立和健全符合社会主义市场经济的知识产权产业化制度，有助于实现我国经济发展方式转变的目标，有助于加快建设创新型国家的步伐。构建促进知识产权产业化制度，可以为知识产权产业化提供有效的制度基础，激发人们创造出能够产业化的技术创新成果，激发人们产生足够的动力来利用资源实施知识产权，将法律权利变成产业制造能力，变成企业的竞争优势，变成国家的竞争力。

第二，我国知识产权产业化实施率非常低的现实情况迫切要求我们构建促进知识产权产业化制度。党中央提出了增强自主创新能力，建设创新型国家的重大决策。自主创新是我国面对当今世界经济、科技的发展趋势和内在规律，针对我国国情提出的国家发展战略。相比知识产权法律制度所建立的授权确权与救济制度，促进知识产权产业化制度在我国还处于探索阶段。

知识产权产业主要包括版权产业、高新技术产业（主要是IT产业、生物技术产业、新能源产业等）、农业产业等。有关资料表明，我国科技成果的名义转化率仅在15%左右，而能够真正产生效益的成功转化率难以超过5%。其主要原因在于我国许多高校和科研机构重学术、轻应用，而企业并没有成为科技研发的主体，没能从市场需求出发设置科研项目，常常使科技成果与生产脱节。此外，尽管《技术成果转化法》已经实施，但具体的落实措施没有跟上，没有促进科技成果转化的完善机制，导致有些具有知识产权的科技成果不能进行适用市场的调试。

面对发达国家知识产权竞争压力，我国企业只有不断进行技术创新，保护知识产权，将知识产权产业化，才能够在国内外竞争中逐步获得优势，取得优势地位。构建促进知识产权产业化制度是确保我国国家竞争力的重要举措。

第三，作为一个系统工程，知识产权产业化需要从整体上构建促进其发展的制度。要充分发挥市场在科技资源配置中的基础性作用，充分发挥企业在技术创新中的主体作用，充分发挥国家科研机构的骨干和引领作用，充分发挥大学的基础和生力军作用，大力加强国家科研机构、大学、企业等单位之间的合作，就必须认识到仅有法律是不够的。知识产权法可以为智慧创作物提供保护制度，科技法律规范能够促进知识产权的运用，但知识产权产业化需要两者的协调，而这在我国的法制建设中尚处于开拓阶段。此外，知识产权产业化需要政府的积极扶持，这涉及财政、税收、公共政策及其他经济杠杆的运用，还涉及市场培育等多个环节的整合，而这也是知识产权产业化发展的重要因素。因此，构建知识产权产业化制度具有整合法律和政策之作用。

CONTENTS 目录

1

第一章 导论

一、引言

世界知识产权组织(简称WIPO)前总干事卡米尔·伊德里斯[1]先生认为,知识产权是经济增长的有力武器。[2] 伊德里斯先生的这句话包含着深邃的意蕴:第一,从静态角度讲,知识产权是一种武器,对竞争对手具有威慑力。一方面,知识产权可以作为竞争者的防守盾牌,为维护自己的利益,持有者可以借助知识产权对抗竞争对手,给竞争对手造成麻烦。例如,美国1930年的《关税法》第337条就是利用知识产权来威慑竞争对手(贸易伙伴)的武器,让竞争对手望而却步。[3] 另一方面,知识产权可以作为竞争者的攻击武器,主动出击,置对手于不利之地。例如,美国1984年《综合贸易竞争法》中的特殊301条款是全世界最著名的进攻

[1] 世界知识产权组织成立于1970年4月26日,第一任总干事是荷兰人乔治·博登豪森(Georg Bodenhausen,1970~1973年任职),第二任总干事是美国人阿帕德·鲍格肯(Arpad Bogsch,1973~1997年任职),第三任总干事是苏丹人卡米尔·伊德里斯(Kamil Idris,1997~2008年任职),现任总干事(第四任)是澳大利亚人弗朗西斯·加利(Francis Gurry,2008年入职)。

[2] [苏丹]卡米尔·伊德里斯著,曾燕妮译:《知识产权推动经济增长的有力工具》,知识产权出版社2008年版。

[3] "337条款"主要针对进口贸易中的不正当竞争行为,包括一般不正当贸易和与知识产权有关的不正当贸易。与知识产权有关的不正当贸易,是指美国所有权人、进口商或者分销商向美国进口销售的商品,侵犯了美国的版权、专利、商标、集成电路布图设计等知识产权。对此,美国知识产权所有人向美国国际贸易委员会投诉,由该委员会立案,启动"337"程序。一旦裁定侵权成立,即可禁止侵权商品进口到美国。参见美国1930年《关税法》。

性知识产权武器。美国以此为据，对其贸易伙伴进行指责，然后逼其就范。[1]

第二，从动态角度讲，知识产权是一种武器，通过在经营活动中的运用，将知识、智慧以及智慧创作物转化为现实生产力，推动经济发展。例如，由美国国际知识产权联盟[2]发布的《美国经济中的版权产业》[3]报告可知，美国的版权产业对美国的经济增长作出了巨大贡献。以 2003～2007 年的报告为例：在此 5 年中，核心版权产业对美国 GDP 的贡献率保持在 6.40% 左右，总版权产业对美国总 GDP 的贡献率保持在 11% 以上。[4]

因此可以肯定地说，知识产权对经济增长具有重要作用。然而，最重要的是要让知识产权产业化，将知识产权转化为生产力，才能对经济产生推动力。事实上，知识产权制度与国家的经济政策、金融政策、税收政策、产业政策、外贸政策、科技政策、文化政策等具有密切关系。构建促进知识产权产业化制度，就需要与这些政策相联系。综观当今世界，经济发达国家无一不是知识产权制度健全与完善的国家，自主知识产权的数量、质量都居于世界领先地位。尤其值得注意的是，其知识产权产业化程度非常高。

---

❶ 自 20 世纪 80 年代以来，美国设立贸易代表处，每年对其贸易伙伴的知识产权保护状况进行评价，并发布“特殊 301 报告”，然后根据该报告与其贸易伙伴进行谈判，以贸易报复相威胁。

❷ The International Intellectual Property Alliance (IIPA) is a private sector coalition, formed in 1984, of trade associations representing U.S. copyright-based industries in bilateral and multilateral efforts working to improve international protection and enforcement of copyrighted materials and open up foreign markets closed by piracy and other market access barriers.

IIPA's seven member associations are: the Association of American Publishers (AAP), the Business Software Alliance (BSA), the Entertainment Software Association (ESA), the Independent Film & Television Alliance (IFTA), the Motion Picture Association of America (MPAA), the National Music Publishers' Association (NMPA) and the Recording Industry Association of America (RIAA). IIPA's seven member associations represent over 1,900 U.S. companies producing and distributing materials protected by copyright laws throughout the world—all types of computer software, including business applications software and entertainment software (such as videogame discs and cartridges, personal computer CD-ROMs, and multimedia products); theatrical films, television programs, DVDs and home video and digital representations of audiovisual works; music, records, CDs, and audiocassettes; and textbooks, trade books, reference and professional publications and journals (in both electronic and print media). at http://www.iipa.com/aboutiipa.html.

❸ 1990～2010 年，美国 IIPA 的 Stephen E. Siwek 已经主持编写了 12 份《美国经济中的版权产业》报告。载 http://www.iipa.com/.

❹ See Copyright based-industries in the U.S. Economy: the Report 2003～2007, at http://www.iipa.com/.

知识产权产业化是知识产权战略中的重要环节，也是知识转化为生产力价值链条中承前启后的重要组成部分。知识产权产业化建立在知识产权市场运作机制之上，是知识产权利用、管理和促进创新循环的重要表现。本课题试图开拓和展现知识产权战略中的一个重要领域——知识产权产业化制度构建。作为导论，本章将在回顾、分析国内外知识产权产业化制度研究现状的前提下，着重分析从理论上构建促进知识产权产业化制度的一些相关问题，包括其研究现状、研究意义，同时简单介绍和讨论本课题所使用的材料、方法以及基本的论证思路。

本课题所研究的问题是"构建促进我国知识产权产业化制度"。具而言之，本课题所要解决的问题就是构建一个适合我国国情的、能够促进我国知识产权产业化的制度。经过20多年的努力，我国的知识产权制度在充分体现中国特色的前提下，基本与国际接轨，并且能够满足我国现实的需要。在此前提下，我国知识产权的数量和质量有了显著提高。单纯从数量上看，我国已属于知识产权大国[1]；但是，其质量还有待提高，不能算知识产权强国。令人遗憾的是，我国的知识产权产业化程度不高，并且还没有构建起有效促进我国知识产权产业化的制度。因此，我们希望通过本课题的研究，提出促进我国知识产权产业化制度的构想或者框架，为提高我国的综合国力和国际竞争力服务。

二、研究现状

近几年，随着知识产权在经济建设、对外贸易中作用的日益提高，人们逐渐将目光聚焦于知识产权产业化，并对此进行相应的研究。从我们所收集的资料来看，国内学者目前就知识产权产业化问题的研究取得了可喜的成果。

（一）关于高新技术产业化若干问题的研究

国内学者对这个问题的研究成果包括《中国高新技术产业化的发展与展望》[2]《关于高新技术产业化过程中法律保护问题的研究》[3]《高新技术产业化风

---

[1] 吴汉东："中国知识产权法制建设的评价与反思"，载 http://www.privatelaw.com.cn/new2004/xrfc/...%5Cshtml%5.20091018-212933htm.

[2] 2002年5月23日，时任科技部部长的徐冠华先生在第五届"中国北京国际科技产业博览会"上发表了题为《中国高新技术产业化的发展与展望》的讲话，对我国当时的高新技术产业化现状以及今后一个时期内的走向进行了介绍与分析。载 http://news.sina.com.cn/c/2002-05-23/2155584459.html.

[3] 这部著作从理论、实证和实践三个层面，以哲学、科学技术方法论、法理学为基础，运用统计学、系统分析、比较分析等研究方法，对高新技术及高新技术产业化过程中的法律保护问题进行了研究和探讨。

险投资机制研究》❶《对农业高新技术产业化几个理论问题的思考》❷《高新技术知识产权保护与产业化》❸等。

（二）关于知识产权产业化其他问题的研究

近几年，国内学者对与知识产权产业化有关的其他问题也进行了研究，主要代表作有：《我国大学专利技术产业化的模式》❹《知识产权成制胜“杀手锏”》❺《促进我国自主知识产权成果产业化的财政政策研究》❻《韩国促进自主知识产权成果产业化的经验》❼等。

另一方面，国外学者所进行的与本课题有关的研究主要集中在：(1) Copyright - based Industries: Assessing their weight. ❽; (2) Guide on Surveying the Economic Contribution of the Copyright - Based Industrie❾; (3) The Economic Contri-

---

❶ 蒋仁富等的研究成果《高新技术产业化风险投资机制研究》，首先阐述了高新技术产业化与风险投资的相关概念及在现阶段研究风险投资与高新技术产业化的意义；着重分析了绵阳风险投资发展的现状，即绵阳市风险投资公司的基本情况及存在的主要问题；并结合风险投资的发展现状提出了加快发展绵阳风险投资业的两大对策措施，即通过政策导航奠定风险投资发展基础和建立绵阳风险投资机制；最后阐述了如何建立绵阳风险投资保障机制。载 http://www.tt91.org/article/09-06-22/15571655_1.shtml.

❷ 高启杰：“对农业高新技术产业化几个问题的思考”，载 http://www.zgxcfx.com/Article_Show.asp? ArticleID=26992.

❸ 李兆阳：《高新技术知识产权保护与产业化》，华夏出版社2002年版。

❹ 该文首先分析了我国高校从事专利技术研发的基本情况：我国高等院校有1000余所，从事科学技术研究的约有67万余人，占全国科研力量的22%。我国重点大学拥有丰富的知识产权资源，到2003年年底，共申请专利43453项，获专利权21907件。为加强知识产权管理，促进专利技术产业化，大学成立了知识产权领导小组，并下设知识产权办公室以及成果转化、技术开发等服务部门。然后以北京大学、清华大学为例，总结了我国高校专利技术产业化的几种模式。陈美章：“我国大学专利技术产业化的模式”，载深圳市知识产权网。

❺ 2009年以来，深圳大批科企以拥有的核心专利为“利器”，逆势扩张、提升利润，成为令人瞩目的一大经济亮点。笔者从深圳市知识产权局及芯邦、腾讯、华为等有关企业获悉，在抗击金融危机带来的挑战中，大批企业的专利营运、维权、授权许可等知识产权运用能力快速提高，核心专利成为企业提高核心竞争力的“杀手锏”，科技企业在依靠知识产权成果应对行业冬天和提升盈利方面，已领跑全国。参见“知识产权成制胜‘杀手锏’”，载《深圳商报》2009年5月4日。

❻ 财政部财政科学研究所课题组：“促进我国自主知识产权成果产业化的财政政策研究”，载《经济研究参考》2007年第22期。

❼ 李以学、王君：“韩国促进自主知识产权成果产业化的经验”，载《经济纵横》2007年第12期。

❽ See WIPO Magazine, May 2005. at http://www.wipo.int/wipo_magazine/en/2005/03/article_0012.html.

❾ http://www.wipo.int/copyright/en/publications/.../copyright_pub_893.pdf.

bution of Copyright - Based Industries in Singapore❶;(4)Intellectual Property—A Power Tool for Economic Growth❷;(5)US Report: National Information Infrastructure and Intellectual Property.

通过分析发现,国内外学者已进行的研究对本课题具有重要的指导作用,但存在如下明显的缺陷:一是研究的零散性。现有研究差不多只是涉及与知识产权产业化有关的某一个或者几个方面的问题,缺乏系统性、整体性。二是研究的片面性。现有的零散研究既缺乏全面性,更缺乏应有的深度,对国家政策的制定难以产生指导效应。三是研究方法的单调性。关于知识产权产业化研究,人们通常采用简单比较、个案分析、国外实例与理论论证等基本方法,缺乏应有的多样性和层次性,从而导致研究效果不可能产生应有的说服力。四是研究成果的低效性。现有研究大多采用引进、移植和借鉴方法,从某个地区、行业或者局部的角度研讨知识产权产业化,从国家的宏观战略高度切入者较少。因此,现有研究成果对国家知识产权产业化政策几乎没有产生明显的效应。

鉴于国际知识产权产业化发展日益强劲的势头,鉴于我国知识产权产业化刚处于起步阶段的情势,鉴于我国经济、社会发展的迫切需要,笔者认为,在"促进我国知识产权产业化制度构建"方面研究的趋势表现为"四性":一是目的性。通过本课题的研究,促进知识产权产业化,提升国家综合竞争力和企业的核心竞争力,为国家实施知识产权战略提供指导性对策。二是全局性。为了实现上述目的,该研究将站在整个国家的全局高度,建构促进知识产权产业化制度,提高人们对知识产权产业化重要性的认识,最大限度地发挥知识产权的经济杠杆作用。三是系统性。本课题的研究,除了进行必要的理论创新、制度创新和方法创新之外,应着重于对现有制度的整合和重构,使之体系化。四是实效性。与西方发达国家或者地区相比较,我国知识产权产业化程度明显偏低,因此本课题的研究立足于本国、立足于现实、立足于应用,使其研究成果能够产生积极效应。

三、本课题的研究价值和意义

综上所述,我国已有一些研究成果提出了构建知识产权产业化制度的观点,而且认识到对这个问题的研究具有特殊意义。然而,目前针对知识产权产业化

---

❶ Kit B. Chow: The Economic Contribution of Copyright - Based Industries in Singapore, at Review of Economic Research on Copyright Issues, Vol. 2, No. 2, pp. 127 -148, 2005.

❷ Kamil Idris: Intellectual Property—A Power Tool for Economic Growth, at http://www.int.org.

制度进行的综合性基础理论研究和对策研究还非常稀缺。发达国家是知识产权游戏规则的制定者,有一套比较完善的知识产权产业化制度。我国属于后发国家,仍处于模仿创新阶段,因此,可以借鉴发达国家的成功经验和已有制度来研究促进我国知识产权产业化制度的构建,但不能脱离我国实际国情机械照搬,否则拿来的制度就有可能南橘北枳,不服水土。本课题的价值和意义体现在以下三个方面。

(一)推动国家知识产权战略实施

已故著名知识产权学者郑成思先生曾经指出:"目前,国家与省一级的主管部门正在研究制定我国的知识产权战略,但多集中在面对我国企业的知识产权预警与对策方面。这些可以是知识产权战略的一项内容,但不是主要内容。主要内容应在立法的完善与法律实施的完善两个方面……建立我国的知识产权战略主要应包括三方面的实际内容:第一,加强知识产权保护;第二,取得一批拥有知识产权的成果;第三,使这些成果'产业化'(进入市场)。这三个方面缺一不可。"❶在此,郑成思先生精辟地指出了知识产权产业化对国家知识产权战略成功实施的重要意义。

国家知识产权战略虽然是一个热门概念,人们都非常关注企业、行业、地方以及国家层面知识产权战略的研究。但无论何种层面知识产权战略的研究,基本都属于宏观上、理论上的研究,比如实施知识产权战略的意义、知识产权战略的目标和内容、制定知识产权战略应遵循的基本原则等,较深入一点的也只是知识产权战略与某个行业发展的关系,比如"科研院所知识产权保护的重点、难点和战略要点""对中药知识产权保护战略的认识与思考""中国发展知识产权服务业的战略意义""实施知识产权战略与高新区整体研发能力的提升"等。❷这些研究并没有抓住知识产权战略的"牛鼻子"。

从本质上讲,知识产权产业化就是知识产权由静态保护到动态运用的过程,就是知识产权从法律意义走向市场意义的过渡,就是知识产权从潜力资源到核心生产力的转化。知识产权产业化,不仅需要有可以产业化的知识产权,更需要有知识产权保护机制、激励知识产权转化机制、风险保障机制、融资投资保障机制等一系列措施。对构建促进知识产权产业化制度进行专题研究,为有效解决

---

❶ 郑成思:"中国需要怎样的知识产权战略",载《航天工业管理》2004年第6期。

❷ 王清平:"科技成果知识产权化与国家知识产权战略、国家科技发展战略",载《中国科技论坛》2007年第6期。

知识产权产业化可能遭遇的机制性困难提供理论依据和具体制度设计，使得知识产权创造和知识产权利用成为一个整体。

基于以上考虑，本课题对构建促进知识产权产业化制度进行较为全面、系统和深入的研究，以探悉其理论根源，归纳其制度范式，反思其制度结构，寻找正确的行进路径，以弥补我国该领域研究之空白，形成内部体系和谐的知识产权产业化制度。如前所述，知识产权产业化是推进国家知识产权战略实施的重要措施，本课题的研究成果将为知识产权产业化提供良好的理论支撑以及相应的制度选择，降低知识产权产业化风险，丰富知识产权产业化思路，提高知识产权产业化效率。在此基础上，进一步采用多元性手段保障科技创新产业转化能力，保障我国自主知识产权产业化将成为未来的发展趋势。

（二）促进知识产权产业化制度的构建

2006年年初，党中央在全国科技大会上作出了增强自主创新能力、建设创新型国家的重大决策。胡锦涛总书记指出：提高我国科技自主创新能力，要充分发挥市场在科技资源配置中的基础性作用，充分发挥企业在技术创新中的主体作用，充分发挥国家科研机构的主导和引领作用，充分发挥大学的基础和生力军作用，大力加强国家科研机构、大专院校、公司企业之间的合作，进一步形成科技创新的整体合力，加快建设符合社会主义市场经济发展要求和科技创新规律、具有中国特色的国家创新体系。因此，加速国家创新体系建设，形成以市场需求为主要导向的、按照市场经济规律和科技自身发展规律构筑的科研新局面，是我国科技法制的基本导向。我国应该从国家创新体系建设的要求出发，不断完善我国知识产权法律制度和科技法律制度，以国家创新体系建设作为评判标准，整合知识产权法、竞争法、贸易法和科技法，以实现法律规范体系内外两方面的统一性、协调性、完整性和实效性。

为促进科技成果转化，国家制定了一系列法律法规，如《促进科技成果转化法》❶《专利法》《合同法》等，有利于科技成果转化为现实生产力、竞争力甚至社会财富。但是，由于这些法律法规缺乏可操作性，一旦遇到现实问题，总是难以找到有效的解决路径，影响科技成果快速、有效地转化。具体表现在：一是许多法律条文过于原则，需要很多配套解释或者实施措施，例如《促进科技成果转化法》中关于国家财政投入、税收优惠、信贷支持、风险基金、成果价值评估的规定

❶ 该法于1996年5月15日第八届全国人民代表大会常务委员会第十九次会议通过，1996年10月1日起实施。

缺乏可操作性;二是调整同种类或者相近似法律关系的法律规范所作出的规定或者冲突,或者矛盾,或者遗漏,或者空缺,造成适用的麻烦。例如,《促进科技成果转化法》第29条和第30条就奖励事项作了规定,《专利法实施细则》也对职务发明创造的发明人或者设计人给予奖励作了专门规定。具体实践中,完全按照法律法规规定,给予职务发明人或者设计人应得奖励的,不是很多;绝大多数只是给予象征性奖励或者期待性奖励,甚至根本不给奖励。这种现状,不仅不利于技术研发,更不利于成果转化。更为严重的是,一旦将科技成果进行转化,带来的并不都是收益,而且相伴的是权属之争或者权益之争。据有关资料报道,自2000年以来,由科技成果转化或者产业化引发的权属之争、利益之争每年都有数十起,其焦点集中在有关单位或者公司企业没有切实兑现科技成果发明创造者应得的奖励或者报酬,从而导致科技成果权属不清、利益分配不明,引起纠纷。[1]

从整体上研究科技法和知识产权法,将有助于建立和健全符合社会主义市场经济的知识产权产业化制度,有助于实现我国经济发展转型的目标,有助于加快建设创新型国家的任务,有助于实现法律制度、政策和经济相适应相互促进相互发展的良性关系。

(三)有助于提高我国企业竞争力

知识产权作为企业重要的经营资源以及无形资产,其产业化具有重要的经济意义。知识产权产业化可以促进企业扩大生产经营规模,获取较大的竞争优势。在科学技术迅猛发展、经济日益全球化的语境下,企业的竞争优势日益转化为知识产权优势,知识产权优势是企业以技术和品牌为核心的竞争优势。但是,知识产权优势并非技术创新而自然获得,并非伴随知识产权的获取而获得,因为没有经过工程化、产品化,未能经受市场检验的知识产权,并不能给企业带来竞争优势。知识产权产业化使得产品经市场检验后再进行修改完善,这样的循环过程是一个不断创新的过程,也是获得真正的竞争优势的过程。面对发达国家知识产权竞争优势的压力,我国企业只有不断进行技术创新,保护自己的知识产权,将自己的知识产权产业化,才能够使自己逐步获得国内外竞争中的知识产权优势,取得市场竞争的优势地位。

在经济全球化和科技飞速发展的背景下,企业核心竞争力的提高对于企业的发展具有决定性作用。固然拥有大量的知识产权是企业获得核心竞争力的基

[1] "是什么阻碍了科技成果的转化?",载 http://hi. baidu. com/% BA% FE% D0% C4% C8% E7% BE% B5/blog/item/c23fa7d3db173481a0ec9c5b. html.

础，但核心技术并不等于核心竞争力，只有具有产业化前景的知识产权、已经产业化的知识产权，才是企业的真正核心竞争力所在。因此，构建促进知识产权产业化的制度是提升我国企业竞争力的重要举措之一。

四、本课题的研究方法和基本思路

在研究方法上，本课题将以马克思主义世界观和方法论为指导，坚持理论与实际相结合的原则，具体包括：(1)历史研究方法：通过对知识产权产业化制度创立背景及发展过程研究，揭示出知识产权产业化制度的递升规律，确保知识产权制度能够有效率地运作；(2)比较研究方法：通过知识产权产业化制度比较，掌握建构知识产权产业化制度的主导思想，了解知识产权产业化制度的主要内容，以求为我国制定相关政策服务；(3)经济分析方法：寻找促进知识产权产业化制度的成本最小化、效益最大化的途径和举措，正确处理好知识产权产业化制度与现行制度之间的转化关系；(4)社会分析方法：通过分析科技、文化发展与知识产权产业化制度之间的关系，寻找出适合我国经济、社会发展的知识产权产业化制度；(5)实证研究方法：通过向企业和有关部门调查了解我国目前知识产权产业化制度的现状、问题和要求，收集各类典型案例进行分析，为国家拟定知识产权产业化制度提供可行的参考；(6)应用高科技手段的方法：上网查找最新立法司法材料和理论研究成果，以保证课题成果的先进性、前瞻性和实效性。

促进知识产权产业化，将知识产权转化为生产力，是建立知识产权制度的目的所在，也是发展经济的重要手段。自20世纪70年代末80年代初重建知识产权制度以来，在知识产权的创造、运用、保护和管理方面，我国已经取得了举世公认的进步，但知识产权产业化程度却总是在低层次徘徊。导致这种局面的原因是多方面的，但相应制度的缺失是一个瓶颈，制约了知识产权产业化层次的提升。为了构建促进知识产权产业化的制度，本课题除了澄清知识产权产业化制度的基本概念之外，将主要研究以下基本内容。

(一)构建促进我国知识产权产业化制度的指导思想

该部分研究将构建知识产权产业化制度的指导思想定位于：以企业为主体，以市场为导向，以自主知识产权为依托，以提升我国的综合竞争力和企业的核心竞争力为中心，充分发挥政府的引导作用和市场对资源的配置作用以及知识产权对经济发展的杠杆作用，促进我国经济、社会全面、协调、可持续发展，实现国民经济跨越式发展的目标。

（二）构建促进我国知识产权产业化制度的基本原则

根据我国的实际情况，构建促进我国知识产权产业化制度的基本原则应当是：(1)坚持法制原则，促进知识产权产业化制度软环境的优化；(2)资优扶重原则，避免低、劣、恶项目与高、精、尖技术争市场、争资金、争人才的现象，确保重大、高效、强势项目产业化，转化为社会生产力；(3)以我为主原则，避免重引进轻开发、保外抑内的自杀式运作理念；(4)宏微结合原则，避免市场失灵、无序竞争、重计划轻市场的谋杀式管理模式，让企业在政府的宏观引导下独立自主地进行知识产权产业化经营；(5)内外并举原则，即在立足我国国情的前提下，坚持与国际规则相一致的原则，引进外资，引进外智，引进其他国家或者地区的先进智慧创作物，促进其产业化，为我服务。

（三）知识产权产业化制度模式

该部分通过对不同国家知识产权产业化制度比较，从中寻找出共同的规律、原则，以服务于本课题的研究。知识产权产业化成功的代表有美国、日本、韩国等。对这些国家制定知识产权产业化制度的出发点和具体措施进行研究，对建构我国知识产权产业化制度将具有十分重要的参考价值。

（四）知识产权产业化范式制度

该部分重点研究知识产权产业化制度中的范式，为构建我国知识产权产业化制度提供参考。知识产权产业化就是将知识物化为财产、将智慧转化为财富的最有效途径。优秀的范式制度能最大限度地将知识产权进行物化或转化，提升国家的综合竞争力和企业的核心竞争力。因此，知识产权产业化范式制度是知识产权产业化制度设计的点睛之笔。

（五）知识产权产业化管理制度的建构

该部分重点研究通过构建知识产权产业化制度，重构知识产权产业化管理体系、提高知识产权管理部门的应变能力、协调能力和处理能力，为知识产权产业化创造一个和谐的氛围、温馨的环境和协调的制度，提供有效的管理制度。

（六）知识产权产业化实施制度的建构

该部分研究将围绕“促进知识产权产业化是知识产权战略中的关键所在”这个中心，从组织机构、园区建设、资金投入、权利保护、效益保障诸方面展开。

（七）知识产权产业化保护制度的建构

该部分将重点研究知识产权产业化保护制度在企业、行业或者地区的差异，有针对性地创设相应的产业化制度，最大限度地发挥知识产权的杠杆作用，促进知识产权产业化，实现权利所有者的利益。

（八）知识产权产业化制度建构的国际协调性

国际上有两大平台支撑着知识产权运作：一是 WIPO，二是 WTO（世界贸易组织）。促进知识产权产业化就是要充分利用这两大平台，在施展自己硬功夫的同时，还要注意与其他国家或地区的知识产权协调关系，不仅要走得出去，还要引得进来。要学会两条腿走路，站得住，立得稳，才能在国际交往中立于不败之地。

第二章
知识产权产业化基本问题

随着我国加入世界贸易组织,贸易壁垒和行政壁垒逐步消失,以知识产权为重要内容的技术壁垒日益成为企业之间、国家之间进行竞争的重要武器。国外跨国公司利用知识产权在我国各行业跑马圈地,对我国自主知识产权形成了重大冲击。因此,国家知识产权战略不仅需要培养我们的知识产权意识,创造大量的自主知识产权,而且需要采取有效措施促进我国知识产权产业化发展,以使知识创新能够转化为企业的核心竞争力和国家的综合竞争力。本章将首先澄清知识产权"产业化"的一些基本概念,尤其是知识产权产业化的含义;其次将分析我国知识产权产业化的现状,这是我们进行更深入分析的前提,也是本章分析的重点;最后分析的是促进知识产权产业化"制度"的基本概念。

一、知识产权产业化解读

"产业化"概念是从"产业"概念发展而来的,要理解"产业化",首先需要搞清什么是"产业"。《辞海》对"产业"有两种解释:一是指私有的土地、财产、房屋等;二是指各种生产的事业,也特指工业。"产业"是市场经济的运作形式,计划经济不可能实现完全的产业化。产业化是随着产业革命、社会出现分工和专业化生产而产生的。"产业化"指要使具有同一属性的企业或组织集合成社会承认的规模程度,以完成从量的集合到质的激变,真正成为国民经济中以某一标准划分的重要组成部分。另一方面,产业化与资金有密切关系,以"货币"作为主要的媒介。社会上的任何一部分,都不可能是封闭的,"交换"是必然存在的。参与产业化过程中某个环节的人主要是为了工资。[1]

---

[1] "什么是产业化",载 http://zhidao.baidu.com/question/5864666.html.

知识产权产业化，是以国内外市场为导向，以提高经济效益为中心，对知识产权产业和主导产品，实行区域化布局，专业化生产，一体化经营，社会化服务，企业化管理，把产、供、销、贸紧密结合起来，形成"一条龙"的经营体制，逐步实现智慧创作物❶生产的专业化、商品化和社会化。结合产业化的相关概念，我们可以从不同角度来理解"知识产权产业化"。

首先，从国家政策角度讲，知识产权产业化，是国家根据知识产权属性而推行的一种政策，以利于让知识产权最大限度地转化为国家综合竞争力。为了实现知识产权产业化，国家就会制定一系列相应的政策和措施。例如，我国国务院制定的关于促进高新技术产业化的规定。其次，从企业角度看，知识产权产业化，就是根据市场经济规律，发挥其主观能动性，将知识产权转化为企业的效益，使之成为企业的财富、金钱和利益。在市场经营活动中，企业是最活跃的主体，对其开展的正常经营活动，其他任何组织和个人都不得横加干涉。最后，从一般意义上讲，知识产权产业化既是一种手段，也是一种目的，同时还是一种结果。就手段而言，从宏观层面看，国家就是要通过知识产权产业化来建立新的市场，创造更多的就业机会，提高本国的国际竞争力。从微观层面看，企业就是要通过知识产权产业化来开拓市场，占领市场，以获得更多的利润。就目的而言，知识产权不可能自己产业化，而是需要国家、社会、行业和企业等诸方面的共同协作和配合才能做到。如果各个方面能够站在各自的角度来大力支持知识产权产业化，那么，知识产权产业化就有了保障，就可能实现。就结果而言，知识产权产业化不仅能够让企业受益，也能够让国家和社会受益，能够从整体上促进经济和社会的发展。

二、我国知识产权产业化的现状

（一）总体概况

将智慧创作物转化为产品、形成产业的主体是企业。在推进知识产权产业化过程中，各国都非常重视企业的作用，企业始终是知识产权产业化的主导力量。以研发为例，从世界各国的实践来看，凡是比较成功的国家，企业都是高新技术

❶ 世界知识产权组织将知识产权定义为：Intellectual property refers to creations of the mind: inventions, literary and artistic works, and andsymbols, names, and images usedin commerce. at http://www.wipo.int/freepublications/en/intproperty/.../wipo_pub_450.pdf. 本课题将 the creations of the mind 翻译为"智慧创作物"，而不是"知识产品"或者"智力成果"。

研发的主体。世界发达国家的研发活动，按经费来源分布，企业所占的比重，美国为64.3%，日本为74.8%，英国为49.5%，法国为48.5%，德国为61.6%，澳大利亚为47.0%，加拿大为48.9%，意大利为44.2%，瑞典为67.7%，瑞士为67.5%，奥地利为49.3%，比利时为64.2%，捷克为59.8%，丹麦为50.2%。[1] 这些国家企业的研发经费大多数占了一半以上，并且呈现出企业研发经费所占比重越高，高新技术产业化效果就越好的特点。

知识产权产业化需要市场的拉动。具而言之，智慧创作物能否转化为产品，形成产业以及产业化规模的大小，起决定作用的是市场的需求情况。知识产权通过转化形成的产品必须有市场需求，不符合市场需求的智慧创作物，便不会有创业者和企业家甘冒风险而实施产业化，巨大的市场诱惑是驱使企业不惜花巨资进行知识产权研发的根本动力。由此，市场是推动企业进行知识产权研发、应用及产业化的主要力量。

在知识产权产业化过程中，人力资本起着关键和核心作用。知识产权产业化形成知识技术密集型产业，决定该类产业发展状况的最主要因素不是物质资本的数量和质量，而是人力资本的拥有情况以及其潜力发挥的程度。没有充分的人才作为知识产权产业化的支撑，没有人力资本充分发挥创造性作用的制度安排和文化氛围，即使物质资源的秉赋和劳动力资源的拥有量再丰富，知识产权产业化和相应的产业也不可能形成。

在知识产权产业化过程中，技术创新和自主品牌建设是不可或缺的。大凡技术创新的最终结果，都要落实到一个产品或者一种制造工艺上，然后推向市场。在这个创新的全过程中，知识产权起着非常重要的先导作用，产权化的知识在知识经济中构成了不可缺失的生产要素。没有知识产权的产品和技术，无法参与市场竞争。没有知识产权的有效保护，自主创新就失去了动力。

现阶段，我国知识产权产业化领域主要集中在版权产业和高新技术产业，并已成为知识产权工作中的重要一环，通过知识产权的创造、运用、保护和管理，促进产业化链条的生成，受到政府和社会各界的高度重视。但与发达国家相比，仍存在不少的差距。主要表现为：首先，对知识产权产业化的认识，缺少战略考虑，没有充分利用知识产权制度来综合权衡知识产权产业化的成效和目的。其次，我国还未出现依靠知识产权起家的跨国大公司，而我们的邻国早已出现了像SONY公司、三星公司这样的跨国大公司。特别是近年来，同样是发展中国家的印

[1] “研究与发展（R & D）活动的国际比较”，载 http://www.edu.cn/20010101/19740.shtml.

度，也在电脑软件、生物制药等领域出现了通过专利成长起来的跨国公司。下面将分别介绍我国各产业中知识产权产业化的具体情形。

(二)版权产业

版权产业是文化产业的核心，在知识经济时代，版权产业就是从事与文学、艺术和科学作品的创作、传播具有直接或间接关系并依靠法律保护而生存发展的产业。具体来说，它包括与复制、发行、传播文学、艺术和科学作品有关的行业以及创作、收集、处理和分配信息的产业。主要涉及的领域有：书报刊和音像制品、电子出版物的出版、复制、发行、放映；广播电视节目的制作；舞蹈、杂技的演出；广告的设计与传播；工艺美术品的设计与施工；计算机程序设计与软件的制作和销售；信息数据库的开发与利用；数码通信与信息高速公路等。

1. 版权产业发展面临的新机遇

2005 年，《国务院关于非公有资本进入文化产业的若干决定》、中宣部等六部门《关于加强文化产品进口管理的办法》、文化部等五部委《关于文化领域引进外资的若干意见》等相继出台；《营业性演出管理条例》、《关于鼓励发展民营文艺表演团体的意见》、文化部和信息产业部《关于网络游戏和管理的若干意见》、广电总局《关于加快电影产业发展的若干意见》、国务院新闻办与新闻出版总署《"中国图书对外推广计划"实施办法的通知》等相继实施，共同为发展文化产业传导出如下信息：

(1)文化行业的准入门槛国民化，社会文化建设力量得以加强。《国务院关于非公有资本进入文化产业的若干规定》列出文艺表演团体、演出场所、博物馆和展览馆、互联网上网服务营业场所、艺术教育与培训、文化艺术中介、旅游文化服务、文化娱乐、艺术品经营、动漫和网络游戏、广告、电影电视剧制作发行、广播影视技术开发运用、电影院和电影院线、农村电影放映、书报刊分销、音像制品分销、包装装潢印刷品印刷等 18 类领域，允许社会各界甚至个人参与其中；众多历史上的国有垄断特权和行政审批障碍消失，非公有资本不仅可以在广大领域兴办新的文化企业，还可以参加对一些国有文化机构的股份制改造。

(2)政府引导行为的清晰化，从而使多元文化置业者、投资经营管理者的决策诚信度得以巩固。上述法规文件针对国有、民营、外资等不同对象，在鼓励与支持、允许和可以、禁止和反对三个政策层面作出明确表述。凡属在鼓励与支持层面的文化建设行为，如 18 个开放门类行业的新办文化企业，都可享受免征 3 年企业所得税等政策，相关数字化文化内容生产企业适用对高科技企业的优惠政策，在形成出口业务后，文化产品、文化服务收入实行退(免)税政策等。

(3)推动文化企业本土化,中国文化品牌的地位得以提升。公共文化事业与经营性文化产业加速剥离,文化产业链要素环节出现产权明晰、功能明确、管理明朗,具有旺盛文化生产力和市场竞争力的核心企业群体;中国文化传播形式逐步国际化,世界文化贸易份额逐步增加,与全球各国各民族的文化沟通和情感交流更加密切。

2. 主要版权产业发展概览

(1)音像业。随着社会主义市场经济的快速发展和人们生活水平的迅速提高,我国音像业进入了全面发展时期。近年来,音像业的发展呈现出不少新的特点,主要表现在:①音像业的规模迅速扩大,初步形成了包括制作、出版、复制、进出口、批发、零售、出租、放映等门类比较齐全的产业体系。②音像制品的功能全面发挥,市场需求急剧增长。音像制品日益成为一种不可缺少的文化传播媒介,人们的需求快速增长。目前,我国已经拥有收录机1亿多台,录像机、CD机、LD机、VCD机、DVD机、多媒体电脑等近2亿台的硬件市场。庞大的硬件市场必然带来对音像制品的旺盛需求。③音像业的产业化趋势逐渐加快。音像制品经营单位以市场为导向,制作、出版、发行、出租、放映、销售各部门,环环相扣,分工合作,以“一条龙”的生产经营方式完成了音像制品从产品形成到商品交换直至价值实现的全过程。④音像市场经营主体趋于多元化。音像市场的发展吸引了越来越多的投资者、经营者,国家、集体和个人纷纷跻身其中。⑤音像制品的出版发行量处于停滞状态,但势头并不明显。从文化部文化市场发展中心发放音像制品防伪标识的统计数据看,2005年累计向各音像出版发行单位发放音像制品防伪标识超过5.5亿枚,2006年全年发放标识的总数近6亿枚。⑥新媒体增值业务快速发展。以手机彩铃、手机音乐、付费下载、视频点播等为主要形式的新媒体增值业务快速发展,成为当前音像业难得的亮点之一。例如,滚石(中国)移动2005年两地彩铃的收益就达到3 000多万美元。❶

(2)出版业。近年来,我国出版业发展态势较好,各产业价格指数上涨明显,呈现出活跃增长的势头,主要表现在:①出版物发行单位稳中有升。2005年,全国共有122 371家出版物发行单位参加了全国出版物发行单位网上年检,其中总发行单位51家,批发单位6 861家,零售单位115 126家,连锁经营总部73家,中外合资、合作和外资出版物发行单位7家,网上书店60家,读者俱乐部193家。②民营出版企业发展迅速。2005年,民营出版物发行企业势头强劲。以广东为

❶ “风雨飘摇酝酿变局——2005音像市场发展基本状况”,载http://www.ewen.cn.

例，截至2005年年底，民营发行网点已占全省的89.5%。在一般图书销售中，民营企业的销售额已超过全省的50%。③股份制企业数量继续呈上升趋势。2005年，江苏省的股份制企业占全省发行企业的18%，增幅为49%；北京市新成立的批发企业中，股份制形式的占83%。④读者俱乐部数量增长较快。2005年，读者俱乐部从2004年的193家增加到256家，其中江苏、陕西、江西三省增长最快。连锁经营的推进在2005年也有不错的表现，其中广东、北京、浙江、山东、四川等省市连锁速度增长较快。❶

(3)计算机软件产业。经过数十年的发展，软件产业已经成为当今世界投资回报比最高的产业之一。在中国软件市场，国外品牌的产品仍然占据高端系统软件、数据库软件的绝大部分市场份额，占据中间件、行业应用软件、ERP软件的大部分市场份额；国内品牌产品则在ERP和财务管理软件、防杀毒软件、中文信息处理软件及部分行业应用领域占据优势。❷ 2005年，软件产业发展的市场目标是将软件与信息服务业国内市场销售额增长到2 500亿元，占世界软件销售额的比例由1.2%提高到3%左右；国产软件及相关服务的市场占有率达到60%以上。产业目标是形成20个以上软件年销售额过10亿元的软件企业，培育100个以上软件著名品牌。出口目标是软件出口额超过10亿美元，争取达到20亿美元。软件改造传统产业目标是实现价值为200亿元的软件与其他产业融合，促进产品升级与创新，带动2 000亿~3 000亿元的产业规模。❸

尽管近年来我国的软件产业保持高速的成长态势，然而在繁荣火暴市场的背后，也隐藏着相当深的危机。主要体现在：①国产软件市场占有率低。除少数著名品牌软件外，国内软件市场特别缺少含有高附加值的通用系统软件、支撑软件和应用软件，以及时下最为热门的用于多媒体技术、因特网上的应用软件。②拥有自主知识产权的主流软件产品较少，其市场占有率不足40%。我国的软件产品，主要集中在产业链的低端、辅助型和外挂式的产品阶段；在核心技术上有创新、自主设计的“重量级”软件产品还比较缺乏；许多基础性、关键性软件还处于空白状态。此外，在大型商用软件领域，难以形成与国外厂商相抗衡的竞争实力。③软件企业规模偏小，竞争乏力，还没有出现大型软件企业和本民族的“软

---

❶ “我国出版物发行市场呈现五大变化”，载http://www.ce.cn/books/main/hot/200605/03/t20060503_6876333.shtml.

❷ “软件产业及其发展趋势”，载http://www.sxit.gov.cn/admin/newsshow.asp?id=1001638&chid=100042.

❸ “中国软件产业有点软　国际化才是硬道理”，载http://news.csdn.net/n/20020731/6723.html.

件航母”。❶ ④软件企业创新能力不足。特别是对软件产业链上游产品的原始创新力不足。

(4)广播影视产业。广播影视产业作为我国文化产业、信息产业的重要组成部分,正日益发展成为国民经济的新兴产业和新的经济增长点。从广播影视节目的生产制作量、整体技术水平和规模以及实际覆盖人口来看,我国已经成为广播影视大国。我国现有电台、电视台1 900多座,共开办广播节目1 800多套、模拟电视节目2 200多套,数字付费广播电视节目48套;有近70家电影制片单位,年生产故事片100余部;有广播影视节目制作经营机构近900家,电视剧制作机构300多家,年生产电视剧1 000多部11 000多集。基本建成了有线、无线、卫星多技术、多层次混合覆盖的全国广播电视网,广播电视人口综合覆盖率已分别达到93.34%和94.61%,其中有线电视网已近400万千米,有线电视用户超过1亿;全国共有电影院6 000多家,已建成区域和跨区域电影放映院线35条。在产业经营方面,广播影视已初步形成了广播产业、电影产业、电视剧产业、网络产业和广播电视广告产业蓬勃发展的格局。❷

近年来,我国广播影视产业的发展有如下特点:①以内容产业为中心,逐步形成包括传输产业、衍生品产业的广播影视产业。2004年被广播影视界誉为频道、频率改版年,每个月都有新版频道、频率诞生。❸ 广播电视节目的制作量明显增加,精品节目、栏目不断出现。同时,电影、电视剧、动画片的制作量高速增长。在广播领域,以北京音乐广播为代表的通过卫星互传节目的音乐卫星广播网继续完善,以江苏为试点的广播电视传输覆盖体制改革正在进行,全国性广播电视有线数字付费频道集成运营机构增加为5家。❹ ②文化体制改革的推进,促使广播影视体制结构发生了变化。从国有事业单位转制为企业,将电台、电视台现有事业中可经营部分剥离出来,按照现代产权制度和现代企业制度的要求,面向市场进行企业转制和重组,进行产业经营。电台、电视台、广电集团内重组或转制为企业,便于吸收国内社会资本进行股份制改革;电台、电视台经营的体育、娱乐、影视频道以及以电台、电视台为主体开办和经营的付费电视频道,组建股份

---

❶ http://www.218.107.140.72/old/20031016/9101112.htm.

❷ “广电总局胡占凡:电视剧方言泛滥　存在粗俗倾向”,载 http://news.163.com/06/0331/10/2DHL0TT70001124T.html.

❸ “2004我国广播电影电视年度发展报告”,载 http://big5.china.com.cn/zhuanti2005/txt/2005-03/01/content_5795890.htm.

❹ 同上。

制企业进行经营运作。③广播电视广告收入和电影票房收入继续稳定增长，数字付费广播电视投入运营为新的盈利模式的建立提供了条件。国家广电总局电影局2007年1月5日公布，2006年国内电影票房收入为26.2亿元，全国电影综合收入为57.3亿元，除国内票房外，全国电影频道播放电影收入和国产影片的海外销售收入(含票房收入)分别贡献了12亿元和19.1亿元。[1] ④融资政策放宽，准入门槛降低，更多社会力量参与广播影视产业发展，资本运作初见成效。据广播电影电视总局介绍，2006年，我国故事片的拍摄数量达到了330部，与2005年相比增加21%；此外，还生产动画片13部，纪录片13部，科教片36部，特种片7部，数字电影112部，创中国电影生产的历史新高。[2] 电影产业的多主体投资已经形成开阔而稳定的框架。

应该看到，2006年，我国以音像业、出版业、计算机软件业、广播影视产业为代表的版权产业面对发展机遇，取得了长足的进步。但从国际视野观之，我国的版权产业仍相当弱小。纵观当今发达国家发展历程，经济国际化程度越高，其文化产值所占比重也越高，版权产业已成为国民经济的支柱产业之一。例如，美国文化产业的产值占GDP的比重已由20世纪60年代的2%上升到12%；英国也由3%上升到10%；意大利则由当时的起步阶段飞跃到25%。[3] 美国、澳大利亚、加拿大和芬兰的文化产业就业人员占全部就业人员的比例分别达到20%、10%、6%和5%。[4] 相比之下，我国版权产业的发展与13亿人口大国的需求相比，还存在总体规模偏小、质量档次不高、结构不平衡、与发达国家贸易逆差大等问题。例如，美国控制了世界上75%的电视节目的生产和制作，许多第三世界国家的电视节目有60%～80%的栏目内容来自美国；而在美国自己的电视中，外国节目的占有率只占1.2%。美国公司出产的影片产量只占全球影片产量的6.7%，却占领了全球总放映时间的50%以上，占了电影总票房的2/3。

(三)高新技术产业

高新技术是指以最新科学成就为基础，对社会生产力发展起主导作用的知

---

[1] “2006年国内电影票房26.2亿元”，载http://dzrb.dzwww.com/dzzb/dzzb-ylxw/200701/t20070106_1952715.htm，2007年2月25日访问。

[2] “2006年，国产电影再创佳绩”，载http://news.sohu.com/20070129/n247899053.shtml，2007年2月25日访问。

[3] “关于我国文化产业发展的若干思考”，载http://www.so100.cn/html/lunwen/xingzhenglunwen/guanlikx/2006-3/18/2006063181006248650176 59_2.htm.

[4] 同上。

识密集型技术，或者说是基于科学的发现和创新而产生的技术。高技术具有战略性、更新快、高投入、高风险、高竞争性、高增值、渗透性等特点。❶ 高新技术产业与专利权、著作权、集成电路布图设计权等知识产权产业化紧密相联，知识产权产业化的进展直接关系到高新技术产业的发展和壮大。

1. 高新技术产业概况

近年来，我国高新技术产业发展的体制环境得到进一步的改善，与知识产权产业化有关的科技孵化器❷和社会投资等方面发展迅速，高新技术产业表现出以下特征：

(1)政策体系初步完善。中共中央、国务院1999年8月20日发布《关于加强技术创新，发展高科技，实现产业化的决定》(以下简称《决定》)后，国务院相关部门围绕贯彻落实《决定》出台的配套政策超过40个。各地方政府按照《决定》精神，结合自身特点，制定了各具特色和可操作性强的政策措施和办法。中央和地方出台的一系列政策措施，几乎覆盖了技术创新和成果转化的全过程，初步构成了有利于高新技术产业发展的政策体系。

(2)科技企业孵化器发展迅速，成果转化的基础设施条件大大改善。目前，全国较大的孵化器已达400多个，拥有孵化场地数百万平方米，孵化企业上万家，孵化器的数量仅次于美国，居世界第二。这些孵化器大体分为三类：①综合性科技企业孵化器，其代表是创业服务中心，这是我国孵化器最早的组织形式，它从国家高新区兴起，正在全国范围内迅速扩散；②专业性科技企业孵化器，它主要为特定技术领域的创业者提供服务，目前已有软件、集成电路设计、新材料、生物医药、光电信息等一批专业孵化器开始运行；③面向特定创业群体的孵化器，包括为高校师生提供创业服务的大学科技园，为留学回国人员提供创业服务的留学生创业园，为企业职工提供创业服务的企业内部孵化器等。

(3)社会投资热点开始转向支持高新技术产业化。继国务院批准设立科技

---

❶ 中国工程院课题组："我国高技术产业发展问题研究"，载 http://www.chinainfo.gov.cn/data/200410/1_20041029_93955.html.

❷ 孵化器是培育和扶持高新技术中小企业的服务机构，通过为新创办的科技型中小企业提供物理空间和基础设施，提供一系列的服务支持，降低创业者的创业风险和创业成本，提高创业成功率，促进科技成果转化，帮助和支持科技型中小企业成长与发展，培养成功的企业和企业家。目前，我国的科技企业孵化器主要有7种类型：以高新技术创业服务中心为主的综合性企业孵化器，专业技术型企业孵化器，大学科技园，软件科技园，留学人员创业园，国企创业孵化器，国际企业孵化器。"什么是孵化器"，载 http://www.datanx.org/nxinfo003/ShowArticle.asp? ArticleID =110.

型中小企业技术创新基金后，上海、北京、山东等地也都相继建立了扶持中小型科技企业发展的专项资金。证券市场进一步向高新技术企业倾斜，成功上市的高新技术企业越来越多。民间风险投资市场迅速发育，涌现出一大批风险投资公司和投资基金，资金总额估计超过百亿元。

(4)我国高新技术产业发展成效显著。我国高新技术产业从小到大、由弱到强，取得了很大成就，已经开始步入发展的快车道。高新技术产业规模迅速扩大，成为拉动国民经济增长的重要力量。高新技术在国民经济构成中所占比例显著提高，有力地促进了经济结构调整。我国高新技术产业产值占工业总产值的比重已经由10年前的1%左右提高到现在的接近15%。❶ 计算机、通讯、生物医药、新材料等高新技术产业迅速成长，大大提高了我国的产业技术层次。一批知名的高新技术大企业成长起来，如通讯领域的巨龙、大唐、中兴、华为以及联想、四通、方正、同方、东大阿派等，都是近年来发展起来的知名高新技术企业。高新技术产业的不断壮大，也提高了我国产品的国际竞争力。

2. 信息技术产业

2005年，我国信息产业继续保持良好势头，具体表现为：信息技术产业企业共计67 483家，比上年的59 662家增加了13.1%；全行业从业人数为1 403万余人，比上年的1 158万人增加了21.2%；产业产品销售总额38 411亿元，比上年30 785亿元的销售收入增加了24.8%，产业利润总额1 307亿元，比上年同期增加了5.2%，工业增加值为1 472亿元，比上年增加27.1%。其中，通讯设备制造产品销售收入为6 132亿元，比上年增加29.7%；利润总额为244亿元，比上年同期288亿元的收入略有下降；工业增加值为26亿元，比上年增加15.5%。雷达及配套设备产品销售收入为101亿元，比上年增加9.1%；利润总额为7亿元，比上年同期增加13.7%；工业增加值为81亿元，比上年增加111.2%。广播电视设备制造产品销售收入为307亿元，比上年增加94.9%；利润总额为11亿元，比上年同期增加140.7%；工业增加值为2 015亿元，比上年增加22.4%。电子计算机制造产品销售收入为10 644亿元，比上年增加21.7%；利润总额为209亿元，比上年同期增加31.7%；工业增加值为735亿元，比上年增加16.2%。电子器件制造产品销售收入为3 670亿元，比上年增加18.3%；利润总额为28亿元，比上年同期减少69.8%；工业增加值为735亿元，比上年增加16.2%。电子元件制造产品销售收

❶ "我国高新技术产业发展的现状和对策"，载 http://www.chinatorch.gov.cn/ldjh/200211/76.html.

入为5 735亿元，比上年增加40.2%；利润总额为309亿元，比上年同期增加32.7%；工业增加值为1 535亿元，比上年增加41.9 %。电子信息机电行业产品销售收入为2 794亿元，比上年增加24.5%；利润总额为170亿元，比上年同期增加11.5%；工业增加值为646亿元，比上年增加23.9%。❶

在信息产业中，集成电路行业规模正在迅速扩大。2005年，我国集成电路产业销售收入总规模达到540亿元，同比增长率接近54%，产业链格局日渐完善，已经形成了IC设计、芯片制造、封装测试三业及支撑配套业共同发展的较为完善的产业链格局。技术水平取得突破性发展，国内芯片大生产技术的主体正在由5英寸、6英寸、0.5微米以上工艺水平向8英寸、0.18微米~0.25微米过渡，甚至有的企业已经达到12英寸、0.11微米的国际先进水平。长期困扰我国集成电路产业发展的投资瓶颈取得有效突破，外国企业纷纷来华合资或独资建立集成电路企业，现有企业的融资渠道有了很大拓展，股票上市正在成为国内集成电路企业的一种重要融资方式。

2006年年底，国家信息产业部经济体制改革与经济运行司王秉科副司长在一次会议上发表了题为《2006~2007年我国电子信息产业发展回顾与展望》的讲话。他在这次讲话中共讲了三个部分的内容：①我国电子信息产业近10年发展的成绩；②对2006年我国电子信息产业运行情况的回顾；③对2007年我国电子信息产业发展的展望。他对1996~2006年10年间我国电子信息产业的发展给予了充分的肯定，具体表现为：第一，产业规模不断扩大，国际地位明显提升。第二，在国民经济中的地位和作用日益突出。第三，结构调整取得成效，产业整体素质明显提高。第四，产业集中度提高，区域聚集效应日益显现。第五，和谐产业发展加快，部分关键技术取得突破。第六，优势企业迅速崛起。❷ 2006年又取得了令人非常满意的成绩，2007年的前景比较乐观。

集成电路产业的发展带动了通信专用集成电路市场的繁荣，为通信集成电路市场的发展注入了强劲的活力。近年来，通信集成电路IC芯片的需求大幅度增长，三网融合的大趋势有力地推动了芯片业的发展。通信芯片在移动通信、无线Internet和无线数据传输业的发展开始超过了PC机芯片的发展。通信IC芯

---

❶ 信息产业部："2005年电子信息产业主要指标完成情况"，载 http://www.jxdii.gov.cn/zwga/2006/1924.html.

❷ 王秉科："2006~2007年我国电子信息产业发展回顾与展望"，载 http://www.ciw.com.cn/people/Comment/20061208114214.shtml.

片,尤其是支持第三代移动通信系统的IC芯片,将成为21世纪初全球半导体芯片业最大的应用市场。与此同时,通信设备制造企业也已经具备了开发自主知识产权产品的能力,并将开发专用集成电路作为增强市场竞争能力的重要战略。华为、中兴、大唐、武汉邮科院、东方通信等国内知名企业在自主开发专用集成电路方面已经取得了可喜的成绩。

尽管我国信息技术产业的发展速度不断加快,发展规模不断扩大,但是在速度与效益、规模与结构、东部与中西部、城市与农村等方面都不同程度地存在着不够协调的矛盾。技术创新体系和创新机制尚不健全,科技投入不足,科技成果产业化程度仍偏低。总体而言,企业的综合能力不够强,缺少有国际竞争力的大公司,制造产业结构雷同,网络资源利用率不高,业务创新能力不强等问题还不同程度地存在。

(四)生物技术产业

我国生物技术的特点可以用三句话来概括,即"起步晚,发展快;项目不多,仿制为主;重复生产,后劲不足"❶。但是,近20年来,我国生物技术取得了长足的发展,培养了一支约2万人的从事生物技术研究、开发、生产和管理的科技队伍,其中有一批留学海外学成回国的中青年生物技术专家;建立了相当数量的研究开发机构及产业化基地;初步形成了医药生物技术、农业生物技术、轻化工生物技术、海洋生物技术等门类齐全的生物技术研究、开发、生产体系;取得了一批具有较高水平的研发成果,开发出一批生物技术产品并投放市场。继1996~1997年第一个基因工程产品上市的高潮之后,2003~2005年我国又出现生物技术产品上市的第二个高潮。由此可见,与其他高技术领域相比,我国的生物技术总体水平及产业化程度与国际先进水平的差距明显缩小。在我国重要的高技术领域中,从目前基础条件、资源优势和发展态势来看,生物技术最有希望取得创新性进展,最具有参与国际市场竞争的潜力。因此,国家应当将发展生物技术及其产业作为21世纪加速发展我国高技术产业、提高国际竞争能力的"突破口"。把握有利时机,进一步把发展生物技术及其产业放在突出的战略地位,力争在尽可能短的时间内使我国生物技术及产业跻身于世界先进行列。❷

❶ 引自我国基因工程药物产业化现况——"我国基因工程药品产业化的现况及前景"专题信息(二),载http://www.hifda.gov.cn/HIFDA/zxzx_hydt/200511232072142.htm,2007年2月26日访问。

❷ 引自"我国生物技术及产业发展的战略与若干对策",载http://www.px023.com/Lunwen/class5/sub1/200610/16271.html,2007年2月26日访问。

近几年我国生物技术企业数量迅速增加，新的生物技术公司不断涌现。截至2005年，我国已批准20种基因工程药物、5种基因工程疫苗上市。其中，具有自主知识产权的基因工程药物9种，基因工程药物与基因疫苗仿制品361个。全国现有生物企业7 300家，其中，现代生物企业2 800家，实现工业总产值约640亿元。目前，全国有一大批生物技术科研成果或已申报专利，或进入临床阶段，或正处于规模生产前期阶段，具有较大的产业化前景。

以自主知识产权为后盾的生物技术开始广泛应用于农业、医药、工业等领域，正在孕育一批新型产业群，现已涌现出一批研发基地和产业化基地，并呈现出集聚化发展的趋势。我国生物技术整体水平居发展中国家领先地位，关键领域接近发达国家水平，包括功能基因组、蛋白组、肝细胞与组织工程、转基因植物、基因治疗等。克隆鉴定新基因达3 000个，其中功能明确的406个，具有应用前景的192个，用于新产品研制与开发的功能基因42个。生物医药正在成为一些地区新的经济增长点。目前，有25种药物上市，获得新药证书45个，100多种药物正在临床试验阶段，基因工程药物与基因疫苗仿制品361个，2005年转基因棉花种植5 000多万亩，占全国棉花种植面积的70%。

我国目前已经具备了生物技术方面研究开发的良好人才基础。截至2005年我国已建立了25个生命科学或生物技术园区，从事生物技术研究与开发的技术人员有2万人，每年还有4 500名大学生和研究生毕业，其中许多优秀的毕业生出国深造。

与国际生物技术产业发展相比，我国仍有需要改进与完善之处。主要表现为：①自主知识产权过少，竞争能力有限。目前，我国在生物技术产业及产业发展所需的重要仪器、设备、试剂等支撑技术与装备方面十分落后，主要依靠国外进口，并且资金投入严重不足，研发能力非常有限。②整体优势缺乏，没有形成产业合力。我国目前尚没有全国性统管生物技术产业研发及产业化的组织管理机构，缺乏全局性的战略部署。各类科研计划虽然都在不同程度上注重基础性创新性研究，但在具体实施和操作过程中，往往倾向于选择短期能产生效益的研究项目，导致创新的源头匮乏。更为严重的是，各类计划之间缺乏必要的沟通与协调，各部门、地方自成一体、封闭运行，导致科研力量分散，造成低水平重复建设。

（五）新能源产业

我国政府一直非常重视新能源和可再生能源的开发利用。到目前为止，一些技术如太阳能热水器、地热采暖等，已具有获利能力和相应的市场，形成了初步的产业基础。沼气工程、风力发电、地热发电、太阳光电系统等技术基本成熟，产品已逐步在市场中出现，但需要进一步完善技术，降低成本以及实施激励政策进行推动，才能与常规技术竞争。

(1)太阳能产业经过20多年的研究和开发，其技术已趋成熟，是目前我国新能源和可再生能源行业中最具发展潜力的产业之一。近几年来，太阳能热水器市场年增长率达到20%~30%。全国太阳能热水器累计拥有量居世界第一位。太阳光电转换技术中太阳能电池的生产和光伏发电系统的应用水平不断提高。在我国已能商品化生产的单晶硅、非晶硅太阳能电池的效率分别为12%~13%和4%~6%，多晶硅太阳电池也有少量的中试生产，效率为10%~12%。目前，太阳能电池已经不再局限于作为小功率电源使用，应用范围已扩展到通信、交通、石油、农村电气化以及民用等各个领域，每年的市场增长率高于20%。

(2)风能产业。并网风电技术发展迅速，我国小型风力发电技术已经比较成熟。2005年，我国已经能够自行研制和开发容量从100瓦到10千瓦共约10个风力发电机组品种，累计保有量超过了1.7万千瓦。与国外同类型机组相比，具有启动风速低、低速发电性好、限速可靠、运行平稳等优点，而且成本低，价格便宜。但在外观质量、叶片材料的应用和制作工艺水平以及较大容量的离网型机组的生产制造技术方面，还存在一定差距。

(3)热能产业。我国已经建立了一套比较完整的地热勘探技术和评价方法，具备了大规模开发地热的能力，并朝着专业化、规范化方向发展。丰富的地热资源为地热开发利用提供了良好的条件。低温地热的开发利用已经进入了城镇供热和综合利用等多方面的试点示范阶段，技术基本成熟，地热利用设备和监测仪器基本能够实现专业化成套生产。

(4)生物质能转换技术产业。以厌氧消化为核心技术、以废弃物资源化利用为目的的大中型沼气工程已成为处理、利用禽畜粪便和工业有机废水最为有效的手段之一。总体上看，我国高新技术产业发展速度很快，势头比较好。但实践中也还存在一些突出问题，主要表现在：一是对高新技术产业发展规律认识不足，思想意识存在偏差，重视抓具体项目，轻视环境条件建设，重视财政资金投入，轻视市场的作用。二是政策措施的落实不够到位，在执行中手续烦琐、周期长。如国家关于职务技术成果作价入股的政策，在执行中往往要经过复杂而且耗时的程序层层审批，使一些技术成果丧失了良好商机，有关政策也缺乏配套操作措施。三是科技创新能力不足的问题日益突出。目前在产业化过程中，科技成果需求和供应的矛盾还未得到有效解决。技术水平较高、市场前景较好、拥有自主知识产权的项目十分难求，大量风险资金由于找不到好项目而闲置。四是风险投资市场发育不成熟，技术和风险资本结合困难，风险投资体系和机制远未形成。五是高新技术对经济增长贡献率依然偏低。在我国经济增长的贡献构成中，资本和劳动力投入占72%，技术进步占28%；而在发达国家，知识在经济增长中所占的比重已达到70%以上，在生物技术、信息技术、新材料等对经济发展产生重大影响的领域中所拥有的专利数量，大约占全球同类专利总量的90%左右，如美国就拥有世界范围内生物技术领域专利的59%，拥有世界范围内药物领域专利的51%，拥有全世界人类基因领域专利的40%。❶

（六）其他产业

1. 农业产业化

我国是一个农业大国，农业基础还很薄弱，产业化经营还处于起步阶段，因此在推进农业产业化经营过程中，也应加强促进知识产权产业化制度建构。农业知识产权产业化涉及专利、植物新品种、商标、技术秘密、地理标志等知识产权形态。但由于广大农业科技人员的知识产权意识相对淡薄，对申请专利、植物新品种保护、商标以及著作权的条件、程序、作用等了解甚少，制约了农业领域知识产权产业化的进程。

在运用专利权促进农业产业化方面，由于农业科研具有研制周期长、可控性差、保密难等特点，再加上农业生产对温度、湿度、光照等自然因素依赖性较强，从事这方面的研究和生产所产生的成果及专利数量相对较少，农业产品的专利权创造和转化尚处于初级阶段。

在运用植物新品种权促进农业产业化方面，2005年，农业部植物新品种保护办公室共发布了5批包括41个种或属的《农业植物新品种保护名录》，组织研制了42种植物新品种《测试指南》。农业部植物新品种测试中心和一些分中心已初步建成，已经对水稻、玉米和大白菜等300个品种进行了DUS测试。据农业部科教司统计，截至2006年6月底，我国植物新品种申请总量已经达到3 000多件，品种权申请年均增长50%以上。申请地区由1999年的17个扩大到30多个。但我国植物新品种申请量总体仍然偏小，申请地区、申请人性质、申请品种类型等分布不均衡，申请保护的品种范围也较窄，品种较单一。另外，育种单位育种创新能力低，植物品种还不具备国际竞争能力，国外申请企业的申请积极性并不高。

---

❶ 陈美章："对我国知识产权战略的思考"，载 http://www.zydg.net/magazine/article/1001-6651/2004/07/66442.html.

在运用地理标志保护促进农业产业化方面，2006年，我国基于商标法的证明商标注册保护的产品有170余种；基于地理标志保护的产品达到700多种。这与我国丰富的农业自然资源相比，只是很小的一部分。但地理标志保护日益受到重视，受到地理标志权保护的农产品在国际贸易中赢得了越来越多的声誉和尊重。保护地理标志，实施品牌经营战略，对于促进我国农副土特产品产业化、市场化、国际化，振兴我国农业经济，具有非常重要的战略意义。

2. 传统工业的产业化

在全球化的背景下，决定产业竞争优势的主要因素从传统工业化模式下的自然资源条件和廉价劳动力，转向创新能力、技术、管理和品牌优势，知识产权成为市场制胜之法宝，它决定着企业的核心竞争力、利润结构和利润空间。在西方，科技企业的无形资产比例大都超过50%，纳斯达克上市企业普遍在80%以上。[1] 因此，必须积极利用知识产权产业化推动对传统工业的改造。

我国传统工业探索加强知识产权产业化的途径，着力加强了知识产权创造、运用、保护和管理的力度，科技创新能力不断提高，知识产权产业化成效显著。尽管通过知识产权改造传统工业已成为许多企业、地方政府的共识，但在推动面向国际市场的传统工业化进程中，仍然存在着需要直接面对的问题。一些重要领域急需的高附加值关键产品和核心技术长期依赖进口，将直接影响产业结构升级。所以，传统工业的知识产权产业化，还将是一个系统、长期的过程，要从战略高度长抓不懈，把知识产权的创造、运用、保护和管理作为产业改造的重点，从而真正实现知识产权产业化对工业发展的推动和促进作用。

3. 现代服务业的产业化

现代服务业是在工业化比较发达的阶段产生的，主要包括五个部分，分别是网络信息服务业、金融服务业、企业服务业、教育服务业和医疗保健服务业。由于现代服务业依托现代化的新技术、新业态和新的服务方式，向社会提供高附加值、高层次、知识型的生产服务和生活服务，因此，现代服务业在产业化的过程中依赖知识产权的产业化。

目前，我国现代服务业处于发展的初级阶段，是一个朝阳产业。既存在广阔的产业化、市场化前景，也受到自主知识产权关键技术和知名品牌的制约。只有实现知识产权与现代服务业的结合，其产业化发展才会具有更强的动力和更大的发展空间。

---

[1] "以知识产权战略引领新型工业化道路"，载 http://www.zh119.com/new_view.asp? id =1006.

总之,从整体来看我国知识产权产业化的发展态势普遍较好,但也应该清醒地认识到存在的差距。可以确信的是,作为一个有着13亿人口的发展中大国,只有通过知识产权产业化,才能进一步拉动经济的增长,不断提升国家的综合竞争力。

三、促进知识产权产业化制度解读

促进我国知识产权产业化制度的构建,除了要澄清知识产权产业化的概念以及掌握我国知识产权产业化现状之外,还需要回答制度是什么这一问题。但要回答这个问题并不是一件容易的事。“制度”一词,在中国思想史上早已有之。《商君书·壹言》中就曾有过这样的叙述:“凡将立国,制度不可不察也,治法不可不慎也,国务不可不谨也,事本不可不抟也。制度时,则国俗可化,而民从制;治法明,则官无邪;国务壹,则民应用;事本抟,则民喜农而乐战。”[1]关于制度,《说文解字》是这么说的:“制,裁也,从未从刀。……度,法制也,从又,庶省声。”“度”是动词“制”的标准、尺度、规则,“制”是使“度”具有社会意义和自然属性及其社会价值的生成,是使“制”的对象成形、成象的动作。[2] 按《辞海》解,“制度”的第一含义便是指要求成员共同遵守的、按一定程序办事的规程。汉语中“制”有节制、限制的意思,“度”有尺度、标准的意思。这两个字结合起来,表明制度是节制人们行为的尺度。关于制度的解释有很多种,但以下这个定义算是一个最严谨的定义:

在一个群体 P 中,当其中的成员在一种重复出现的境势 Q 下,作为当事人常规性的 R 只有在下列条件下成为该群体 P 中的共同知识时,它才成为一种制度:

(1)每个人都遵守并认同 R;

(2)每个人都预计他人会遵守并认同 R;

(3)因为 Q 是一个协调问题,而一致遵守并认同又是 Q 中的一种协调均衡,或者在他人遵守并认同 R 的条件下每个人又乐意遵守并认同它;

(4)如果任何一个人偏离了 R,人们知道其他人当中的一些或全部也将会偏离,在反复出现的博弈 Q 中采用偏离策略的得益对于所有当事人来说都要比与 R

---

[1] 转引自叶臻:“中文‘制度’的词源解释”,载 http://www.beiwang.com/f/list.asp? id =326,2006年12月28日访问。

[2] 同上。

相对应的得益低。

在各种关于制度的定义中，之所以说这个定义是最严谨的，并不是因为它很长，也不是因为它使用的是博弈论的语言，而是因为据说这个定义已经成为经济学的“常识”。既然是常识，就是大家都同意的，这样的讨论才有意义。[1]

综上所述，所谓制度，实际上就是一种对人们具有普遍约束力的、需要人们共同遵守的行为规范或准则。这些规范或准则往往通过法律加以确定和保障。因此，我们可以说“制度”是使某一个群体的组成人员能够有章有序地进行其活动的准则。如果一个特定群体中的每一个成员都能够按照相应的制度办事，那么这个特定的群体就能够顺利地实现自己的目的。如果这个特定群体中的某个成员偏离了这个准则，就应当受到相应的惩罚，并承担相应的后果。有人认为，制度高于一切。反过来，任何群体，如果没有一个相应的制度或者若干相应的制度，其成员的行为就将失去控制，从而难以实现其预期目的，或者实现其预期目的的成本过巨。

制度和经济的关系非常重要。舒尔茨在论述制度所具有的经济服务功能时指出，人的经济价值的提高产生了对制度的新需求，一些政治和法律就是用来满足这些需求的。这就表明，制度创新是具有经济服务功能的。从制度经济学来看，制度创新有多种形式，但每种创新都会导致某个领域的制度变迁。新制度经济学认为，制度变迁包括两种：一是“诱导性制度变迁”，即制度构建的变革或替代，由个人或一些人自发倡导、组织或实行；二是“强制性制度变迁”，即由政府命令、法律和各项相配套的政策引入所实现的。[2]

制度创新是创新理论中的重要组成部分。熊彼特的创新理论认为，创新是在生产体系中引入生产要素和生产条件的新组合，后人将其理论发展为技术创新理论和制度创新理论两个分支。制度创新理论认为，技术性因素和制度性因素构成了推动经济增长的两大要素，而创新的制度是激励技术创新获得、推动经济增长的关键。

党中央做出了增强自主创新能力，建设创新型国家的重大决策。自主创新是我们党和政府面对当今世界经济、科技发展的趋势和内在规律，针对我国国情提出的国家发展战略。自主创新包括科技创新，也包括制度创新。科技创新立足

[1] 亦鸣：“到底什么是制度？”，载 http://www.xslx.com/htm/jjlc/lljj/2006-06-27-20146.htm，2006年12月28日访问。

[2] 吴汉东：《走向知识经济时代的知识产权法》，法律出版社2001年版，第26页。

于科技、经济一体化目标，是一种为促进经济发展而进行的新技术应用和商业化的活动，它离不开制度的保障、规范和约束。2006 年 5 月，胡锦涛总书记在中央政治局集体学习时强调："加强我国知识产权制度建设，大力提高知识产权创造、管理、保护、运用能力，是增强我国自主创新能力、建设创新型国家的迫切需要。"❶这一论断表明，知识产权制度建设是事关我国经济发展全局的重要因素。知识产权保护制度从知识产权的获取、救济等方面构建了知识经济时代科技创新成果保护的主要框架，但知识产权要变成企业和国家实实在在的竞争力，促进知识产权产业化的制度构建就是必不可少的制度构建内容之一。

相比知识产权法律制度所建立起来的权利获取、权利救济等制度，如何促进知识产权的运用，使其产业化，这样的制度在我国还处于探索阶段。创设促进知识产权产业化的制度，可以为知识产权产业化提供有效的制度激励，激发人们创造出能够产业化的技术创新成果，激发人们有足够的动力和资源实施知识产权，将法律权利变成产业制造能力，变成企业的竞争优势，变成国家的竞争力。

❶ 胡锦涛："切实加强我国知识产权制度建设"，载 http://news.xinhuanet.com/politics/2006-05/27/content_4608884.htm，2007 年 7 月 26 日访问。

3

第三章 构建促进知识产权产业化制度的指导思想

一、确定指导思想的理论依据

随着人类进入21世纪,知识经济日益发展,贸易全球化的步伐不断加快,以信息技术、生物技术、新材料与新能源技术为主要内容的高新技术产业蓬勃发展,辐射和带动着整个经济的发展,并成为发达国家的经济支撑。同时,伴随国家间的交流日益频繁,生产资源,特别是以专利为代表的科技资源的流动和配置也渐次形成了新的格局,科技研发实力雄厚的跨国公司在本国政府的支持下,不断巩固和发展既有的科技优势,并把这种优势通过实施企业自身的专利战略转化为专利优势,在世界范围内抢占市场和资源优势。因此,世界未来的竞争就是知识产权的竞争,经济强国必然也是知识产权强国。在现实生活中,人们也常说,知识产权是财富,是聚宝盆,是摇钱树。这些关于知识产权的熟语蕴涵丰富的内容:

(1)知识产权是自然人、法人或者其他组织对其智慧创作物依法享有的一种专有权。知识产权所有人可以利用法律赋予的这种独占性权利来创造自己的财富。在知识产权与财富之间存在一种逻辑关系:只要知识产权所有人能够将其依法享有的权利付诸实施,就能够使之转化为财富,转化为金钱。知识产权本身并不是一种财富。如果不能将知识产权即时地付诸实施,它不仅不是一种财富,而且还可能是一种耗财器。例如,专利权人如果不能将其专利付诸实施,获取相应的经济利益,就必须为维持其专利权的有效性而每年缴纳一定数额的费用。

(2)国家建立知识产权制度的目的,就是通过给自然人、法人或者其他组织授予知识产权,鼓励自然人、法人或者其他组织将其智慧、资金和时间投入到研发和创作活动中去,创作出满足人们需要的智慧创作物,促进经济和社会的发展。为了实现这样的目的,知识产权所有人就须将其获得知识产权的智慧创作物应用于实践活动,而不是束之高阁。如果知识产权所有人将其知识产权产业化,知识产权就能转化为财富或金钱。

(3)在知识经济时代,最活跃的生产要素是知识和技术。国家建立知识产权制度使知识和技术的创造者能够在法律规定的期限内独占其利益,也就是知识产权。因为知识产权所有人依法享有排除他人未经许可擅自实施其智慧创作物的权利,所以,其他人要想实施知识产权所有人的智慧创作物,就须取得知识产权所有人的授权,向其支付相应的使用费。这样的制度,确保知识产权所有人通过实施其知识产权能够获得应有的利益。

上述三层意思共同指向一个目标,即知识产权只有被付诸实施才能使之发挥出对个人、对国家和对社会的积极作用。知识产权产业化就是实现这一目标的最佳途径。

经过20多年的努力,我国已经从一个知识产权贫国发展成为一个知识产权数量较多的国家。以注册商标为例,截至1979年,我国企业拥有的注册商标只有数十万件,外国企业在我国的注册商标只有5 100件;然而,经过30多年的实践,我国现有注册商标已近400万件,有150多个国家和地区的企业在我国注册商标近百万件,我国企业自己拥有的注册商标300多万件。❶ 这些数字表明我国已经成为注册商标大国。再以专利权为例,截至1979年,我国基本没有专利❷;自1985年4月1日《专利法》实施至2009年年底,我国有专利申请数高达近600万件,使我国成为名副其实的专利申请大国,而且专利授权量达300多万件。❸ 然而,这些令人赏心悦目的数字只是向我们说明了一个问题,我国的知识产权制度已经产生了明显效果,但并不能说明知识产权是否产生了其应有的效应。

具而言之,我国的这些知识产权还没有被充分地转化为现实生产力,还没有被有效地产业化。为了发展经济,使我国在未来的国际竞争中立于不败之地,我国已制定了一系列与国际知识产权保护标准相一致的知识产权法律规范,并且还采取了许多相关政策以更好地实施知识产权。例如,2008年6月5日,我国国务院颁布《国家知识产权战略纲要》并付诸实施;紧随其后,我国许多省、自治区

❶ 参见中国商标网,2010年12月20日访问。

❷ 在20世纪50年代,我国曾授予过少量专利。但是,从60年代至1985年12月26日前,我国就没有再授予过专利。

❸ "2009年中国知识产权保护白皮书",载 http://www.nipso.cn/onews.asp?id=9482,2011年1月5日访问。

和直辖市相继颁布本地的知识产权战略纲要，根据各自的具体情况促进国家知识产权战略的实施。在构建知识产权战略的制度中，促进知识产权产业化是其中的一项重要内容，是知识产权战略成功的关键因素之一。

如何构建促进知识产权产业化制度，首要的问题是确定知识产权产业化制度的指导思想。指导思想是制定知识产权产业化具体制度的基本准则，是决定知识产权产业化制度是否可行的关键性因素。所谓指导思想，就是制定和实施某一具体事务的基本思路与观念。产业化，是指在市场经济条件下的产业化，就是在政府调控下的产业化，因此知识产权产业化制度的指导思想必须符合国家的政策，符合我国的基本国情。

促进知识产权产业化作为知识产权价值的最终体现，也肩负着经济发展的重要使命。但是，促进知识产权产业化，其制度构建不能闭门造车，否则其结果将会是空中楼阁、海市蜃楼式的发展之梦。基于我国企业知识产权的现状，促进知识产权产业化，必须要依靠政府的积极推行和宣传，必须要依靠国家加大对技术研究开发的投资力度，必要依靠国家运用知识产权法、税收、金融等经济杠杆激励企业进行发展的转型。

因此，构建促进知识产权产业化的制度应该发挥我国社会主义的优越性，这就要求我们要坚持党的领导，这也是由我国的具体国情决定的。中国共产党总是代表着中国先进生产力的发展要求、代表着中国先进文化的前进方向、代表着中国最广大人民的根本利益，并通过制定正确的路线方针和政策，实现国家和人民的根本利益。❶ 建设繁荣、富强、民主、文明的社会主义现代化国家，必须坚持中国共产党的领导。如上所述，知识产权产业化，既是手段，也是目的，更是结果。具而言之，构建促进知识产权产业化制度之终极目标，就是为了把我国建设成为国家富强、人民富裕的社会主义国家。因此，构建促进知识产权产业化的制度，首先必须坚持党的领导，以邓小平理论、党的十六大精神和“三个代表”重要思想为指导。

将“坚持党的领导”作为我们构建促进知识产权产业化制度的基本精神，就是告诉我们要正确理解以下三个关系：(1)政治与经济的关系。构建促进知识产权产业化制度，其目的是为了促进我国经济社会全面协调可持续发展，由于中国共产党代表了中国最广大人民的根本利益，所以，坚持党的领导就是把党的路线方针政策落实到所构建的促进知识产权产业化制度中的具体体现，使我国的经

---

❶ 江泽民：《论“三个代表”》，中央文献出版社 2001 年版，第 2 页。

济发展始终保持正确的方向。(2)形式与内容的关系。构建促进知识产权产业化的制度,是落实党关于经济建设和社会发展之路线方针政策的表现形式,其实质内容也就是为了实现国家富强、人民富裕的根本目标。因此,坚持党的领导与该项制度设计之目标是完全一致的,达到了完美的统一。(3)宏观与微观的关系。坚持党的领导,就能确保国家的稳定,为知识产权产业化创造一个和谐的社会环境,是宏观要求;促进知识产权产业化有利于提高国家的综合竞争力,促进经济发展,以利于社会稳定。

从这些要求出发,本课题研究认为,构建促进我国知识产权产业化制度的指导思想主要有五个:以企业为主体、以市场为导向、以自主知识产权为依托、以企业核心竞争力为中心、以促进我国经济发展为目的。

二、企业是知识产权产业化的主体

千百年的历史凝练出一条颠扑不破的真理,即经济是世界的主宰。经济发达国家在世界经济中拥有"话语权",他们的规则就是国际规则,包括知识产权游戏规则。参与知识产权游戏的主体很多,包括政府、企业、各种形式的组织和个人。在这些主体中,政府的作用非常重要,例如,政府既要进行宏观调控,又要进行微观管理;既要制定本国的游戏规则,又要担任游戏的裁判者。各种形式的组织和个人也有可能参与知识产权游戏,也需要遵守知识产权游戏规则。但是,其中最重要的主体只能是企业。构建促进知识产权产业化的制度,必须坚持以企业为主体,以市场为导向。本节主要讨论以企业为主体的指导思想。

坚持以企业为主体,首先意味着在我国市场经济环境下,一切企业都具有平等的市场主体地位。我国的企业可分为多种形式,包括国有企业、集体企业、私营企业、中外合资企业、外资独资企业、合伙企业等。各种形式的企业在市场经营过程中所享受的待遇是不平等的。这种状态,如果说在改革开放之初具有其特殊意义,起到了一定程度的积极作用,那么,至少现在不能再继续下去了。

坚持以企业为主体,其次意味着国家应当采取某些有效措施,为企业的经营活动创造一个良好的环境,包括法制环境、政策环境、人文环境等,让企业能够充分做到自主经营、自我管理、自主决策、自负盈亏。

坚持以企业为主体,还意味着企业应当苦练内功,加强自身修养,提高自主创新能力,以自主知识产权为依托,熟练运用知识产权游戏规则,搞好知识产权产业化工作。

企业是我国国民经济的重要载体、社会主义市场经济的微观基础和最重要的经济主体。随着知识经济逐渐成为社会经济的主导潮流，知识产权日益成为我们这个时代中最重要的财产权。知识产权在经济实体的财产价值中日趋重要。“在法律制度史上，知识产权法本身即是私权领域财产‘非物质化革命’的结果，是对传统物化财产结构进行创新与变革的产物。”❶在传统工业经济时代，钢铁、汽车、电力等有形财产结构支撑起工业经济时代的财产权体系；在现今经济时代，知识产权在财产权体系中日趋重要，知识产权法律制度作为激励和调整科技创新的机制也愈显重要。据一则资料表明，以前美国公司的资产结构是有形资产多于无形资产，厂房、设备、地产等实物资产占整个资产的比重约为62%，而现在则下降到不足30%。❷美国汽车业的利润高出软件业的10倍，而软件业的市场资本价值却比汽车高出4倍。这说明软件产业更加依靠知识产权保护，如果没有版权、数据库和专利保护，软件公司的价值将会急剧下降。欧洲大公司中绝大多数拥有大量的知识产权，例如，ROCHE（医药业）的资本价值约为335亿英镑，VODAFON（电信服务业）约为270亿英镑，BP AMOCO（石油、煤气）约为245亿英镑，NOKIA（IT硬件）约为240亿英镑。❸所有这些公司都有价值很大的知识产权，如专利、技术秘密和商标等“软资本”，当然这也不是说其“硬资本”（固定资本）并不重要。现实是拥有大量能够带来资本价值的知识产权的公司逐渐增加，据统计，“500强”中的“软资本”市场价值，已基本等同于25年前这些公司的净账面价值的总和。平均而言，每家公司的市场资本价值已经是其净账面价值的5倍。❹可见，现代经济实体的价值绝大部分来自知识产权是知识经济时代的一种必然。公司可以出售专利、商标、版权来创收，也可将其作为资本参与投资和产品开发，馈报投资者。经济实体在世界范围内通过将其技术优势转化为市场竞争优势，例如生物工程领域美国有世界专利总量的59%，欧洲为19%，日本为17%，其他为5%，因此美国在本行业极具竞争力。

知识产权不仅是企业的主要财产之一，而且知识产权的攻防战略成为企业竞争的一个重要的战略制高点，是企业提高核心竞争力、实现可持续发展的关键因素。现代经济的主要竞争工具是在知识产权的名义下运用的。在知识经济时

❶ 吴汉东：《走向知识经济时代的知识产权法》，法律出版社2001年版，第1页。

❷ 万光义：“经济全球化背景下知识产权价值论及我国知识产权对策”，载《软科学》2002年第5期，第23页。

❸ Tony Samuel, The Value of Protection, Management Intellectual Property, November 2000, p. 45.

❹ ibid , at 45.

代,知识可以分为内容类知识即关于“是什么”和“为什么”的知识,方法类知识即关于“怎么做”及“谁来做”的知识,以及规则类知识即“只能这么做而不能那么做”的知识。❶ 很明显,规则类知识成为现代经济竞争的主要优势之体现,以规则类知识为载体的知识产权是跨国公司所追求的最佳商业工具。在现代商业竞争中,一些企业热衷于占有和保护知识产权,其目的是为了竞争的需要,甚至是出于遏制竞争对手的一种商业策略。❷ 企业只有正确认识、运用知识产权才能在激烈的竞争中赢得主动权,并在科技经济的角逐中占得一席之地。在经济全球化的环境下,企业的生存和发展离不开知识产权的创造、保护和利用,企业应该将其作为一个有机联系的整体融入企业的整体发展战略之中。现实情况表明,企业知识产权战略的实施通常是通过对知识产权的产业化运作而实现利用全部资源以实现企业的战略目标。

作为经济发展的内在之意,资源的有效配置是非常重要的一环。如何配置资源是各国经济发展的重要内容。经济增长方式由粗放型向集约型转变,是我国经济发展的重要目标,这也是实现可持续发展战略的重要途径。党的十四届五中全会提出了这一重大历史课题,而如何实现这一转变,取决于我国经济发展的主要载体——企业的生产转型。

知识经济时代,技术对经济增长的贡献已经取代劳动力和资本成为首要的因素。就企业而言,资源的有效利用必须依靠技术创新、技术进步和科学管理。而这些都离不开知识产权的运用,其本质是知识产权的创造、产业化的过程。一般来说,作为跨国公司的企业普遍把知识产权视为企业竞争力的核心和企业成长的主要动力,也是企业利润的主要保障。然而,我国的企业在产品开发、市场开拓方面存在许多问题,企业利润主要来源于高能耗、低效益和低工资、低福利等方面,这种情况只有通过建立以企业为主体的科技进步运行机制、加强企业质量管理和知识产权战略运用才能改变。❸ 构建促进知识产权产业化的制度,必须要认识到这一国情,必须要采取适当的措施使得大多数企业能够重视运用知识产权战略,使得大多数企业把知识产权的保护与管理作为企业经营管理活动中的重要环节,使得大多数企业建立健全知识产权管理制度。

---

❶ 张平、马骁:《标准化与知识产权战略》,知识产权出版社 2002 年版,第 3 页。

❷ 袁真富:“知识产权:从权利到工具”,载《电子知识产权》2003 年第 12 期,第 53 页。

❸ 冯晓青:《企业知识产权战略》(第二版),知识产权出版社 2005 年版,第 26 页。

三、市场是知识产权产业化的导航器

知识产权，无论是专利权、著作权、商标权还是商业秘密等，都必须为某种产品增添附加值，提升产品的市场占有量，这样的知识产权才是具有价值的。因此，人们将知识产权称为市场竞争的产物，是针对竞争者设置的一种防护性保护制度。市场是商品交换的场所，起源于古时人们对于固定时段或者地点进行交易场所的称呼。现在，人们所说的市场，既可以是商品交易的场所，也可以是指商品经济运行的载体或者现实表现。市场是社会分工和商品经济发展的必然产物。同时，市场在其发育和壮大过程中，也推动着社会分工和商品经济的进一步发展。市场通过信息反馈，直接影响着人们生产什么、生产多少，以及上市时间、产品销售状况等；联结商品经济发展过程中产供销各方，为产供销各方提供交换场所、交换时间和其他交换条件，以此实现商品生产者、经营者和消费者各自的经济利益。❶ 因此，构建促进我国知识产权产业化的制度，应当以市场为导向，即主要是指本课题所构建的制度，应当遵循市场规律，促进我国知识产权产业化。

我国经济社会的市场化程度还不高，无论是在知识产权的保护方面，还是在知识产权的创造与发展方面，目前都存在较为浓厚的行政化和计划性色彩，长期来看是不符合国际知识产权制度发展的规律的，也是不利于技术创新的。因此，我们仍然要不遗余力地推进市场化进程，使企业和个人成为创造和保护知识产权的主体。

少数几个发达国家所拥有的知识产权占据全世界 97% 的份额，而 100 多个发展中国家只占其中的 3%。2005 年，我国外贸总额高达 1.4 万亿美元，居世界第 3 位，而知识产权附加值产品所占比例不到 10%。截至 2010 年年底，我国在工商行政管理部门注册的中小企业有 1 000 多万户，占我国企业总数的 99%。❷ 中国现有各种类型的企业注册商标不到 400 万件，平均只有 30% 的企业有注册商标，50% 以上的企业主要靠贴牌经营，99% 的企业没有申请专利。这种现状告诉我们，促进我国的知识产权产业化，不仅可以改变我国主要靠廉价的劳动力、自然资源和优惠政策来谋求发展的现状，而且可以将为数不多的知识产权转化为现实利益，更重要的是可以通过促进知识产权产业化制度来提高人们进行自主

---

❶ 关于“市场”的解释，载 http://baike.baidu.com/view/9165.htm.

❷ “中国中小企业已超千万户”，载 http://finance.sina.com.cn/g/20100514/14577937708.shtml，2011 年 1 月 9 日访问。

创新的积极性，提高我国知识产权的数量和质量。

当国产 DVD、彩电因被要求缴纳巨额专利使用费而面临失去国外市场的困境时，国产 EVD 横空出世，厂商在人民大会堂召开新闻发布会，宣布 EVD 有 11 项自主知识产权，尤其是我们掌握了其中的核心技术专利。此事使相当一部分国人出了一口恶气，颇有当年“将贫油国的帽子扔进了太平洋”后的豪气。但随后爆出的一系列消息令我们的快乐心情减了大半。EVD 价格过高，与 DVD 等相比较，EVD 并不具有很强的性价比；EVD 需要在数字高清晰电视上才能发挥其视频清晰的特点，这就要求消费者额外购买高清晰电视，事实上消费者只可能是有了高清晰电视后再去买 EVD，不可能是为了用上 EVD 而去买高清晰电视；EVD 的使用需要有碟片，如果无片可放的话，便成了无源之水、无本之木，而片源主要掌握在美国哥伦比亚、华纳兄弟、环球、米高梅等国际娱乐巨头们手中，EVD 要想获得市场上的成功，还必须取得他们的鼎力支持；EVD 联盟并不牢靠，许多联盟的成员不断与国外的 DVD 巨头暗通款曲。这些不仅让我们想起了当年的超级“VCD”，我们既有专利权，又有广阔的本土市场，但却没有成功。当然，我们还应切记“风物长宜放眼量”，短期内的困难并不意味着 EVD 没有发展前途。

经济发展只有符合市场这种无形力量的趋势，才可能在激烈的市场竞争中立于不败之地。因此，在一个市场中，我们要保持低调，不能唯我独尊。据报道，2006 年 6 月 22 日，3C 联盟个人便携式多媒体播录放机（PMP/MP4）技术专业委员会在深圳召开第二次会议，继续谋划 MP4 标准，但最后仍因未能达成统一意见而宣告失败。这是继 2005 年 10 月该组织试图建立中国 MP4 标准未果后的再次失利。

知识产权产业化，可以说有很多途径，包括：第一，企业将自己开发、创造或者创作的知识产权产业化；第二，高等院校或者科研院所将其研发、创造或者创作的知识产权产业化；第三，知识产权所有人将知识产权投资、融资，使知识产权产业化；第四，知识产权所有人将其拥有的知识产权转让给他人进行产业化；等等。不论是哪一种形态的知识产权产业化，都必须坚持以市场为导向。例如，在以低碳经济或者绿色产业为主导的今天，市场呼唤那些对环境保护有好处的知识产权技术、产品或者产业，因此，应当将这种类型的知识产权产业化。

尽管我们把实现高技术专利战略作为专利发展战略的一项重要内容，但实用新型专利或外观设计专利往往能够取得巨大的成功。由于我国专利法对发明、实用新型、外观设计专利都进行保护，所以我们要充分发挥这一法律资源的优势，在提高发明专利水平的同时，利用实用新型和外观设计“小专利”的特点，对市场进行有效的保护，起到“事半功倍”的效果。

海尔集团之所以能够持续、全面、成功地推出深受市场欢迎的小容量洗衣机、变频健康空调器、环保节能冰箱、拉幕式彩色电视机等创新家用电器，一个重要的原因就是以市场为导向，以现代工业设计为主导，以自主技术创新为支柱。

四、自主知识产权是知识产权产业化的依托

胡锦涛总书记强调要“促进自主创新成果的知识产权化、商品化、产业化”[1]，温家宝总理也指出，自主创新是支撑一个国家崛起的筋骨，必须要把自主创新能力作为国家战略贯彻到现代化建设的各个方面，努力把我国建设成为一个具有国际影响力的创新型国家。[2] 这其中最为关键的，就是自主创新成果的知识产权化。这是因为，只有自主创新成果知识产权化了，成为企事业单位的无形资产，才能更好地保护自主创新成果，真正实现自主创新成果的商品化、资本化和产业化。

自主知识产权，是指中国人（自然人、法人或者其他组织）经过研究开发、精心设计而创作的，并依法享有自主实现该技术权益的知识产权；或者虽然不是中国人开发但依法享有自主实现该技术权益的知识产权。前者通常是企业独立研究开发而获得的知识产权；后者通常是通过购买等技术转移活动而获得的知识产权。

自主知识产权产业化是指中国人依法享有知识产权的成果进行商品化应用的形式，从宏观的角度来看，其特征主要有三个：一是制造技术的垄断性。由于产品具有知识产权，没有经过权利人的许可，任何人不能对同一成果进行产业化。二是产业化的独立自主性。即产品的生产、销售等过程不受他国权利人干预，体现了当今知识经济时代民族国家特别是发展中国家的“经济自主”的诉求。三是具有重要的经济效益。自主知识产权产业化对于提高我国产业的核心竞争力，保障国家经济安全具有十分重要的作用。

科技创新能力日益成为国家综合竞争力的决定性因素，在经济全球化和一体化的背景下，随着关税壁垒的逐步消失，发达国家更多地运用知识产权、技术壁垒和反倾销等方式来控制市场。电子、信息和通讯、制造业、生物医药等产业

---

[1] 胡锦涛总书记于2006年5月26日在中共中央第31次集体学习时发表的重要讲话。

[2] 2005年3月29日温家宝总理在国家科学技术奖励大会上的讲话，载 http://www.fmprc.gov.cn/ce/cejp/chn/xwdt/t189263.htm.

的发展突出地表明，如果国家不能掌握核心技术和自主知识产权，不具有自主创新能力，就很难把握发展的主动权。❶ 自主知识产权最终需要产业化，企业将自主创新的成果获取知识产权，就应抓紧组织实施转化，并使其产业化，尽快达到一定的规模，才能使创新产品占领国内外市场，为企业获取巨大收益。自主知识产权有助于自主创新成果的资本化，获取足够的利润。一些大型的跨国企业很大程度上就在于它们能够利用拥有的自主知识产权进行技术转让和专利许可，获取可观的技术转让费用和专利使用费。

自主知识产权是保障国家经济安全的重要因素之一。越来越多的案例体现了知识产权是现代经济竞争的主要工具，它涉及国际贸易、产业自主等经济安全问题。曾任美国商务部副部长兼美国专利商标局代理局长的杜达斯指出："2003年的专利合计数表明美国的技术影响力继续增强，专利保护智力活动，鼓励技术进步，并帮助美国产业提供就业机会。"❷杜达斯的最后这句话意味着，专利不仅是技术问题，还是贸易和就业问题，直至波及政治。知识产权是保护技术或创造、经营等正常进行的一种权利制度。技术在社会中竞争并接受市场的选择，而市场竞争者的出现产生了权利的需求。但知识产权作为一种垄断权，它又具有反竞争的效果。在某种程度上，跨国公司拥有的大量知识产权足以控制一个产业的发展。如IBM公司2003年拥有专利3 415项，在多个行业中拥有核心专利。这意味着产业控制。而对于一个国家而言，一个产业控制在一家公司尤其是一家外国公司手中，对经济安全而言其意义是不言而喻的。其实，发达国家的学者早就指出，一个国家的产业能力如果很低，就不可能从事大规模的研究开发，因而过去的成果被垄断，或这种垄断权被强化，都将使它们面临严重的问题；因此，不加限制给予知识产权强势保护，表面上有利于技术转移，实质上却是本末倒置的。❸ 它剥夺了该国民族产业的发展能力，对国家的经济安全造成侵蚀。在受外国企业主导的产业中，如果发生国际冲突以及其他对抗时，其危害是很大的，它将导致一国经济发展的大起大落，甚至危及国家主权。以计算机网络设备产业为例，政府部门、金融机构以及国防等关键部门的信息化建设需要充分保障其安全性，由外国企业提供的他主知识产权设备对我国而言存在安全风险。

---

❶ 陈昌柏：《自主知识产权》，知识产权出版社2005年版。

❷ "USPTO公布2003年度获得美国专利最多的10大公司"，载 http://www.sipo.gov.cn/sipo/xwdt/gwzscqxx/2004/200608/t20060804_106174.htm.

❸ 梁志文："经济安全与知识产权法"，载 http://www.wanfangdata.com.cn/qikan/periodical.Articles/gzsfdxxb-shkx/gzsf2004/0402pdf/040203.txt.

从微观的角度来看,企业只有具有自主知识产权,才不会受制于他人。“可口可乐”是世界驰名商标,在中国软饮料市场占有相当份额,但是在中国市场上的“可口可乐”都不是可口可乐公司自己生产的,而是中国的企业生产的。“耐克”公司实际上一双运动鞋也不生产,只经营品牌,“耐克”鞋主要是像我国这样的发展中国家的企业生产的。由于品牌是这些大公司的,我们的企业只是为别人“打工”,大部分利润都进了品牌所有人的腰包,我们只能得到一点可怜的加工费。而且,我们辛勤劳动换来的是别人品牌的进一步红火、升值,市场份额的进一步扩大和对我国民族企业市场份额的进一步挤压。这从另一方面说明,创立自己的品牌,培育自己的品牌对于企业来说是多么的重要。

自主知识产权是企业的生命线。在知识经济时代,企业的利润主要来自于知识产权,纯粹的技术可以通过知识产权的产业化运作成为企业最重要的无形资产。在我国社会和经济发展过程中,企业,特别是高技术企业能否取得更多的自主知识产权,不仅关系到一个企业、一个行业、一个地区的经济发展,而且还关系到我国整个国民经济是否快速、健康和可持续发展的重大问题。创新的自主知识产权战略不仅要求获得产权,而且也要求发展知识。产品的创新要满足企业未来的需要,强调企业的自主品牌,强调今后可以享有充足发展的名牌资源。[1]而品牌的竞争,本质上依然是技术的竞争。

五、提升企业核心竞争力是知识产权产业化的中心

在市场经济时代,企业的竞争体现为市场竞争,市场竞争体现为产品的竞争,产品的竞争在某种意义上是通过品牌的竞争来实现的。一个民族拥有国际一流的品牌,就拥有推动国民经济发展的巨大资本。它是一个国家民族工业的象征和体现。但是,现代市场竞争表现为品牌竞争,但本质上是以质量和技术为基础的。驰名商标意味着优良的产品质量,而产品质量取决于企业的技术创新和进步。因此,促进知识产权产业化,要培育一批在国际上具有重要影响力的知名品牌,但更重要的是应该以提高企业的核心竞争力为中心。

1990 年,美国著名管理学者普拉哈德和哈默尔提出了核心竞争力的概念,他们认为,随着世界的发展变化、竞争加剧、产品生命周期的缩短以及全球经济一体化的加强,企业的成功不再归功于短暂的或偶然的产品开发或灵机一动的市场战略,而是企业核心竞争力(Core Competence)的外在表现。按照他们给出的定

[1] 童友:“知识产权保护——21 世纪的世纪之战”,载《中国科技投资》2006 年第 8 期。

义，核心竞争力是能使公司为客户带来特殊利益的一种独有技能或技术。在他们看来，核心竞争力首先应该能为企业提供进入不同市场的潜力。其次，核心竞争力对最终产品的顾客价值贡献巨大。最后，一个企业的核心竞争力应该是难以被竞争对手所模仿和复制的。❶ 严格地讲，核心竞争力是指某一组织内部一系列互补的技能和知识的结合，它具有使一项或多项业务达到竞争领域一流水平、具有明显优势的能力。简单地说，就是企业在经营过程中形成的不易被竞争对手效仿的能带来超额利润的独特的能力。它是企业在生产经营、新产品研发、售后服务等一系列营销过程和各种决策中形成的，具有自己独特优势的技术、文化或机制所决定的巨大的资本能量和经营实力。核心竞争力是企业获得长期稳定的竞争优势的基础。核心竞争力主要包括核心技术能力、组织协调能力、对外影响能力和应变能力，其本质内涵是让消费者得到真正好于、高于竞争对手的不可替代的价值、产品、服务和文化。其中创新是核心竞争力的灵魂，主导产品（服务）是核心竞争力的精髓。❷ 正如海尔集团总裁张瑞敏所言："创新（能力）是海尔真正的核心竞争力，因为其不易或无法被竞争对手模仿。"❸

体现在产品核心制造技术上的创新能力，是企业长期技术积累和研究开发努力的结果，技术创新有助于企业形成较强的技术壁垒。这种技术壁垒首先是来自于新技术本身的特性促成的，如模仿者对新产品的反向工程、消化、仿造需要一定的时间，从技术的掌握到投资决策再到产品上市需要较长的时间，这会导致创新者具有领先地位而获得充分的回报。而有些技术的模仿是非常困难甚至不可能的。其次，创新者可以通过获取新技术上的知识产权来形成合法的技术壁垒。借助于知识产权保护制度，创新者可以形成对产品市场的某种程度的控制，从而获取巨额的利润。

然而，培育和提升核心竞争力，并把它转换为竞争优势的机制，是一个系统工程。一般包括企业的组织结构和流程制度，而管理风格、企业文化和资源状况则构成了转换环境。成功的企业往往能够完善这种转换机制和环境条件，从而实现以核心竞争力制胜。以高屋建瓴之势首先打开欧美家电市场的海尔公司就是这样的一个企业。创新能力是海尔的核心竞争力，这种能力的形成以及显示

---

❶ 王焕宁："基于公司战略与核心竞争力的胜任能力模型"，载 http://www.stcsm.gov.cn/learning/lesson/guanli/20041223/lesson-3.asp.

❷ "打造企业核心竞争力"，载 http://www.stcsm.gov.cn/learning/lesson/guanli/20041223/lesson-1.asp.

❸ "如何发展和建立企业的核心竞争力"，载 http://www.xmatc.com/atcdata/html/44951.html.

出来的竞争优势，得益于海尔文化的完善。在海尔，创新能力同企业文化水乳交融，总裁张瑞敏对此的解释是："创新是海尔文化的价值观。"❶

因此，构建促进我国知识产权产业化的制度，应该有助于企业形成合力产生独特的创新能力，在知识经济竞争中取得领先优势，成为技术创新的领导者。

六、促进我国经济发展是知识产权产业化的目的

促进知识产权产业化的发展，我们要认真研究构建与社会主义市场经济体制和知识产权内在规律相适应、不同类型企业相互沟通相互衔接的经济体制。坚持发展是硬道理，坚持以经济建设为中心，坚持用发展和改革的办法解决前进中的问题。发展必须坚持以人为本，转变发展观念、创新发展模式、提高发展质量，把经济社会发展切实转入全面协调可持续发展的轨道。

可持续发展的重要方面是确立知识产权立国的地位以及确保国家知识产权的自主性。而我国的现实情况是，到2005年年底，我国很多企业仍然热衷于从国外引进设备，却很少投资去消化吸收。上海企业对国外技术的依赖度高达75%。一边是科技经费迅速增加，一边是科技对外依存度持续上升。据统计，我国规模以上企业开展科技活动的仅占25%，研究开发支出占企业销售收入的比重仅占0.56%，大中型企业仅为0.71%，只有0.03%的企业拥有自主知识产权。

建设创新型国家必须重视吸收转化，而我国吸收转化投入只占引进技术投入的8%。我国每年有3万多项省部级科研成果，近6万项专利，但大部分不能向生产转移，目前科技成果转化率低于40%，而发达国家科技成果转化率高达70% ~80%，世界经济500强企业中的高科技公司更是高达90%以上。发达国家占据全世界97%的主要知识产权，100多个发展中国家只占3%。2005年中国外贸总额为1.4万亿美元，居世界第3位，而自主创新技术产品仅占2%。中国仅有21%的企业有商标，50%以上的企业完全靠贴牌经营，99%的企业没有申请专利。❷ 即使是为数不多的知识产权也没有得到充分的利用，转化率很低。

故而，促进自主创新、促进知识产权产业化以保障我国在可预期的未来建成知识产权大国，是可持续发展战略的必要途径。发展观是关于发展的本质、目

---

❶ "创新是海尔文化的灵魂"，载 http://itb.bjpost.com.cn/djzhl/qiyewenhua.asp? bianhao =210.

❷ "数字两会"，载 http://news.sina.com.cn/c/2006 -03 -13/07169335057.shtml，2006年12月25日访问。

的、内涵和要求的总体看法与根本观点。❶ 有什么样的发展观，就会有什么样的发展道路、发展模式和发展战略。❷ 树立和落实科学发展观，是促进我国经济社会全面协调可持续发展、实现全面建设小康社会的宏伟目标、构建社会主义和谐社会的内在要求，是正确处理我国经济社会发展过程中出现的诸多问题、妥善应对各种风险和挑战的理性选择。❸ 构建促进我国知识产权产业化制度，与实现促进我国经济社会全面调协可持续发展、实现全面建设小康社会的宏伟目标是一致的，因此应当把坚持科学发展观作为我们的指导思想。

❶ "以科学发展观统领经济社会发展全局"，中共党史出版社 2005 年版，第 24 页。
❷ 同上。
❸ 同上书，第 26 页。

4

第四章

构建促进知识产权产业化制度的基本原则

一、基本原则概述

知识产权是市场竞争的游戏规则，更是竞争者手中的商战利器——威力无比的核武器。如何利用好这件武器，有效地打击对手，保护和发展自己，是直接关系到各个国家或地区经济发展的重要问题。为了妥善解决这个问题，以美国和日本为首的西方发达国家首先开始了新一轮的知识产权攻事，制定知识产权战略，加强知识产权保护。

面对这样的形势，我国国务院2008年颁布的《国家知识产权战略纲要》明确提出“促进自主创新成果的知识产权化、商品化、产业化”❶。早在1991年，邓小平同志就明确指示“发展高科技、实现产业化”❷。为了贯彻落实邓小平同志的指示，1999年8月20日，中共中央国务院颁布了《关于加强技术创新发展高科技实现产业化的决定》。在此基础上，构建一套适合我国国情并且能够与国际接轨的促进知识产权产业化的制度是在情理之中的。

摆在我们面前的问题是，我国应该在什么样的水平上实施知识产权产业化？怎样实施知识产权产业化？因为在实施先前的知识产权保护时，国内就有许多种不同的意见，对知识产权保护存在着许多误解。例如，有人认为，知识产权保护对我国企业的成长不利，如果没有知识产权保护，做起事来更方便。因此，澄清误解将是构建促进知识产权产业化制度，全面实施知识产权产业化的前提

---

❶ 参见《国家知识产权战略纲要》第12段，知识产权出版社6月版。

❷ “邓小平为863计划题词‘发展高科技　实现产业化’”，载http://www.ce.cn/ztpd/xwzt/guonei/2004/China55/1981/jdgd/200409/19/t20040919_1801179.shtml.

条件。

误解之一:发展中国家的产业结构仍处于较低级层次,对知识产权保护的要求不高。对此观点,有学者认为,即使不同产业的技术水平有差异,但仍可以通过相关制度安排推动技术创新。发展中国家在农业和一些劳动密集型产业已经积累了许多经验,正是由于忽视知识产权,使得技术创新长期以来存在投入不足、技术人员分散、信息渠道不通和重复研究等问题,严重影响了这些产业生产力水平和竞争力的提高。

误解之二:在总体技术水平落后的格局下,发展中国家的技术创新主要关注近期发展目标。发展中国家政府对于研究与开发活动的急功近利思想正在产生不良影响,使得许多本可以进行得更深入的科学研究活动因为短视的目标而过早结束。过分注重研究与开发活动的短期效应会扭曲风险融资导向,对各个互补性研究领域的进展产生负面影响,也会造成预期可望实现的重要创新被延迟。

误解之三:鉴于发展中国家在技术上的落后状态,知识产权保护宜松不宜紧。对于这个论点,有学者指出,专利、版权等在短期内可能影响消费者的利益,但是赋予新知识生产者的利益刺激,使之更快地推进研究与开发活动,并把已取得的成果更快地公之于众,因而从长期效果上看对社会是有利的。

事实上,对发展中国家实行知识产权较高保护水平的反对者,主要是从短期和局部的角度关注知识产权保护给发展中国家带来的不利影响,却没有充分注意到较高水平的知识产权保护对发展中国家所具有的积极作用。知识产权保护是一种国际潮流,任何国家都不可逆转,发展中国家更是应当积极应对,而不是消极地抵制。事实上,知识产权制度是一种中性制度,其本身并无好坏之分。如果你具有掌控知识产权制度的能力,它就能够给你带来利益;如果你总是躲着它,甚至是讨厌它,它就会给你带来麻烦。例如,现在总是有人抱怨,美国等发达国家经常利用知识产权这个武器来向发展中国家施压,强迫发展中国家接受它们的规则,按照它们制定的规则办事。否则,或者是遭到贸易报复,或者是其产品被拒之于它们的国门之外。出现这种现象的原因是多方面的,但是,最重要的是美国等发达国家能够将知识产权制度熟练运用于国家贸易活动中,运用于其企业的市场应景活动中,而我国从政府到企业对知识产权的运用还不是特别熟练,可能还有一些抵触。

首先,保护知识产权是世界贸易规则不可缺少的重要组成部分,是国际贸易得以正常运转的基础和支柱。国际经验表明,一些国际性规则或公约之所以能达成,原因就在于它本身具有合理性;而我国30多年的改革开放历程也表明,对于这些国际性规则或条约，我们迟早要加入，而且更多的情况是，越早参与越有利，越晚参与越被动，无论是从经济上讲，还是从政治上讲都是这样。因为对于这些国际性游戏规则，只有参与了才有发言权，不参与则等于放弃，而在全球化日益深入的今天，放弃则等于自我孤立，显然有害无益。

其次，即使这些规则大多是在发达国家主导下制定的，更多地代表了发达国家的利益，我们也必须加入，因为我们别无选择。实际上，强者有强音，实力强的一方拥有更大的谈判能力和发言权，本身也是一种游戏规则，而且从来如此。因此一些国际性规则或公约可能较多地考虑了发达国家的利益，这是不奇怪的。实际上发展中国家要想赶上发达国家的步伐必须比发达国家更努力，但我们不能因此而拒绝参与，只有参与了才有追赶的机会，拒绝参与则等于连追赶的机会也放弃了。从另一方面讲，发展中国家也有一些发达国家所不具备的优势，因此这种不平等的竞争也是相对而言的。

最后，也是最重要的，知识产权规则本身是一种竞争性规则，是一种动力机制，是市场经济的内在要求。因此，我们不能只看到知识产权保护在国际之间造成的不平等，我们更应该看到，从发展中国家国内经济社会发展的要求看，更需要知识产权制度。因为经济发展的历史表明，制度是更重要的生产力，很多发展中国家之所以长期停滞不前，就因为缺少合适的制度的激励。就我国而言，市场和制度的不完善是客观存在的，因而造成了很多扭曲的激励机制，规范和完善知识产权制度显然有助于矫正这一点。不仅如此，强化知识产权制度也有助于影响人们形成规范的市场经济观念，规范人们的经济行为，从而维护规范的市场秩序。

此外，发展中国家加强知识产权保护会明显地促进外来投资和技术引进，这也是知识产权制度带来的重要收益。

总之，从经济全球化和国际知识产权制度的发展趋势看，发展中国家不断加强知识产权保护不仅是别无选择，也是自身内在的要求。当然，由于知识产权具有时间性、地域性和专有性等特点，制定我国知识产权产业化的基本原则时要充分考虑我国的国情，技术、经济和社会所处的发展阶段以及世界发展的大趋势，适应我国全面建设小康社会战略目标的需要。在对上述问题有了较为清醒的认识之后，我们的知识产权产业化就有了重要的理论支撑。在此前提下，探讨构建促进我国知识产权产业化制度的基本原则，就要注意不同的部门在知识产权产业化过程中所发挥的作用是不同的，因此承担着不同的责任，也有自己侧重的原则。

二、坚持法制原则

法制原则,是指构建促进我国知识产权产业化的制度,首先应当完善相应的法律规范,严格依法办事。

从现象上看,知识产权产业化好像只是政府或者企业的事情,与普通的自然人、法人或者其他组织没有直接利害关系。这种观点不仅是错误的,而且是非常危险的。首先可以明确肯定,促进知识产权产业化需要政府的宏观调控,需要企业的积极实践,但是仅仅如此是远远不够的。对此,美国、日本等国家都有清楚的认识。自美国知识产权战略计划出台后,美国就制定了促进大学知识产权"产、学、研"一体化的规范标准,以促进知识产权产业化。美国理工类大学、综合性大学都设有"知识产权与技术转让"机构,专门负责本大学的知识产权保护与转化工作。日本自2003年颁布《知识产权战略纲要》并成立知识产权战略本部以来,明确提出让大学的技术走出象牙塔,将知识产权转化为社会生产力、企业竞争力以及综合国力。美国、日本等国家采取的这些举措,其目的有三个:第一,最大限度地将知识产权或者技术转化为生产力;第二,明确告诉人们,面对经济全球化速度越来越快的现实,要保持其世界强国的地位,仅仅靠政府和企业是不够的,需要全社会的共同努力;第三,尽可能创造一个有利于知识产权产业化的社会环境,促进知识产权产业化。

面对如此境况,像美国、日本这样的世界经济强国都倍感压力,那么,我们将怎么办呢?近几年,尽管我们的经济发展速度一直很快,到2009年年底,我国专利受理总量累计达到580多万件,注册商标总量达到近400万件,版权保护等也在突飞猛进地发展。如果单用这几个数据来衡量,我国已经进入了世界知识产权大国的行列。但如果按照知识产权综合指标考察,中国并非知识产权强国。因为我国的经济实力、科技水平以及自主知识产权竞争能力等与发达国家相比仍然存在较大差距。由此可见我们的起点低、基础薄,而且是粗放式的,还无法与美国、日本等强国抗衡。因此,创造有利于知识产权产业化的软环境,以促进知识产权产业化是非常关键的因素。

此处所讲的"促进知识产权产业化制度的软环境",应当包括:

(1)法制环境。现在,我国还没有统一的《知识产权法典》,虽然单行的知识产权法律规范比较齐全,但是,由于知识产权执法力度相对比较弱、知识产权行政管理机构分散、知识产权审判受到的干扰太多，❶所以，需要建立一个适于促进知识产权产业化的软环境，以构建适合于我国知识产权产业化的制度。同时需要建立一系列的配套法规来配合知识产权产业化制度的实施。

(2)法律意识。经过30多年的法制教育、法制宣传以及法律培训，国民的法律素质有了明显提高，对法律的理解与运用有了一定的深度与广度。但是，具体到个人或者企业，却仍然存在着巨大的差距。因此，更进一步地提高人们的法律意识，对促进知识产权产业化具有重要意义。知识产权是一种垄断权，它不仅可以保护知识产权所有人自己的智慧创作物不受他人的非法侵犯，更重要的是它能够用来开拓市场。在此过程中，既不允许他人侵犯自己的知识产权，也不能侵犯别人的知识产权。从短期来看，剽窃、盗用或者仿冒他人的知识产权，可以获得一定的不当利益或者非法利益；但是，从长远来看，即使是不吃官司，也会将自己永远地置于他人的后面而无法超越。这样的意识，不仅仅只是法律意识，更是一种经济意识、市场意识、超越意识。没有这样的超越意识，谈知识产权产业化就没有任何实质意义。

(3)和谐环境。建立和谐社会，坚持以人为本，是当今中国的立国治国理念。构建促进知识产权产业化制度，就应当有一个温馨、和谐的社会环境。在这样的环境中，人们就能够舒心地进行技术开发创新工作，为知识产权产业化奠定基础。进行知识产权产业化，首先需要有可产业化的知识产权，有能够支撑产业化的基础设施，有可运作产业化的必要资金。一旦社会发生不稳定的因素，知识产权产业化也就化为了泡影。具而言之，和谐环境，也就是正确处理好改革、稳定、发展三者之间的关系。

三、以优为主、重点扶持原则

构建促进我国知识产权产业化制度，首先需要优化软环境，为知识产权产业化作必要的理念铺垫；其次需要考虑轻重缓急的问题。

以优为主，就是我国在进行自主创新时应有所为、有所不为。由于我国的科技、经济发展水平与发达国家相比还存在着较大差距，因此我们不能实施“全面紧跟”战略，要做到有所为，有所不为。要针对各技术领域主要市场竞争对手的专利技术特点、专利市场占有情况以及对该领域未来发展的影响，确定知识产权

---

❶ 美国国际贸易委员会2010年11月发布的《中国：知识产权侵权，自主创新政策与架构对美国经济影响的测评》。

保护和研发重点、经营策略等新的知识产权保护策略。这包括两层含义:一是在掌握技术标准和拥有基础性技术专利方面要有所为有所不为;二是在制定知识产权保护标准方面也要有所为有所不为。一方面,按照最新的国际专利分类表,专利技术被分为6.8万个小组,世界上没有任何一个国家能做到在每个组的技术中都处于世界领先地位,即使美国也不例外,对于资金、人才和技术资源都不足的发展中国家来说就更是如此。因此,我们应该有选择地在我国具有一定优势和基础的那些技术领域优先发展,重点突破,力争掌握技术标准,获得垄断技术的地位。另一方面,发达国家竭力主张的少数知识产权保护规则可能确实超越了我国现阶段的基本国情,我们不能全盘地、无条件地接受,应该有所选择,循序渐进,使知识产权制度效益最大化。

重点扶持原则,就是指根据我国的现实情况,分阶段、分步骤,有目的地选择一些重点领域和行业,促进我国知识产权产业化。自1979年以来的30多年,我国的知识产权制度建设已经取得了举世瞩目的成就,并且已经显示出了知识产权制度在经济发展中的重要作用。但是,由于众所周知的原因,我国的科技实力、经济实力仍处于弱势状态。现在研究构建促进我国知识产权产业化制度之目的,就是在我国现有科技和经济水平的基础之上,充分发挥知识产权对社会、经济发展的积极作用,因此,我们需要将有限的人力、物力和财力用于最重要的地方,让它们发挥最大的效用。

作为发展中国家,要努力争取国际事务中的"话语权",提高国际地位,增强国家竞争力,增加科技投入,促进自主创新和经济发展就是最重要的途径之一。根据我国的实际情况,国家不可能在短期内大幅增加科技投入,并且投入也并非越多越好,也存在着经济学意义上的边际收益(产出)现象。因此,科技投入强度不能以美国等经济强国为标杆,他们是我们追赶的远期目标,不是制定现时政策的依据。另外,现在越来越多的专家认识到,当今各个国家之间的竞争已从政治、经济、国防等方面转移到科技领域或者"创新能力"方面。一个国家的科技创新能力是指科技投入的能力、科技资源配置的能力和从科技到创新的能力的总和。因此,科技投入的强度、科技资源的配置以及科技政策的安排等应当成为研究重点。❶

这样的现实表明,我们必须将有限的资源用于最重要的项目上,优先考虑重点项目或者重大项目。众所周知,知识产权产业化的基础是要有能够被产业化

❶ "落实十六大精神　加强财政科技投入",载 http://www.xjkjt.gov.cn/news.asp? newsid=2577.

的知识产权。如果没有可被产业化的知识产权，那么，知识产权产业化就没有了支点，构建促进知识产权产业化制度也就没有了任何实际意义。

高技术产业化包括两个方面的任务：一是发展高技术，形成新兴产业，培育新的增长点；二是利用先进技术改造和优化传统产业，提高经济增长质量。当前，高技术产业化的重点技术方向是信息技术、生物技术、先进的制造技术、先进的环保技术、新材料技术、新能源及节能技术等。各级政府及各部门可视具体情况，突出重点，量力而行，选择有可能形成本地区、本行业比较优势的领域，在政策、体制、投入等方面，对符合要求的高技术产业化项目的实施给予有效的支持。同时，应注意避免盲目重复建设。❶

四、保自主、促引进原则

构建促进我国知识产权产业化制度，既是一项事关国家经济建设、社会发展与人民富裕的重大工程，同时也是一件精细、长远的工程，不能操之过急，而应当有步骤、有计划、有目标地循序渐进地推进。在20世纪50年代，为了赶英超美而采取大跃进方式，事实证明这种做法不可能达到预期目标。前世之事，后世之师。现在，我们不能因为看到美国、日本、欧盟等国家或者地区开始了知识产权立国或者兴国战略，就盲目为之。冷战结束后，面对新的世界竞争格局，美国及时提出了“科技强国”战略，相应地组织实施了一系列重大科技计划，如国家信息基础设施计划（NII），即“信息高速公路”计划及先进技术计划（ATP）等。与此同时，美国政府在已有一系列促进国家投资科技成果技术转移法律制度的基础上，如《拜杜法案》（1980）、《国家合作研究法案》（1984）、《联邦技术转移法》（1986）及《国家竞争力技术转移法案》（1989）等，在20世纪90年代又先后出台了《国家技术转移与升级法案》（1996）和《技术转让商业法》（1998）等，以进一步保证科技成果得到实际应用。对此，我们必须进一步加快科技成果应用推广，大力提高我国经济发展和产品的科技含量，只有依靠科技，才能形成和增强我国的国际竞争力。该项原则的基本含义是，构建促进我国知识产权产业化的制度，必须充分考虑促进知识产权产业化所面临的问题：

（1）促进知识产权产业化的政策体系和有效措施。企业、高校和科研单位是创造知识产权的主体，但目前缺乏将这种“资源”优势转化为产业优势的压力和动力，影响了知识产权的转化。企业本应是高技术产业发展的主体，但目前我国

❶ http://www.chinatech.com.cn/aspx/news/single.aspx? titleid =20020322.061&title.

绝大多数企业的创新能力还不能适应日益激烈的国内外市场竞争，难以承担发展民族高技术产业的重任。从全国来看，还缺乏一项全面、综合的国家高技术产业中长期发展规划；对各部门、各地区实施的与高技术产业相关的政策措施还缺乏有效的协调和衔接；缺乏统一和完整的鼓励、引导、保护、促进高技术产业发展的法律体系。

(2)资金投入与投资渠道。目前，我国高技术产业发展的主要资金来源是财政拨款和银行信贷，而政府的直接投入无论是规模上还是操作方法上都难以适时、足量地满足知识产权产业化各阶段的需要。信贷资金又要求操作稳健、追求高流动性、注重实物资产状况和偿债能力等，难以为风险大的知识产权产业化项目融资。虽然企业股票上市和债券发行开始成为知识产权产业化的一种融资方式，但由于缺乏系统、规范的指导，仍未能有效地解决高技术创业资本问题。

(3)高技术产业发展的市场环境。高技术的转移和扩张机制、知识产权保护体系、技术交易市场的建设等都需要根据由传统计划经济体制向社会主义市场经济体制转变的新形势进一步完善。改革开放以来，我国引进了大量的技术装备来改造传统产业，使产业技术水平上了一个台阶，但大量引进外国技术装备在客观上也导致了我国高技术产品市场资源的流失。加快完善有利于高技术产业发展的市场环境显得十分急迫。

(4)知识产权创新人才成长的配套政策和激励机制。一方面，缺乏高技术产业所需的高技术人才，特别是既懂技术、又懂经营管理的复合型人才群体；另一方面，高技术人才大量流失。这种状况影响了我国高技术企业总体水平的提高，造成高技术产业发展的后劲不足。

保自主、促引进原则，就是在充分考虑上述客观现实基础上构建促进我国知识产权产业化的制度，使我们的制度更具有针对性和可行性。

首先，可以从两个方面来理解“保自主、促引进”原则：一是在知识产权保护具体程序和方式上应以我国为主；二是在一些技术标准和专利开发上应以我国为主。就前者而言，我国的经济社会体制与国外不同，因此在对知识产权保护的具体方式与途径上与国外也会有所不同，比如说司法程序、行政保护方式等都与国外有所区别。当然，从长远看，这些方面也是应该逐步与国际惯例接轨的。另外，我国有一些传统的民族性的知识产权，如中医药、传统的文化艺术形式等，都具有我国自身的特色，对这些知识产权的保护可能也会在具体细节上与国外有别。就后者而言，我们也有一些本土的优势可资利用，例如，软件产业就是一个很好的例子。一方面，我国从政府到企业、到个人，所用软件全是以中文为语言的;另一方面,我国的企事业单位在各种管理制度和管理方式上与国外也有差别。这些特点都为我国软件产业的发展预留了很大的空间。

随着知识经济的发展和市场竞争的加剧,当今时代,企业参与市场竞争具有不同于以往的新特点。其主要表现有:第一,企业竞争的发展基础由传统的稀缺资源(如土地、资金)转向技术创新,谁的技术创新能力强,谁拥有更多的高新技术,谁就能在市场竞争中占据优势地位。第二,企业在市场中的产品竞争由"硬件"产品转向"软件"产品。第三,企业竞争的经济实力由取决于有形财产转向取决于无形财产。第四,企业竞争的支撑点由重视引进模仿转向加强自主创新。当今的企业竞争既是引进、消化和吸收国外先进技术的竞争,同时又是建立自己技术优势、体现和保护自主知识产权的竞争,而后者显得更为重要。因此,需要我们进行自主创新和知识产权保护。

其次,保自主、促引进,避免重引进轻开发、保外抑内的自杀式运作理念。要进行自主创新,拥有自己的核心技术。"十一五"纲要将"立足增强自主创新"提到国家战略的高度,促使经济增长由主要依靠资金和物质要素投入带动向主要依靠科技进步和人力资本带动转变。由于自主创新能力不强,不能掌握核心技术,我国工业在全球价值链中大多处在低端位置,以至于经济、科技的发展都受制于人。依靠自主创新,才是一个国家工业振兴的根本立足点。

再次,拥有自主品牌。一个国家或地区的自主品牌有利于提升这个国家或地区的综合竞争能力,能为消费者带来特殊效用,在市场上长期具有竞争优势的内在能力资源,是在发展过程中逐步建立起来的一种竞争优势。自主品牌可以看成是区域内以自主知识产权为基础的核心竞争力,它对于一个地区在市场竞争中的独特形象,营造竞争优势,具有重要价值。区域自主品牌既是一种商业标志,也是一种无形资产。更重要的是,当前获取和占有市场份额的手段正快速地向品牌聚焦,通过培育和发展自主品牌,实施品牌带动战略,优化产业结构和企业组织结构,掌握关键技术和工艺,从而能够很好地提升地区的核心竞争力。在汽车领域,日本、韩国和巴西都曾拥有市场优势,人力及其他资源禀赋优势,但只有日本和韩国的汽车企业保留了发展后劲,其中的根本区别就在于,日本和韩国的汽车企业从最初的合资合作开始,就一直坚持自主发展,而巴西等国家的汽车企业,在合资合作过程中,逐步放弃了自主开发,丢失了自主品牌。[1]

山东省青岛市创造了品牌战略的成功经验。青岛市通过实施品牌战略,拥有

---

[1] "自主品牌给我们带来了什么",载 http://www.yzzlw.com/Article/Print.asp? ArticleID =909.

了"海尔"、"青岛"等一系列驰名商标,获得23个中国名牌产品,成为全国拥有中国名牌最多、经济发展最迅速的城市之一。其中,"海尔"以每年都入选中国名牌,迄今为止拥有10个中国名牌产品而成为全国拥有中国名牌产品最多的企业之一。在名牌产品的支撑下,青岛市的一批知名企业在规模和实力上不断扩张,经营状况良好。青岛市的业绩和"海尔"的经验充分表明:名牌是企业生存与发展的要项,名牌是中国企业参与国际竞争的重要武器。

最后,坚持走自己的发展道路。我国知识产权发展战略应在充分借鉴国外先进经验的基础上,立足于如何使这一战略更加适应我国经济、科技、文化发展的需要;立足于如何更有效地维护国家利益、国家经济安全和国家主权,尽快制定出一套具有中国特色的知识产权发展战略。韩国就特别重视自己对产品的开发。韩国当地媒体2006年3月25日报道说,韩国企业在全球首次实现了纳米纤维的商业化批量生产,产品性能优越。据报道,韩国的纳米技术风险企业CLUSTER公司宣布,该公司利用自行开发的碳纳米管分散技术,成功生产出分布着大量碳纳米管的纳米直径的纤维。❶ 这种纳米纤维的强度超过钢,却柔软如布,可广泛应用于防弹衣、移动电话锂电池等领域。据悉,CLUSTER公司的这项产品已经接到了来自多家日本主要企业的订单。在研发领域,该公司拟定的近期目标是开发一种"真正意义上"的纳米塑料材料。❷

在我国,自主创新在"十一五"规划中得到重视。我国信息产业将着力提升自主创新能力。据有关资料披露,我国信息产业科技发展"十一五"规划中,将服务国家目标、引领产业发展、市场技术互动、统筹规划协同作为指导思想,着力推进信息产业发展。❸ "十一五"期间,我国信息产业发展,将以信息化带动工业化、以工业化促进信息化的战略决策,充分利用信息技术改造优化传统产业,促进产业升级,利用信息技术促进服务业的创新和升级,带动产业结构的调整与优化。

提升自主创新能力,将作为提高信息技术水平、推进信息产业结构调整与优化的中心环节。今后要增加科技进步对产业发展的贡献率,建立创新型的发展模式,促进信息产业增长方式的转变,引领产业协调发展,推动信息产业行业的持续快速发展。

---

❶ "纳米材料产业化韩国批量生产纳米纤维",载 http://www.eol.cn/article/20050330/3132666.shtml.

❷ 同上。

❸ "信息产业科技发展'十一五'规划和2020年中长期规划纲要",载 http://www.itha.gov.cn/detail_info.jsp?id=1082.

一直以来,我国市场与技术一直存在较大距离。而在"十一五"期间,信息产业发展将全面把握市场牵引与技术驱动的关系,充分发挥市场需求在中短期内对技术发展的牵引作用,以重大应用带动技术发展,高度重视新技术在长远发展中对新市场需求的催生作用。今后,我国信息产业发展,要加快普及知识产权知识,增强保护意识,强化知识产权法制建设和实施力度,通过制定合理的知识产权保护制度,严格知识产权执法,保证技术创新者的技术创造热情,鼓励国内企业积极申请专利,大幅度提高专利的拥有数量与质量,使企业逐步成为知识产权保护战略的实施主体。此外,积极实施自主创新的标准化战略是应对国际竞争的有力保障。我国信息产业要及时跟踪国际信息产业的发展动态,支持企业通过重大项目带动和市场化利益共享机制建立技术创新联盟,通过自主制定的技术标准增强核心竞争力,促进产业链的形成,并快速转化为产业竞争优势。

五、宏观指导和微观放开相结合原则

我国高新技术计划资金主要来源于政府,私人或其他渠道资助所占份额极少。中国这一国情,与欧美等国有显著不同。因为在欧美(尤其是美国)高科技计划资金中很大一部分来源于企业或风险基金。即使在美国这样一个极度强调自由市场调节的国家,历届美国政府均对科学技术进行战略方向上的干涉。尤其是在高新技术开发方面,政府愈来愈倾向于干预,例如制定关键技术的转让与出口政策。

目前,我国有组织的科技活动正处于转型的关键时期,市场机制和政府计划在科技资源配置过程中同时发挥着作用,正在由政府主导向市场主导过渡,但市场对科技资源配置的基础性作用还尚未形成,政府有组织的科技活动在我国科技发展中仍占有重要的地位。据统计,2001 年全国科技活动经费筹集总额为 2 589.4亿元,其中政府资金为656.4 亿元,占总额的25.4%,比10 年前下降了近5%;独立研究机构科技活动经费筹集总额为626 亿元,其中政府资金为435 亿元,占总额的69.5%。[1] 从这些数据中可以看出,尽管政府资金在科技活动经费筹集总额中的比例呈下降趋势,但政府在全国科技活动,尤其是独立研究机构的科技活动中仍发挥着十分重要的作用。

在现阶段,政府应该对技术创新和高新科技成果商品化、产业化的方向以及

---

❶ 参见国家统计局、科技部、财政部:"2001 年全国科技经费投入统计公报",载 http://www.sts.org.cn/tjbg/zhqk/documents/2001/0214.htm.

发展重点进行宏观引导。在充分运用市场机制的基础上,正确发挥政府的宏观调控作用,统筹规划,突出重点,在我国有优势、产业关联度大、市场前景好以及有利于解决国民经济重点、热点、难点问题的技术和产业领域,优选一批重大项目,集中力量,协同攻关,取得突破。我国政府在制定高新技术发展政策时,应以在关键技术领域创立自主知识产权为政策目标。

为提高知识产权的经济效益,使知识产权转化为生产力,必须加强对企业的创新投入,使企业成为技术创新的主体。1994年,美国对研究与发展的投入约占国内生产总值的2.7%,达1 720亿美元。这些经费中对企业的资助份额高达70%。政府对企业的资助主要通过三种基金的方式来实现:一是建立小企业创新基金,一般资助500人以下的小公司。因为许多发明创造均由小公司完成,而且在小公司工作的技术人员多,就业机会多。二是技术再投资基金,一般由政府与企业各出一半,支持技术转移。三是设立先进技术基金,每年提供约5亿美元资助大公司的高技术、高风险项目。❶

促进企业成为技术创新的主体,全面提高企业的技术创新能力,要求我们在微观上持开放的态度,这是保持企业活力的关键所在。国有大型企业要把建立健全技术创新机制作为建立现代企业制度的重要内容,要把提高技术创新能力和经营管理水平作为企业走出困境、发展壮大的关键措施,使企业真正成为技术创新的主体。企业的生存和发展,必须以市场为导向,加强技术研究开发和科技成果的转化与应用,切实把提高经济效益转到依靠技术进步和产业升级的轨道上来。

中型企业要建立健全企业技术中心,加速形成有利于技术创新和科技成果迅速转化的有效运行机制。要加强岗位技术培训,全面提高劳动者素质,鼓励职工广泛开展技术发明、技术革新活动。积极创造条件,以多种方式吸引更多的优秀科技人员到企业工作,充分挖掘企业技术开发潜力。要面向市场需求不断开发新产品、新技术和新工艺,采用先进的经营管理方法和组织形式科学地组织生产、销售和服务。

企业的技术改造和科研机构的科研活动都要以市场为导向,注重发挥已有的基础和潜力,注重与高新技术产业发展相结合。要加强企业与高等学校、科研机构的联合协作。根据优势互补、利益共享的原则,建立双边、多边技术协作机制,通过相互兼职、培训等形式,加强不同单位科技人员的交流。企业研究开发

---

❶ 陈传夫:"论知识产权创新的政府策略",载《科技与法律》2000年第1期。

经费要有一定比例用于产学研合作。要强化技术引进与消化吸收的有效衔接，提高技术配套和自主开发能力。

总之，为促进知识产权产业化的发展，使科技创新的成果实实在在地转化为竞争优势，在宏观层面需要政府提供制度和政策支撑，在微观上需要让市场通过竞争来促进知识产权产业化。

六、适合国情和国际化并举原则

适合国情和国际化并举原则，是指本课题所建议构建的促进我国知识产权产业化制度，应当遵循在以我为主原则的前提下，使之与国际惯例相接轨。

众所周知，知识产权是一种国际游戏规则，任何一个国家或地区不可能将自己封闭起来玩这种游戏。但是，任何国家或地区在运用知识产权这种游戏规则时，不能不考虑自己的实际，盲目地去冒险。当今的国际社会，按照其经济实力和科技水平划分，大体可以将各个国家或地区分为四种类型：技术领先型、技术追赶型、技术创新型和发展调整型。我国则正处于技术创新型与发展调整型之间，属于经济实力和技术水平较弱的国家。在研究构建促进知识产权产业化制度时，我们就应当充分注意这种客观现实，既不能盲目攀高，也不能过分降低。

2006 年年初，国家保护知识产权工作组公布的《2006 年中国保护知识产权行动计划》（下称《计划》），强调将加强国际交流与合作。《计划》涉及商标、版权、专利和进出口等四个领域，提出在这一年度将起草、制定、修订 17 个涉及商标、版权、专利和海关保护的法律法规，起草和完善 6 个司法解释。《计划》将由商务部联合公安部、信息产业部、文化部、海关总署等 11 个部门共同执行。在这一年的 19 项具体工作中，有 7 项在中美之间开展，包括定期召开中美电影版权保护协作机制联席会议等。此外，将继续和 WIPO、WTO、UNESCO（联合国教科文组织）、APEC（亚太经合组织）等国际组织开展版权方面的交流与合作，积极参与制定新的版权国际规则的多边谈判和国际会议。[1]

2007 年 4 月 23 日，国家保护知识产权工作领导小组发布《2007 年中国保护知识产权行动计划》。按照《2007 年中国保护知识产权行动计划》，各相关部门将在立法方面起草、制定、修订 14 个涉及商标、版权、专利和海关保护的法律、法规、规章和管理办法，7 个司法解释和指导意见；在执法方面将开展“反盗版天天行动”、打击盗版教材教辅专项行动、“蓝天会展行动”等 14 个专项整治行动，11

---

[1] 参见 2006 年 3 月 10 日的《第一财经日报》，载 http://www.sina.com.cn.

个日常执法项目；在审判工作方面将采取8项措施保障全社会自主创新能力和知识产权创造活力；在机制建设方面将采取建立高效的执法协调机制，完善、规范保护知识产权举报投诉服务中心服务功能等8个方面，46项具体措施；将通过举办大型宣传活动、录制宣传节目、召开新闻发布会等8种形式，74项具体措施加大宣传力度；将通过编写培训教材、举办各类培训班和讲座等36项具体培训措施，对党政领导干部、基层司法执法人员、企事业单位人员、法律工作者和大中小学生进行知识产权知识培训；在国际交流与合作计划中将通过对话、考察、合作、交流和培训等26项具体措施，加强商标、版权、专利等知识产权的国际交流与合作；将通过筹建公安机关重点联系企业名录、研究制定《关于加强国有大型企业知识产权工作的若干意见》等9项具体措施推进企业知识产权保护工作；将通过定期召开与外商投资企业定期沟通协调机制会议，建立企业知识产权海外维权热线及网络服务平台等8项具体措施为权利人提供服务；另外，还将重点开展23项知识产权保护课题研究。❶

国家保护知识产权工作组所做的这些工作，其意图在于净化知识产权环境，强加知识产权保护，为我国的知识产权产业化做好必要的准备工作。同时也说明，构建促进知识产权产业化的制度，是一项系统工程，需要诸方面的协作配合，而且还需要与国际接轨。

知识产权是世界贸易规则的重要组成部分。作为一个发展中大国，我们要参与世界贸易，并在世界贸易中发挥重要作用，必须主动与包括知识产权制度在内的一系列世界贸易规则接轨，跟上全球化的步伐。要着眼世界知识产权制度变化的大趋势。发达国家不断地强化知识产权保护，大幅度提升知识产权保护水平，制定并实施知识产权战略，极力推进国际知识产权规则的制定与修改，实行知识产权制度直接与贸易挂钩。我国要对这种发展态势进行跟踪和研究，及时制定相应的对策。同时，在与国际接轨中要积极参与掌握主动。贸易规则本质上是一种利益规则，因此参与制定贸易规则事关国家利益。长期以来，世界贸易规则的话语权掌握在少数发达国家手中，这固然与经济实力有关，但也与长期以来发展中国家闭关自守、消极对待有关。经过多年的努力，至今我国已经成为包括世界贸易组织在内的一系列重要的国际性组织的成员，因此，我国应抓住这个机遇，积极参与各种世界贸易规则的制定，以掌握主动，维护国家利益。

坚持该项原则，不仅有利于我国企业走出去，而且也有利于外国企业走进

---

❶ http://news.xinhuanet.com/politics/2007-04/23/content_6016449.htm.

来。我国的国内市场尽管非常巨大,足可以容纳我国企业自己生产、制造的各种产品。假如我们将国门关闭起来,我们的企业不愁没有生存空间。我们现在已经加入了 WTO,你不走出去可以,但我们不能阻止外国企业走进来。面对技术实力强劲、经济实力雄厚、经营经验丰富、管理水平先进的跨国公司的进入,如果我们自己的企业不能树立走出去的目标,我们的企业就会被憋死在自己的国土上。坚持以国际化原则来构建促进我国知识产权产业化的制度,就是要让我们的企业充分认识到,我们自己的国内市场,实际上也是国际市场,也是面临无数跨国公司竞争的前方市场,没有可以遮风避雨的后方市场。另外,坚持以国际化原则来构建促进我国知识产权产业化的制度,也能够为外国公司的进入创造一个公平的竞争环境,更好地锻炼我国企业的适应能力,让我国的企业能够学习外国企业的研发水平、营运经验和管理技巧。

总而言之,构建促进我国知识产权产业化的制度,应当坚持五项基本原则:坚持法制的原则,以优为主、重点扶持的原则,保自主、促引进的原则,宏观指导和微观放开相结合的原则,以及适合国情和国际化并举的原则。

5

第五章 知识产权战略与产业化制度模式

一、知识产权战略

(一)知识产权战略的地位与作用

我国《辞海》对"战略"的解释是:战略是重大的、带有全局性的或决定全局的谋划。知识产权战略可以理解为:有效运用知识产权保护制度,为充分维护自身的合法权益,获得和保持竞争优势并遏制竞争对手,谋求最佳的经济利益而进行的全局性谋划和采取的重要策略和手段。知识产权战略可分四个不同的层次:国家知识产权战略、地方知识产权战略、行业知识产权战略和企业知识产权战略。21世纪,人类进入了以知识为基础的经济时代,即知识经济时代。在知识经济中,知识成为生产诸要素中最重要的要素。国内外的实践证明,知识对经济增长具有极其重要的作用。世界银行曾对许多国家经济增长差异进行的分析表明,物质资本所占有的份额不到其中的30%,其余的70%以上直接或者间接地取决于构成全要素生产率(TFP)的无形因素,主要是知识因素。❶ 有资料统计,当今世界在20世纪初技术进步对经济增长的贡献率为5% ~20%,20世纪中叶上升到50%左右,20世纪80年代上升到60% ~80%。技术进步对经济的贡献已明显超过资本和劳动的贡献。❷ 由于美国、日本、韩国成功地实施知识产权战略,使知识在经济增长中所占的比重达到70%以上。然而,知识产权对经济增长的作用并不是自然而然地产生的,它与知识产权资源在一个国家中的优化配置、有效

---

❶ 林华:"解读中国知识产权战略",载 http://www.iprlawyers.com/old/readArticle.asp? ArticleID = 1387.

❷ 同上。

利用、全面实施密切相关。据统计,近20年来,对我国经济增长的贡献,资本和劳动力投入占72%,技术进步占28%。与发达国家相比,既有很大差距,又有很大的发展空间。

由此可见,知识产权战略在一个国家或地区的经济发展中占有重要的地位,正确地制定和有效实施知识产权战略,对于优化资源配置,激发创造热情,促进技术进步,保持竞争优势,推动经济发展具有重要的作用。

(二)美国知识产权战略

知识产权战略是美国最为重要的长期发展战略之一。20世纪70年代,欧亚发达国家和新兴工业国家或者地区在经济上崛起,使美国产业界感到了巨大的竞争压力,朝野上下对此进行了深刻反思,结论之一就是美国在经济竞争中最大的资源和优势在于科技和人才,而由于知识产权保护不力,使得外国能够轻易模仿,并凭借劳动力和制造业的廉价成本优势实现了经济快速发展。为此,美国前总统卡特在1979年提出"要采取独自的政策提高国家的竞争力,振奋企业精神",并第一次将知识产权战略提升到国家战略的层面。❶ 从此,美国利用长期积累的科技成果,巩固和加强知识产权优势,以保持它在全球经济中的霸主地位,成为美国企业与政府的统一战略。

20世纪80年代后,美国为了继续维持和巩固其市场竞争优势地位,实施了进攻性的知识产权战略。一是通过制定各种法律,促进技术创新和技术转移,提高产业技术竞争能力。例如,1980年出台的《拜杜法案》❷明确规定,大学、非营利机构和中小企业对联邦资助形成的发明拥有所有权。1980年出台的《技术创新法》,促进技术转移;1986年出台的《联邦技术转移法》规定了联邦实验室转移技术的任务,允许职务发明人提取不低于15%的专利收入。二是把专利制度与

---

❶ "美国及美国企业的知识产权战略",载 http://www.smelz.gov.cn/news/23800.htm.

❷ 《拜杜法案》是美国1980年颁布的一项专利修正法案,其核心是规定由政府经费支持获得的发明专利,原则上归发明者所在的研究机构所有,并给发明人以奖励。该法案使所有在政府财政支持下完成的发明与发现从实验室里解放出来,对推动美国专利事业的发展和科技创新发挥了不可估量的作用。该法案的主要内容有以下几个方面:1. 由政府资助产生的大学发明,所有权归大学,前提是大学要承担专利申请和将专利许可授权给企业界的义务;2. 大学拥有独占性专利许可;3. 发明人应分享专利许可收入,但具体应得份额未作规定;4. 大学应将技术转移所得、全部专利许可所得返还教学和研究中去;5. 政府保留"介入权",即大学如未能通过专利许可方式使某项发明商业化,联邦政府将保留决定该项发明由谁来继续商业化的权利。但政府干预权限仅于此。《拜杜法案》的公布是美国专利法的一次根本性变革,彻底解决了政府资助研究成果的归属权问题,对促进私人企业资助大学研究项目的商业化运作具有革命性意义。载 http://www.stdaily.com/big5/stdaily/2006-01/09/content_475598.htm.

贸易战略结合起来，保护美国的国外市场。美国政府通过的《1988 年贸易和竞争综合法》是将知识产权保护与对外贸易挂钩的具体表现，在法律上的表现形式就是“特别 301 条款”。依此条款，美国贸易代表根据上一年度其贸易伙伴对知识产权保护的状况，将其贸易伙伴划分为三个类别：“重点国家”、“重点观察国家”和“观察国家”。当一个国家被列为“重点国家”之后 30 天内，美国贸易代表根据“特别 301 条款”对这个国家进行调查，直至诉诸贸易制裁。显然，“特别 301 条款”的核心是以美国市场为武器，迫使其贸易伙伴接受美国所认可的知识产权保护标准，准许美国知识产权产品进入其市场。如果美国认为某个贸易伙伴的有关法律、法规或做法对美国的知识产权保护不力，对知识产权产品的市场准入设置了障碍，并且造成了美国公司和个人的损失，美国政府会以征收高额关税和限制进口相威胁，迫使有关贸易伙伴改变其法律、法规和做法。三是利用公平竞争政策保护国内市场。1994 年，美国根据乌拉圭回合协议修正了《关税法》第 337 条“关于不公平竞争的规定”，授权国际贸易委员会（ITC）管理国外贸易侵犯美国专利法、商标法、著作权法的案件，以阻止外国侵权产品进入美国市场。

为了保持美国头号强国的地位，美国专利商标局制定了面向 21 世纪的美国知识产权战略，其战略目标是建立保持美国发明人在全球竞争优势所需要的专利商标制度，将专利商标局发展成一个以质量为核心，对市场变化反应灵敏的市场驱动型知识产权机构。为了实现这一目标，五年战略计划主要采取以下几个步骤：一是加强员工培训，改革工作流程，提高人才队伍素质；二是改进服务，加强与申请人的沟通，以市场为导向，提供客户满意的产品和服务；三是加强与欧洲、日本和其他国家知识产权组织的合作与联系，推动知识产权制度全球一体化；四是发展电子政务，实施专利和商标申请处理的自动化；五是通过立法进行收费制度调整，提高专利费用。

与此同时，作为国家战略实施的重要组成部分，美国十分重视知识产权战略的研究工作。例如，美国 CHI [1]研究公司的“专利记分牌”就是颇具特色的一项研究。CHI 成立于 1968 年，其特点是运用文献计量分析方法，对科学论文和专利指标进行研究，享有很高的国际声誉。目前，CHI 首创的一套专利引用指标已被发达国家广泛采用。CHI 在 1998 年与美国商务部技术政策办公室和美国竞争力委员会的一项合作研究，利用美国专利商标局的发明专利批准量数据建立专利技术指标，对美国、欧洲、日本和包括中国在内的其他一些国家和地区在 5 个重要

---

[1] **CHI，是指 Computer－Human Interaction.**

技术领域的技术研究开发的竞争力、技术实力和技术发展方面进行了比较，为支持美国政府和企业实施知识产权战略发挥了重要作用。

（三）日本知识产权战略

日本是世界上实施知识产权战略最为成功的国家，也是从知识产权战略中崛起的国家。“二战”后，日本政府为了尽快摆脱战争过后出现的经济发展困境，实施技术立国战略，迅速提高了科技实力和产业的技术水平，这一战略在当时较好地促进了国家的经济发展。但是国家经济发展到一定阶段后，出现了渐缓的趋势，日本政府通过反思发现，日本产业竞争力不断下降的原因是在创新、技术转移和知识产权制度运用方面远远落后于美国。因此，日本政府把知识产权立国作为基本的国策，使知识产权成为参与国际竞争力的原动力。其战略特点如下：一是日本政府高度重视知识产权战略。2003 年 2 月 25 日，日本政府内阁会议决定在内阁增设知识产权战略本部，由首相小泉纯一郎任部长，副部长由内阁官房长官、负责科学技术的大臣、文部科学大臣、经济产业大臣担任。有专长的成员包括大公司的总裁，著名大学和研究所的专家及律师等；二是根据国家发展阶段适时地调整国家专利战略。20 世纪 50 ~ 70 年代，实施构筑小型专利防卫网的专利战略，使欧美的基础性关键专利技术在其专利网中失灵。70 ~ 80 年代，日本的专利战略转向技术创新，向自主专利战略过渡。90 年代，日本加大基础研究投入，采取促进原创技术的专利战略，增强高新技术领域的竞争力。[1]

2002 年，日本内阁官房开始着手制定新的国家发展战略，目标就是知识经济这个大方向。同年 7 月由国家知识产权战略会议制定了“知识产权战略大纲”。在这个大纲中第一次明确提出了“知识产权立国”的国家发展战略目标。所谓“知识产权立国”，就是明确国家尊重发明创造的方向，把知识创造作为国家战略，把产业发展的基础建立在技术、设计、品牌以及音乐、影视节目等信息化产品的知识创造上，进而实现日本经济社会的新发展。2002 年 12 月 4 日，日本出台了《知识产权基本法》。2003 年 2 月，根据该法日本政府发布第 45 号政令，在内阁官房之下成立知识产权战略本部，协调各有关省厅实施国家的知识产权战略。

日本知识产权战略本部于 2003 年 7 月 8 日公布了《有关知识产权创造、保护及其利用的推进计划》（日本知识产权界称之为“知识产权战略推进计划”）。该项推进计划是根据 2002 年 7 月出台的《知识产权战略大纲》和 11 月出台的《知

[1] “必须重视专利战略——关于中科院战略高技术专利工作的思考（之三）”，载 http://www.bestinfo.net.cn/ztrd/jscq/llxz/t20060508_22330.htm.

识产权基本法》制定的，由知识产权创造、保护、利用、发展多媒体素材产业、人才培养和提高国民意识等五大部分组成，其中包括270项措施。2004年5月27日，又出台了最新版的“2004年知识产权推进计划”。该计划共分五大部分，包括创造领域、保护领域、应用领域、情报产业和人才培养。该计划一方面对其知识经济有促进和保护作用；另一方面则旨在拉大与经济技术落后国家的“知识产权差距”，这与在经济全球化过程中越来越突出的所谓“IT差距”是一样的性质。

2005年6月10日，日本知识产权战略本部又公布了《2005年知识产权推进计划》。该计划共分五章，达450个条目，较《2004年知识产权推进计划》增加了50个条目，且半数内容有所改变。其主要特点为：(1)将知识产权创造与国际标准紧密结合，将企业经营战略、知识产权战略和国际标准化战略融为一体；(2)就构筑世界专利体系提出明确的步骤；(3)明确提出要联合欧美以加强反侵权对策，倡导缔结《防止侵权产品、盗版制品扩散条约》；(4)提出将知识产权战略与地方经济发展相结合，以利用知识产权振兴地方经济。正是由于日本政府对知识产权的高度重视，使得日本很快成为雄视亚洲乃至世界经济的强国。

美日两国知识产权战略的制定将知识产权制度上升到国家根本法律和经济制度的战略高度，使得国家对于知识产权有统一、稳定的战略思考，使得经济发展有了明确的发展方向。要建立完整的知识产权战略，就必须构建和促进知识产权的产业化制度，因为知识产权产业化是知识产权战略中的一个重要组成部分，它与知识产权法律保护体系、知识产权的创新机制一起构成知识产权战略的三大制度。日本的知识产权战略就包括了创造战略、保护战略和活用战略，以期通过三大战略的实施来实现“知识创造—知识产权保护—知识产权活用—知识产权创造”的良性循环模式。如果知识产品创造出来只能束之高阁，不能转化为生产力，不仅社会不能受益，而且创造者也体会不到劳动的价值所在，必然会影响智力劳动者再创造的热情和动力。所以说产业化是知识成果实现价值最大化的手段和途径，是连接智力成果和市场的重要桥梁。因此，只有将知识产权提高到战略高度，才能为产业化制度的构建提供原则性的宏观的政策指导，使得整个知识产权制度能够协调一致地发展。

(四)国家知识产权战略实施

1. 知识产权竞争有利于维护市场竞争主导权

现在有一句人们耳熟能详的俗语：“或有专利，或被淘汰。”❶当今世界，在科

❶ 转引自“美国及美国企业的知识产权战略”，载 http://www.hczl.com/zxdt/200682l104755.htm.

技、经济和综合国力竞争日益激烈的国际环境下，知识产权对激励创新、保护科技投入、优化科技资源配置、调节公共利益与技术垄断关系、维护市场竞争秩序所具有的重要作用，已成为人们的共识。

美国政府将其国家利益、企业利益看做是第一位的，发展中国家只是处于扩大其知识消费市场的从属地位，是美国扩大知识生产利润的加速器。由于信息不守恒定律❶的作用，知识的生产、传播和利用所遵从的规则不同于物质❷和能量❸所遵从的规律，知识产权保护已成为现代经济的重要支撑，也是维护国家利益的战略性武器。以电子信息技术、生物技术和航空航天技术为代表的新技术革命浪潮席卷全球，使发达国家更加清醒地认识到实施国家知识产权战略对于促进国家经济发展、激励创造创作以及增强国家竞争力具有重要作用。当今时代的知识产权虽然是私权，但绝不只是传统意义上的民事私权，而是直接关联着国家政治、经济、文化、外交、贸易、科技诸方面的政策，关联着国家的综合竞争力，关联着国家的产业发展。

我国现代知识产权制度经过 30 多年的建设，已经取得举世瞩目的成绩，但是，我国各级政府机关以及企事业单位尤其主要负责人，并不是都能够从维护国家发展主权和市场竞争主导权的角度认识知识产权的战略意义，从经济和市场的角度真正领会知识产权的深刻内涵，并且在具体实践中加以灵活运用。绝大多数人对于物质商品市场竞争的严酷性、复杂性常有深刻体会，而对知识产权的重要性不仅缺乏足够认识，而且还没有掌握必要的保护政策和法律知识，与发达国家的企业、科研机构在思想观念和运用知识产权保护企业利益的技能方面形成强烈的反差。因此，充分认识国家知识产权战略实施的重要意义、广泛普及知识产权知识仍然是一项十分艰巨的任务。

---

❶ 信息守恒定律，就是说信息是不灭的，既不能凭空产生，也不会自动消灭。它就像种子里面的基因一样，存在隐性和显性等多种形式。种子里的基因是一种隐性的形式，长成植株是基因表达成显性形式，因其植株蓝图的信息早就存在于基因里面了。载 http://zhidao. baidu. com/question/8595903. html? fr = qrl3. 但这个定律尚未被人们普遍接受。人们现在所接受的是“信息不守恒定律”。

❷ 物质不灭定律，就是指任何物质不可能凭空消失于空气中，就像玻璃杯摔到地上，虽然没有了杯子的形状，但却变成一堆碎片，这就符合物质不灭定律。物理变化：就是物质经过改变后，可以简单的方法将它还原。（组成级本质不变）。例如：水加热变成水蒸气，水蒸气冷却后变成水；冰加热变水，水冷冻变成冰。化学变化：就是物质经过改变后，难以用简单的方法将它还原（组成级本质改变）。例如，纸燃烧变灰但灰却难以变回为纸。载 http://ask. xiaoi. com/question/html/235562. html.

❸ 能量是守恒的，即能量守恒定律。能量守恒定律，是指能量不生不灭，只会以一种形式转化为另一种形式。载 http://bbs. columbiachinese. org/showthread. php? t =3650.

2. 以企业为主体,政府为主导

知识产权战略上升到国家层面,政府就必须担负起指导实施的主导作用,甚至直接出面行使法律赋予政府的权利,运用知识产权和贸易规则保护本国企业的利益,这是市场经济条件下政府的一项要务。美国政府在实施国家知识产权战略中的主导作用有目共睹,并且不断建构保护本国利益的相关制度,灵活运用知识产权战略取得了明显成效。我国政府在运用知识产权战略武器指导国际化市场竞争的经验和能力方面尚显不足,甚至有些人对于政府在实施国家战略中发挥主导作用犹豫不定。发达国家政府在实施知识产权战略方面的强硬作为,应当是一种极好的借鉴和警示。[1]

企业是技术创新的主体,也是实施知识产权战略的主体。《企业技术评论》公布的"专利记分牌"所显示的8个高新技术领域中获得专利数量排名前150位的公司,绝大多数是世界知名的大公司,正是它们以及未列入的类似企业掌握着当今世界的知识产权。目前,我国的专利产品结构与世界上大多数国家有比较大的差异,不仅大企业的专利控制率较低,而且专利申请量也很少,非职务发明所占比例较高。产生这种现象的原因或许有中国国情下的合理原因,但是法人产权不明晰造成企业、事业单位普遍忽视知识产权,对本企业的知识产权疏于管理显然是一个重要原因。此外,我国对职务成果与非职务成果缺乏一套科学的、可操作的界定办法也是一个重要原因。

知识产权战略首先应当是一种企业战略,是企业市场竞争的战略性武器。在国家知识产权战略的实施过程中,只有政府十分重视知识产权工作是不够的,知识产权战略必须落实到企业。从国际专利发展的客观进程看,自然人持有专利权的比例过高可能不利于专利技术实施和产业化,因为大多数个人不具备完成专利技术产业化过程所需要的基础设施、资金和管理能力。美国前总统亚伯拉罕·林肯称"专利制度给天才之火加上利益之柴薪"。如何合理利用"利益之柴

---

[1] 美国贸易代表美国贸易代表办公室(Office of the United States Trade Representative,USTR)是根据《1962年国会扩大贸易法》而设立的。由于各专业部门在对待和处理世界性的经济问题时,常常带有狭隘的观点,为了纠正这种状况,国会决定在白宫内设立这个处于更高地位的协调机构。它隶属于总统行政办公室,主要负责美国对外贸易政策的制定及主要的贸易谈判。它具有双重任务:一是要就国际经济问题向总统提出独立的、全面的、完全客观的分析意见。二是要耐心引导各部门去注意某些具有长远影响的问题,协调它们对当前问题的不同看法。贸易代表是办公室的负责人,由总统和参议院任命,对国会负责。贸易代表的职能包括:在对外贸易管理上向总统提供咨询寻意见;在总统、国会、行政部门和私人部门之间协调对外贸易政策和多双边谈判策略;代表美国政府进行对外谈判等。保护与贸易有关的知识产权问题,也是贸易代表办公室的职责之一。载 http://www.cwfairs.com/news/news.asp? newsID =508.

薪”将个人拥有的专利技术转化为现实生产力，进而完成商品化、产业化，必然要经过一个十分艰难的过程。

3. 知识产权宏观谋划和产业化

发达国家的经验表明，成功地实施专利战略必须以强有力的专业化研究作为技术支撑。以科技创新体系为基础实施专利战略，必须突出强调这个“新”字，而“新”在技术上表现为进步，在市场上表现为独有，在法律上就应当再现为一种权利。由于竞争的需要，各个层次的创新主体都必须研究竞争对手的知识产权状况，确定自己的知识产权战略，选择自身发展的技术路线，而不能闭门“创新”。因此，必须在宏观技术政策、科技规划的制定和微观的企业技术创新活动中研究各个专业技术领域的国内外知识产权状况，了解并掌握他人在知识产权方面的动向，做到知己知彼，扬长避短，确定跨越发展的技术路线，形成自己的技术优势领域。

当前，应抓紧部署围绕科技发展的政策方向和重大课题，进行知识产权态势和知识产权管理、保护对策研究，提出综合性、全局性的知识产权战略研究报告，为相关技术领域的发展提供知识产权方面的宏观政策指南。要结合科技规划、重大专题、课题的立项和进展，进行知识产权方面的评估和分析，以信息技术、生物技术和新材料等相关高新技术领域的重大课题为重点，掌握和了解国外及其他地区在相关专业技术领域的知识产权状况，确定自己的知识产权发展战略，突破国外的专利封锁，准确确定“有所为”的技术发展方向，指导高新技术产业及产品结构调整，形成具有原创性的自主知识产权群，提高新技术产业竞争的控制能力，并通过有效的知识产权管理和保护，提升技术创新在科技、经济竞争中的实际效益，提高国际竞争能力。

4. 进一步提升我国专利质量

目前，有关部门已经注意到我国国内专利申请在质量上的严重不足。到2009年年底，我国受理本国人的三种专利（发明、实用新型和外观设计）申请累计达到500余万件，但国内专利申请大部分为技术含量相对较低的实用新型和不属于技术创新的外观设计专利，而国外的专利申请大部分为发明专利申请。因此，国内专利申请数量上的优势，并非是真正的技术优势。不加区分地谈论专利，这种认识的关注点仍然主要集中在发明专利的数量增长方面。当前，国外专利指标研究的热点在关于发明专利的质量评价上，他们关注专利质量是在一个更高层面上研究专利发展问题。有报道说，日本特许厅甚至呼吁要采取措施减少专利申请数量。[1] 世界专利研究的这种趋势提醒我们,实施专利战略应当具有更为长远的战略眼光。

目前,各级政府所倡导的专利发展战略把大幅度提高专利申请和授权数量作为重要目标,甚至作为科技计划实施的主要考核目标,并纷纷出台对于各种专利申请的政府补贴政策。作为技术研发的直接产出形式之一,鼓励增加专利申请,更多地获取知识产权无疑是正确的,甚至是实施专利战略必须经历的一个发展阶段。但是必须指出,专利申请从本质上并不是标准的统计单元,不同专利的价值差异极大,专利数量增长可以从一个侧面反映技术实力和以知识产权为基础的竞争力,同时也存在难以反映关键技术开发能力与核心技术竞争力的问题。特别是今后几年,在政府的宏观指导下,我国的专利总量肯定会迅速增长,在数量问题初步解决以后,专利质量问题将会变得相当突出。如不及早注意这一问题,现在单纯以科技论文数量评价研究工作的诸多争论也将在专利方面重演,专利战略将可能因为缺少适当的质量评价工具而产生严重的导向问题。

二、美日知识产权产业化制度基本框架

美国不仅具有强劲的创新能力,而且具有最完善的知识产权制度。美国利用其有效的知识产权产业化制度将创新成果知识产权化,并且将知识产权产业化,使创新、创造、创作与生产相结合,使创新成果尽快转化为生产力,在激烈的市场竞争中创造了可观的经济效益。日本在产业竞争力下降之时,即时提出知识产权立国战略,构建知识产权产业化制度,使其经济重新焕发活力,成为继美国之后的第二大经济强国。[2] 美日在知识产权产业化制度实施过程中取得的经验,对构建促进我国知识产权产业化制度和经济发展将有重大借鉴作用。

美日知识产权产业化制度是通过政府部门、科研机构(包括国立研究所、民间研究所和大学研究所)、企业组织共同构建起来的,其中政府部门担当决策者的角色,主要起宏观指导作用;大学和企业则起着实施者的角色。知识产权产业化过程中,美日两国通过制定与之相关的法律,让政府提供政策引导并给予必要的资金支持;科研机构和企业根据法律规定,利用政府提供的政策和资金积极实

---

[1] 杨起全、吕力之:"美国知识产权战略研究及对中国的启示",载 http://www.wzpd.com/er_s.asp?id=675.

[2] 2010 年,中国首次超过日本,成为第二大经济体,但不是第二大经济强国。"中国 GDP 首超日本成全球第二大经济体 但非第二经济强国",载 http://politics.people.com.cn/GB/1026/13421155.html,2011 年 1 月 13、14 日访问。

施知识产权产业化。实践证明,国家制定的完备法律,政府供给的扶持政策和必要的资金,大学与企业采取的积极行动是知识产权产业化不可或缺的几个关键因素。为了调动各种有利因素,促进知识产权产业化,美日两国都是以国家知识产权战略作为构建知识产权产业化制度的基础,然后在此基础上针对其具体实际进行知识产权产业化,使知识产权产业化达到促进产业发展并提高企业和国家的国际竞争力之目的。

(一)促进科技成果转化制度

在经济全球化背景下,世界各国为了本国经济的发展,提高科技对经济的贡献率,纷纷采取措施疏通高新技术成果向生产力转化渠道,推动高新技术成果向产业化发展,而法律环境对科技成果的转化至关重要。其中专门的以及配套的科技立法是否完备,是法律环境完善与否的主要标志。

1. 以法律制度确保知识产权产业化

国家制定科技政策和颁布科学技术法律,以促进高新技术工业应用是一种国际性趋势。美国为提高科技立法的权威性,早在200多年前就在其宪法中规定:“为鼓励文学和实用技术的进步,国会有权给著作家及发明家对其作品及发现授予一定期限的专有权利。”这是世界上最早以宪法形式对知识产权保护作出的规定,它对美国和世界许多国家的知识产权立法起到了积极的指导作用。根据这项规定,美国政府在1790年颁布了第一部《专利法》,有力地促进了发明成果的推广应用。此后,美国制定了与知识产权产业化有关的基本法,例如,美国国会1980年通过的《技术革新法》,是美国关于技术转移的第一部法律,其核心内容是规定由美国联邦政府经费支持而完成的研究成果属于研究单位所有,联邦政府保留对科技成果的优先使用权。30多年来,美国联邦政府还未用过该项权利。该法案的实施,将研究成果由联邦所有转为单位所有,为快速转化科技成果提供了前提条件,同时也使研究者更注重研究成果的产业化方向。大部分科研单位都制定了比较规范的专利保护和转让的有关规定,明确了单位、研究者之间的利益关系,鼓励研究者将其研究成果推向企业,使其商业化。

由于美国企业的研发实力大都较强,有能力完成科研成果由实验室到产品的二次开发过程,也愿意进行风险投资,这就极大地推动了科技成果的产业化,使高新技术在市场运作条件下得到迅速转移。为此,美国《1980年政府专利政策法》、《1980年专利与商标法修正案》规定,凡已同联邦政府订立合同的学术部门和小企业均可保留及获得其技术发明所有权;这种所有权不再归国家所有,但国家得强制专利技术商业化;允许学术部门和企业制定适合本单位情况的专利转让措施。

日本在经济发展中始终能保持强有力的发展趋势，与其运用完善的法律机制保护和促进经济发展是分不开的。日本在促进技术成果向生产力转移时，也制定了一系列相关的法律，以实现技术成果在最短时间内得到最大转移。《科学技术基本法》是支撑日本科学技术体系的基本法律。为了促进科学与技术的快速发展，使日本成为科技大国，1995 年 11 月 15 日，日本国会通过并由政府颁布了支持日本社会研究与开发体系的根本大法——《科学技术基本法》❶。该法规定了日本在发展科学与技术方面的基本国策和大政方针，要求增强忧患意识，加强基础研究，推进基础研究、应用研究和开发研究的协调发展，强调国家与地方及民间团体的协调和产学官的联合，强调国家、地方政府以及民间团体对科学技术的资金投入。

2. 鼓励科技创新主体合作制度

世界科技进步的历史和实际表明，单纯地增加科技的投入，并不必然能增强一个国家的科技创新能力，进而促进经济的发展，关键在于正确处理好科技成果的开发、转化和应用三者之间的关系。20 世纪 80 年代，日本经济迅速崛起，它用较少的科技投入取得了举世瞩目的科技成就，一方面得益于日本通产省资助的产业合作，另一方面日本在 20 世纪 70 年代以来先后制定的《联合研究制度》《研究交流促进法》等法律为科技成果转化提供的有力保障。根据《新技术开发事业团法》成立的新技术开发事业团，除开发新技术外，还进行有助于技术开发的基

❶ 《科学技术基本法》是 1995 年 11 月 15 日实施的法律，是日本去除单纯人文科学后的科技政策基本框架。也是日本面向 21 世纪实现“科学技术创造立国”，强力推进科技振兴的纲领性法律。这一法律通过提高日本的科学技术水平，实现发展经济、提升国民福利的目的，同时为世界的科学技术进步以及人类社会的可持续发展作出贡献。该法有 4 个要点：第一，发挥研究人员的创造性，协同发展基础研究，应用研究，以及产品开发，实现科学技术与社会及自然的协调，振兴科学技术。第二，规定了在科学技术振兴方面国家以及地方公共团体的责任。第三，规定了为了全面地、有计划地推进科学技术振兴政策的实施，在经过综合科学技术会议的讨论之后，政府必须制定科学技术基本规划。第四，规定了为了创建一个良好的研究开发环境，国家必须制定与实施的相关政策。综合科学技术会议就是按照“内阁府设置法”，于 2001 年 1 月作为“重要政策委员会”之一，在日本内阁府内设置的。作为辅佐总理以及内阁大臣的“智囊团”的综合科学技术会议全面掌握日本的科学技术水平，站在比各部委更高一级的立场上，对科学技术政策进行综合性和基础性的立案和综合调整，在功能和权限上比其前身有了根本性强化。载 http://ljcy. glite. edu. cn/pages/llqy/View. asp? ArticleID =353. 2009 年 7 月 3 日访问。

础研究，并普及其研究成果。❶ 为了加强科学研究的基础设施，加强研究交流活动，促进新技术开发和技术成果的普及，日本于1996年3月31日颁布《科学技术振兴事业团法》，其主要内容是成立科学技术振兴事业团，事业团作为日本的科技信息中枢机构，促进研究交流活动和技术成果的普及，作为大学、国公立研究机构与企业之间的中介机构进行委托开发和技术斡旋等。❷ 1998年2月9日通过的《促进大学等技术成果向民间事业转移法》，就是为了促进大学以及国立研究机构将技术成果向企业转移，以提高技术水平，活用研究成果，开拓新产业。该法规定设立"产业基础整顿基金"，对实施技术转移的大学提供资金支持和债务担保。❸ 为了使民间事业者有效地掌握和使用特定研究成果，法律要求文部大臣和通产大臣采取措施努力推动民间事业者学习掌握必要的知识和技术；在转移国立机构的技术成果时，文部大臣应给予认可；技术成果转移时，相关的专利费和手续费按特例处理。

在美国，因反托拉斯法对相关合作行为进行了限制，几乎没有企业进行这种形式的合作尝试，因此，人们提出应当重新考虑如何应用法律促进和保护科技创新主体的竞争与合作问题。在这种背景下，1984年美国国会为放宽反托拉斯法对相互竞争企业建立合作研发风险机构的约束，通过了《国家研究法案》，1986年美国颁布的《联邦技术转移法案》是《技术创新法》的补充法案，授权联邦科研机构与州政府及企业的科研机构开展合作研究。该法案不仅鼓励国内各层次科研力量的合作，还鼓励高新技术的国际合作。该法案提出政府所有或维持运行的实验室可以与大学和企业建立研发合作，实验室负责人有权与企业签订合作协议，建立合资企业，推广实验室的技术等，但对于由政府部门委托的研究项目（尤其是国防部和能源部的项目），对外合作时须经所属部门审批。据统计，由于该法的作用，美国与世界上100多个国家及地区签订了包括谅解备忘录在内的科技合作协定，国际合作的领域非常广泛。

3. 制定必要的产业政策法

西方发达国家强调科技与经济结合形成一体化，重视科技与经济、社会与环

---

❶ 《新技术开发事业团法》，于1961年5月6日颁布，1981年5月26日修改。参见钟鸣："日本科技中介机构及其法律"，载 http://www.wanfangdata.com.cn/qikan/periodical.Articles/qqkjjjlw/qqkj99/qqkj9905/990526.htm.2009年10月3日访问。

❷ 同上。

❸ 同上。

境的协调发展，利用产业政策[1]法促进科技与经济有效结合是一项行之有效的措施。一方面，政策只是一种引导性和原则性的对策方案，其执行缺乏像法律那样的强制性；另一方面，政策时常处于变动状态，不如法律稳定，但与法律相比显得比较灵活。为了有效执行政策，将政策上升为法律，给政策赋予某种程度的强制力，就产生了产业政策法。产业政策法是指以产业政策为内容或者以保证产业政策实施为目的的法律规范的总称[2]。

在日本等发达国家，产业政策有时候是直接以法律形式表现出来的，充分利用产业政策法推进科技与经济的有效结合。日本的产业政策法实际上就是产业振兴法和产业促进法，对知识产权产业化具有重要作用。20 世纪 50 年代后，日本先后制定了《机械工业振兴法》《电子工业振兴法》《飞机工业振兴法》等一系列产业政策法，使成熟的科技成果在更大的范围内推广应用，迅速转化为现实的生产力。

为了促进知识产权产业化，避免科技与经济或企业的实际需要相互脱节，美国制定了《技术创新法》。根据《技术创新法》设立的联邦技术利用中心，收集可能应用而且企业需要的科技情报，提供给各科研机构或者联邦实验室，要求它们在科研项目开始就制定与企业合作的目标，签订与企业合作的计划，以保证研发成果能最终应用到产业部门，使科技创新成果发挥最大的经济效益。

美国和日本都是法制健全的国家，法律不仅在保障权利和维护社会治安稳定中起到了重要作用，还在促进产业化发展中起到了支撑作用。技术转移法律体系应当包括技术转移实体、转移客体、转移过程以及市场支撑四个方面，能够有力地推动技术转移的进程，产生良好的社会经济效益。反过来，这种社会经济效益又为技术转移法律体系的不断完善起到促进作用。美国的技术转移政策涵盖了技术转移实体、转移客体以及转移过程等方面的内容。美国早期的技术转移政策主要集中于技术转移实体方面，后期则更多地集中在发展高技术，提高技术实力以及规范技术转移过程方面。换言之，做好技术转移，不仅需要建立完善的技术转移法律体系，更重要的是应当根据不断变化的经济形势来补充和修改

---

[1] 产业政策的实质是政府对经济活动的一种自觉干预，以实现特定的政策目标，包括实现经济振兴与赶超、结构调整与转换以及保持经济领先地位与维持经济增长势头等。显然，这种政策是对社会整体利益的维护。"一般说，在产业政策的制定与实施过程中，政府代表的是社会共同利益，而不是某种政府利益。这是产业政策的一大特点，并以此与自由经济下的其他一些政府政策相区别。"参见"产业政策法初论"，载 http://lunwen.eliu.info/u88.htm.

[2] 同上。

法律,才不至于使在产业化过程中暴露的新问题出现法律适用上的空白。

(二)技术转移促进制度

技术转移就是一种知识产权转化措施。以促进技术转移为目的而设立的技术转移机构,其作用在于为新技术寻找合适的买家,把作为科研成果的新知识、新发明向有关公司和企业进行传播和推广,并使其最终转化为生产力以推动经济和社会发展。这些作为买家的公司和企业必须具备把这些先进技术转化为商业上可行的产品和生产方法的能力。

美国政府很早就采纳了这一理念,在技术转移方面积累了不少成功的经验。知识产权与市场化运作相结合,使得技术转移活动在推动美国的经济社会发展中发挥了重要作用。随着经济全球化所带来的各种竞争和挑战,日本政府也效仿美国,建立起适合本国国情的技术转移中介体系,使其能很好地为知识产权产业化服务。技术转移机构由于拥有各类法律、科技专业人才以及功能齐全的信息网,能够全面掌握关于科研机构和企业的各种信息,在帮助科研机构和企业进行沟通中省去了许多麻烦,大大缩短了知识产权转化为生产力的时间,是科研机构和企业进行沟通的最好桥梁。

1. 美国技术转移机构概述

美国的技术转移机构始建于美国的理工类大学和综合性大学。史蒂文森法案[1]赋予大学的技术转让权,在促进学校知识产权转化方面起到了积极作用。1986 年《联邦技术移转法》颁布后,联邦政府于 1991 年创建国家技术移转中心[2],专门负责 700 多个国家实验室技术成果的实施、许可和转让。这些技术转移机构所进行的成果推广活动以及所建立的规范的利益分配机制,使之成为大学、实验室与企业之间联系的桥梁,颇受学者和企业家的欢迎。多数美国大学都

---

[1] 1980 年制定的《史蒂文森-威德勒技术创新法》是第一部定义和促进技术转移的法律。该法的目的是通过以下方式来促进美国经济、环境以及公民幸福社会:在联邦政府执行部门中建立组织,来研究和激励科学技术发展;通过建立合作研究中心来促进技术开发;激励改进由联邦提供资金的研究开发的技术,包括发明、计算机软件以及训练技术,在国家及地方的政府和私营企业中得到应用;通过奖励已经在科学技术方面作出杰出的贡献的个人和群体,以鼓励科学技术的发展;并且鼓励学术界、产业和联邦实验室中的科技人员的交流。该法明确了联邦政府有关部门和机构的技术转移职能。规定联邦实验室的技术转移职责,并将技术转移作为考核国家实验室雇员业绩的一项重要指标。凡是年预算在 2000 万美元以上的联邦实验室,必须设立专门的研究与技术应用办公室,从事研究开发成果的技术转移。参见林耕、傅正华:"美国技术转移立法给我们的启示",载 http://www.wanfangdata.com.cn/qikan/periodical.Articles/zgkjlt/zgkj2005/0504pdf/050434.txt,2009 年 10 月 10 日访问。

[2] 国家技术转让中心的英文名称是 National Technology Transfer Center,简称为 NTTC。

在校内设立了知识产权经营专门机构——技术许可办公室[1]。该办公室专门负责学校科研的后端工作——技术转移和知识产权经营。

斯坦福大学技术许可办公室成立于1961年,是技术转移机构的典型代表,在技术转移工作中有着较为规范的方法和丰富的经验。为保证大学技术转移机构的有效运行,首先要明确技术许可办公室与发明人或学校以及技术受让者之间的权利义务关系,使之成为促进技术转移的利益驱动力。在学校、技术许可办公室和受让方三者中,学校与技术许可办公室是一种固定的业务关系。属于学校的发明,由发明人向技术许可办公室提供成果报告,由技术许可办公室评价是否申请专利,并代理专利申请、实施、转让或许可等事务。当一项技术实施并取得效益后,通常技术许可办公室留下一部分作为管理费,如斯坦福大学技术许可办公室从转让方利益中提取15%作为管理费,其余收益在发明人、所在院系和学校间平均分配。通过这样的知识产权及其利益分配的调整,极大地调动了发明人和学校的积极性,缩短了发明向企业转移的周期。其次,明确企业分担专利费用。美国专利费用很高,PCT专利费用更高。大学属于非营利教育机构,专利费用如果全由大学承担,不仅不公平,大学也无力承担。因此,技术许可办公室通常将专利费用纳入专利许可协议谈判文件中,要求企业支付部分或者全部专利费用。企业通常都能理解学校提出的这一要求。实行专利费用分担,实质是将专利费用纳入经营中解决,减轻学校负担。再次,要将《研究协议》与《专利许可协议》二者分开。产学合作中《研究协议》为"投入"端,在研究项目启动前签署,旨在明确各方义务和知识产权归属;《专利许可协议》则为"产出"端,在发明披露后签署,旨在规定专利许可的范围、期限、技术入门费和提成费率等。将《研究协议》与《专利许可协议》二者分开,表明技术许可办公室不会在知识产权还未产生时,就确定知识产权的"价格"。在寻求产业界合作以及向产业界转让技术方面,斯坦福大学技术许可办公室根据技术成果在应用中不断趋于成熟与稳定的特点,并不急于向受让方索价,而是在小试或者中试阶段给企业提供了解研究工作情况的机会,吸引受让方的兴趣并使其慢慢介入。在此阶段,受让方不必支付过高的转让费,而是要求公司提供后续研究经费,产品形成后才进行利益分成。对此,学校开展了与工业界的联合计划,企业用很少的钱就可以加入计划联盟,参加者有权了解发明者每年的发明内容,并有优先受让权。这样的做法既为发明者的研发活动打开了思路,也有利于研发成果及时转让和应用。

---

[1] 技术许可办公室的英文名称是 Office of Technology Licensing,简称为 OTL。

斯坦福大学技术移转中心通过操作体系和利益分配机制，树立了技术移转机构成功的典范。斯坦福大学能够从技术移转中获得可观收入，其中一项拥有三项专利的 DNA 拼接技术，向 250 个公司发放专利许可，获得1 800万美元的转让费。

2. 日本技术转移机构概述

在日本，官方、地方公共团体以及民间各种中介机构有千余之多，包括官方的技术转移机构——日本科学技术振兴机构和大学的技术转移机构❶。

日本科学技术振兴机构成立于 2003 年，隶属于日本文部科学省，并吸收 1957 年 8 月设立的日本科学技术情报中心和 1961 年 7 月设立的新技术开发事业团。作为实施《日本科学技术基本计划》的核心机构，它担负着"科学技术创造立国"的重任。目前正在实施的有 5 项主要工作：(1) 旨在创造新技术的基础研究(Creating advanced technology)；(2) 新技术的产业化开发(Promoting business using advanced technology)；(3) 促进科学技术信息的流通(Promoting dissemination of scientific and technological information)；(4) 有关科学技术研究开发的交流与支援(研究交流与支援)(Researcher exchange and research support)；(5) 促进科学技术知识的普及、增进国民对科学技术的兴趣和了解(增进对科学技术的了解)(Promoting understanding of science and technology by the public)。在研究支援活动中，首先将国立实验研究等机构的研究成果归纳整理，建立数据库。然后向有关研究者公开，以促进这些研究人员的研究开发活动。❷

技术许可办公室最早诞生于美国，目的在于促进大学技术向产业转移，提高知识产权产业化率。日本借鉴美国经验，首先为大学科技成果转移营建合适的法制环境，1998 年颁布《大学技术转让促进法》❸，目的在于鼓励大学设立技术转移机构，推进研究成果商业化，并将商业化成果反馈，从而激励其进一步致力于

---

❶ 技术转移机构的英文名称是 Technology Licensing Office，简称为 TLO。

❷ http://www.tt91.com/daxue_wenzhang_detail.asp? id =51447.

❸ 《大学技术转让促进法》：支持大学成立科技中介机构，允许大学教师兼职技术转移工作和技术入股或投资。于是大学纷纷设立技术许可组织(TLO，technology licensing organization)，接受大学及研究者个人委托，负责为科研成果申请专利、开展技术营销、实施技术转移。当时典型的技术转移组织有：日本先进科学技术孵化中心(CASTI，1998 年 9 月成立)、东北技术使者(Techno—Arch，1998 年 11 月成立)、关西 TLO 公司(1998 年 10 月成立)、东京大学"尖端科学技术孵化中心"(1998 年 12 月成立)和东京工业大学 TLO (1999 年 9 月成立)都以股份制公司运行，采用会员制，开展寻找研究成果、进行评价筛选、专利代理、信息互惠服务、成果或专利转让、为企业组织研究开发等业务。参见刘峰："技术转移创新——日本大学技术转移协会(UNITT)"，载 http://www.istis.sh.cn/list/list.asp? id =4238.

有市场应用前景的科技研发活动。技术许可办公室是日本“产学官”联合制度的重要组成部分，其雏形可以追溯到“二战”前后依托于东京工业大学的理工学振兴会（成立于1946年）以及依托于中部地区国立大学成立的名古屋产业科学研究所（成立于1943年）等学校技术中介组织，但技术许可办公室的真正蓬勃兴起还是在1998年《大学技术转让促进法》颁布之后。截至2003年12月26日，全日本已有36家获得承认的技术许可办公室以及5家获得认定的技术许可办公室。在其资助支持下，已经有超过2 900件专利申请获得批准，技术许可办公室已经成为日本技术中介市场上不可或缺的中坚力量。

技术许可办公室的运行机制分为三个阶段：第一阶段是对知识产权进行评估，知识产权所有人首先将自己的知识产权以报告书的形式提交给技术许可办公室，技术许可办公室则派出项目专门负责人就知识产权的特征、市场化前景等与权利人一起进行交流，并评估其知识产权转化的可能性。第二阶段是知识产权的转化，在办理相关权利手续的同时，经权利人同意，技术许可办公室项目负责人开始着手通过出版社、网络、媒体等手段向有知识产权需求的企业推荐该知识产权，征求意向企业的意见。当企业明确表示愿意购买并应用该项知识产权时，技术许可办公室负责技术转让合同的签订。如果企业在资金筹集时遇到暂时困难，技术许可办公室也会通过风险资金的导入帮助企业进行融资。由于通过技术许可办公室进行转让可以享受到税收减免，因此风险基金一般都对该投资领域抱有浓厚的兴趣。第三阶段是知识产权产业化后的反馈，在技术转移合同签署后，技术许可办公室负责将技术转移所获得的收益返还权利人，同时还将负责知识产权转移后续阶段的一系列工作，如跟踪知识产权应用的过程、联系权利人对企业进技术指导以及知识产权的保护等。

（三）中小企业知识产权产业化扶持政策

在现代经济活动中，中小企业技术创新以及技术转移已成为一股世界性潮流。美国和日本政府在促进中小企业技术创新方面积累了许多行之有效的经验。我国也是一个中小企业占绝大多数的国家[1],因此,对美国和日本促进中小企业技术创新政策进行比较研究,借鉴其成功的经验,对于推动我国中小企业持续技术创新,增强中小企业竞争力,促进中小企业产业升级大有裨益。

1. 法律法规比较

在成熟的市场经济中,法律手段是调节经济活动的重要手段,作为高度发达的市场经济国家,美国和日本都非常重视为中小企业技术创新提供法律保障。美国于1982年颁布《小企业创新发展法》,1992年颁布《小企业研发加强法》,[2]设立了"小企业创新发展研究计划"和"小企业技术转移研究计划",要求联邦部门拿出一定比例的研发经费,鼓励中小企业参与联邦的研发,鼓励大学或研发机构的创新成果向中小企业转移,实现商业化。日本政府在1963年制定了《中小

[1] 中小企业已经成为我国国民经济中最具活力的组成部分。我国现有广义的中小企业数已达到4 200多万家,占全国企业总数的99.8%。中小企业创造的最终产品与服务价值占全国的58%、出口总额占全国的68%,上缴税收占全国的50%,提供了城镇就业人口75%以上的就业机会。中小企业的发明专利占全国的60%以上,研发新产品超过全国的80%。中小企业在创业创新方面发挥着十分重要的作用。参见"完善中小企业创业创新政策的战略思考",载http://www.rztong.com.cn/newshtml/2007421/ns12578.shtml.另一种说法是,我国中小企业已经超过800万家,占全国企业总数的99%,提供了大约75%的劳动力就业机会,越来越成为大学生就业的主体。载http://www.itedu-tsinghua.com/ReadNews.asp?NewsID=499-19k.

[2] 1982年通过的《小企业创新发展法》是于1983年开始实施的,其主要内容是要求年研究开发经费款在1亿美元以上的,联邦政府机构要按一定比例向SBIR拨出专款用于资助小企业的创新研究,由小企业管理局的技术办公室负责协调与组织;年研究开发经费超过2000万美元的,联邦政府机构每年要为中小企业确定科研项目和目标。有资料表明,到1995年年底,参加中小企业创新研究计划的有11个政府机构,共向该计划提供拨款55亿美元。同期,中小企业创资助金额超过40亿美元以上。目前,美国国会已经将该计划延期到2000年,并且规定联邦政府各部门用于本部门以外小企业创新活动的经费可以逐年增加。美国国会于1992年还通过了《小企业研发加强法》,并据此于1994年实施了一个实验性的小企业技术转移研究计划(STTR),要求部分联邦机构拿出其开发经费的一部分用于支持面向中小企业的技术转移活动,其宗旨是促进中小企业与非营利性研究机构之间的合作,以此促进先进技术更好地向中小企业的转移,从而加强公共和私营部门之间的合作伙伴关系的发展。参见"美国中小企业技术创新发展浅析",载http://www.smechina.com.cn/aboutsme2007/ShowArticle.asp?ArticleID=10058.

企业现代化促进法》❶,对政府如何扶持中小企业作出了规定;20世纪80年代以来,日本经济不景气,中小企业面临种种困难,为此,政府制定《中小企业事业团法》、《研究交流促进法》、《中小企业技术开发促进临时措施法》等;1995年又制定《中小企业创造活动促进法》。❷

2. 金融扶持政策比较

(1)美国的做法。

虽然美国是经济发达国家,但是,美国中小企业要获得发展资金也不是一件容易的事情。❸ 因此,美国政府根据中小企业技术创新的不同需求,专门采取了一系列为中小企业提供贷款担保、投资等方面的金融扶持政策。包括为中小企业提供创业资金和经营资金的"长期手续贷款担保"、"简化手续贷款担保"及"微型贷款担保";为中小企业提供国际贸易担保、出口风险担保及向购买美国产品的外国进口商提供多种贷款;鼓励私营金融机构向中小企业贷款、投资,向从事小企业投资的私营投资公司提供贷款担保;开设第二市场,允许向小企业提供贷款的金融机构在该市场上自由买卖政府的担保权,以提高资金的效益和流动性。❹

小企业通过政府担保,不仅可以获得贷款,而且在贷款期限、利率等方面也能够享有优惠。在知识产权创造方面,企业除享受上述金融扶持外,还可以获得风险投资支持。

(2)日本的做法。

日本政府针对中小企业信用薄弱而资金不足的情况,通过一种渠道为中小企业技术创新融资。日本政府建立官民结合、健全和完善的中小企业金融体系,

---

❶ 1963年制定的《中小企业现代化促进法》是战后日本制定的有关中小企业政策的根本法律。关于中小企业的政策目标,该法第1条规定:"在适应国民经济的成长发展,改善由于经济、社会方面的限制给中小企业带来的不利情况的同时,以提高中小企业的生产效率和改善交易条件为目标,促进中小企业的独立自主及改正存在于企业间的生产效率等各种等级差别,谋求中小企业的成长发展并帮助提高中小企业职工的社会地位和经济地位。"20世纪90年代以后,日本又相继制定了一系列关于促进中小企业科技进步、技术成果转化等方面的法律,其中包括《中小企业现代化促进法》。道重隆、马欣:"日本中小企业立法演变及新动向",载 http://www.modernlaw.com.cn/1/4/05-08/2198.html.

❷ 同上。

❸ "从美国如何解决中小企业发展资金谈我国中小企业到美融资途径和成功的机率",载 http://www.gov.finance.sina.com.cn/zsyz/2006-12-08/95192.html,2007年1月14日访问。

❹ "美国与日本促进中小企业创新政策的比较研究及启示",载 http://engine.cqvip.com/content/f/98023a/2004/006/005/jj52_f2_10518282.pdf.

为中小企业提供各种形式的贷款。一是日本政府设有专门面向中小企业的金融机构，主要有国民金融公库、中小企业金融公库、商工组合金融公库等，它们为中小企业技术创新提供专门优惠贷款服务；二是日本的普通商业银行，为中小企业发展及技术创新提供金融服务；三是在专门银行中有专门为中小企业提供融资的金融机构，包括相互银行❶、信用银行❷、信用组合❸等。另一方面，日本政府全资或部分出资成立为中小企业申请贷款提供保险和担保的机构，主要有信用协会、中小企业信用协会等。

由上可知，美国和日本为中小企业技术创新给予了有力的资金支持，较好地解决了中小企业的融资渠道单一、资金不足、融资渠道不畅等限制中小企业技术创新的问题。我国中小企业也面临着这些问题。为了解决这方面的问题，我国政府已设立了科技型中小企业技术创新资金，建立了中小企业信用担保体系，实行了税收减免政策，各大商业银行设立了中小企业信贷部等。但是，这些措施仍然不能满足中小企业成为技术创新源泉的需要，尤其是我国还缺乏专门面向中小企业的健全的金融体系。我国应借鉴美国和日本的中小企业金融模式，进一步拓宽中小企业的融资渠道，完善各种融资手段，建立包括直接融资和间接融资在内的中小企业融资体系。例如，为中小企业提供特别贷款（长期或低息贷款）；允许经营状况良好的中小企业面向社会发行融资债券，并适当降低进入市场融资的标准等。建立风险投资体系，设立中小企业的创业基金、中小企业的科技开发基金，积极开展风险投资业务，向有发展潜力的未上市科技政策企业进行风险投资，解决其资金的“瓶颈”问题。

---

❶ 相互银行的业务限定为中小企业服务，以员工300人以下或资本金8亿日元以下的中小企业为融资对象。在20世纪70年代以前，对中小企业以外的贷款受到严格限制。但是近年来逐步向普通商业银行的方向发展，业务种类大大增加。相互银行在扶持中小企业方面发挥了很好的作用，自身的实力也迅速增强。载 http://www.zei.gov.cn:8080/zjeco/0219/27.htm.

❷ 信用金库是由会员组织参加的金融机构，贷款对象限于会员内部，在本地区从事贷放业务，也可以接受非会员存款（不能超过总存款的20%）。政府对其存款人给予免税优待。信用金库成立以后发展很快，到1967年其资金量已超过相互银行，在对中小企业提供资金方面发挥着重要作用。信用金库有如下四个特点：一是会员限于本地区有住所或事务所。二是表决权按一人一票制。三是规定每个会员的出资限度和信用金库资金总额的最低限度。四是业务范围有一定限制，对同一贷款人的贷款不能超出自有资本的20%，或者不超过8亿日元（从两者中选最低者）。近几年来，在对中小企业融资方面，信用金库的融资量所占比重不断提高。载 http://www.zei.gov.cn:8080/zjeco/0219/27.htm.

❸ 日本的信用组合实际上就是信用合作社。信用组合是中小企业、个体劳动者相互共济性的金融机构，它原则上只向会员发放贷款。信用组合在互相合作方面较为突出，独立性强，监督不严，业务限于对组合内的成员。载 http://www.zei.gov.cn:8080/zjeco/0219/27.htm.

3. 税收优惠政策比较

为了鼓励和促进中小企业的技术创新，美国采取了各种税收优惠政策，实行了有利于中小企业发展的累进税制。一方面，美国专门颁布了促进中小企业发展的税务计划，规定中小企业可以享受6个月的纳税宽限期。另一方面，对研发活动支出实行税收减免，以降低企业的技术创新成本，具体包括企业为研究开发人员支出的工资和供应品、合同研究支付额的65%，企业向大学和科研机构提供用于基础研究赠款的65%等。

日本对中小企业的税收优惠政策主要有增加实验研究经费的税额抵扣制度和中小企业技术基础强化税制。若实验研发经费的增加部分超过过去的最高水平，则对增加部分免征20%的税金，但免征税额以不超过应缴法人税总额的10%为限。另一方面，中小企业每年可以从法人税中扣除该年度投入实验研究经费总额的6%，但扣除额不能超过法人税的15%。对于上述两种税收优惠措施，中小企业可以根据其具体情况由其自行决定。

美国和日本政府对中小企业采取的税收政策，给我们的启示是：政府应对中小企业实施税收优惠政策，对重大工业科技开发攻关项目免税或减税，对那些积极将开发技术转化为商业化生产的企业，可获得政府提供的长期低息贷款，并在税收方面享受优惠政策；另外，新建企业和高新科技企业，以盈利部分用于投资的中小企业一定时期内不纳税。

（四）建立风险投资基金体系

风险投资基金是指以股权投资方式为具有高速增长潜力而又不具备上市资格的高新技术产业提供发展资金，推动这些产业发展的一种基金形式。风险投资基金于20世纪50年代始创于美国，70年代后相继为德国、法国、韩国、日本、以色列等国所沿用，成为一种全球性的金融与科技运作行为。

风险投资基金与高科技产业发展密切相关，其突出特点是：投资于高科技产业，将在科研成果中还没有被证明具有实用价值的成果转化为价值，促进高新技术产业发展。投资资金来源分散、投资集中；由专家协同操作，组合投资；根据科技产业性质作出阶段性投资安排；投资金额巨大，效益滞后，风险性极强。在高风险中追求高收益，是一种介于直接投资和间接投资之间的投融资形式。美国的风险投资是当今世界发展时间最早、最完善的一种模式。日本风险投资机制模仿和借鉴了美国模式，但由于受某些因素影响，又形成了自己的独特个性。

美国风险投资基金运行的全过程犹如一场资本接力。首先创业者应当提出一个商业设想，而实现这个设想需要投入大量资金。一旦风险投资基金经理人看中该设想，那么，风险投资基金就会与创业者商谈签约，划定各自的股权比例，确立严格的商业发展目标——规定公司在一定时期内要达到的业绩，然后进入产品或服务的开发阶段。当产品定型后，组建营销队伍，广泛开拓市场，扩大生产能力。当所有既定的发展目标如期实现后，公司开始股本扩张：专业的评估机构对整个公司进行价值评估，此时其股价已升至原来的几倍、甚至是几十倍，因高额投资回报而吸引其他风险投资者进来。创业者和风险投资基金经理人将一部分股权转让给这些投资者，套取现金，将以往的投资悉数赚回，并获得大量资金，公司继续发展，确定下一个发展目标。经过若干个这样的过程，公司最终或者被实力雄厚的大公司收购，或者直接股票上市。这些过程环环相扣，完全由市场决定。同时不可忽视两个必不可少的条件：一是美国证券交易自动报价系统对企业的审核并不是看它是否盈利，而在于它的成长潜力，因此给年轻的小型公司提供了上市机会；二是经验丰富的专业评估机构，如会计师事务所、审计事务所、法人机构。评估的项目包括：产品及技术的领先程度和市场潜力、企业的市场份额及其可能的增长潜力、品牌价值、企业的创新能力等等。

日本投资资金运作机制的特点是：

（1）依附于大企业，采取子公司形式。[1] 日本风险资本的组织形式以附属于风险投资公司和风险投资分支机构为主，向社会定向或公开募集的风险投资基金形式相对较少。日本的小企业风险投资公司——财团法人中小企业育成会社为半官方机构，私人风险投资公司则以附属于大企业的风险投资公司为主，风险投资公司多为某企业集团的子公司。

（2）以资金支持为主、疏于全方位辅导。[2] 日本的风险投资业主要由银行业和证券业主导，业务活动基本上属于金融投资业或准金融投资业，在一定意义上是证券和银行业的延伸，具有较强的上市辅导色彩。其风险投资操作人员也大多来自银行证券行业，缺乏必要的技术背景知识和企业管理经验，从而对所投资企业的技术及管理等工作参与甚少，基本上不具有辅导企业成长的功能。

（3）长期持有股份，退出渠道不畅。[3] 首先，日本第二板股票市场不发达，限

---

[1] 参见和军："国外风险投资发展模式及其启示"，载 http://www.wanfangdata.com.cn/qikan/periodical.Articles/sysfdxxb-skb/sysf2003/0301pdf/030115.txt.

[2] 王文烂、余文鑫："美、日、欧风险投资模式比较与借鉴"，载 http://engine.cqvip.com/content/f/90284x/2002/019/004/jj07_f9_6135045.pdf.

[3] 和军："国外风险投资发展模式及其启示"，载 http://www.wanfangdata.com.cn/qikan/periodical.Articles/sysfdxxb-skb/sysf2003/0301pdf/030115.txt.

制了风险投资公司所拥有股份的变现增值。与美国的 NASDAQ 市场相比，日本的场外交易市场对企业上市要求较严，这虽然提高了股票投资者的安全性，但却增加了创新企业上市的困难。据统计，美国 NASDAQ 市场公司上市的平均周期为6年，而日本 OTC 则是30年。其次，由于日本企业之间法人相互持股的资本结构，资本市场几乎不具备企业控制权转移的功能，企业并购活动稀少，这就堵死了风险投资退出的另一条重要渠道。❶ 此外，日本风险投资公司甚至在所投资企业上市后仍然持有企业的股票。据一项研究表明，62% 的日本风险投资公司表示即使创新企业上市后也不会轻易卖出其所持股份，而是长期持有以获取公司股息红利。

美国和日本风险资金运行机制说明，风险投资是市场经济高度化的产物，需要正确处理政府与市场的关系，充分发挥市场的作用，具有高度信誉的市场环境为条件，完善的资本市场和货币市场为背景，先进的风险管理和投资技术为前提，良好的社会化服务体系为支撑，健全的法制环境为保证。只有这样，风险投资才能步入良性运转的转道，并推动高新技术产业的发展。

三、借鉴他人经验制定我国的制度

作为发展中国家，我国技术创新的基本模式还是处于模仿创新阶段。从制度比较角度看，在此阶段，知识产权产业化除了充分利用知识产权制度促进技术创新外，政府起干预扶持作用。政府通过确立法律制度、注入商业化资金、提供专利费用减免等措施援助中小企业研发、申请专利、加速知识产权产业化。因此，构建促进我国知识产权产业化制度，应该借鉴发达国家的成功经验，建立符合国情的相应制度。

（一）知识产权产业化法律制度

对外国立法进行比较研究的目的是为了完善我国相关法律制度，立足于我国知识产权产业化法律环境存在的问题，借鉴知识产权产业化的国际立法经验，构建我国知识产权产业化的法律环境。

1. 以完善的法律制度促进知识产权产业化整体推进

国际经验表明，为了促进与保障知识产权产业化，须有符合知识产权产业化客观规律、高效、实用且权威的法律规范。根据我国目前知识产权产业化立法状

❶ “美、日风险投资模式比较分析及对我国的启示”，载 http://www.canet.com.cn/Html/jrlw/110941177.html.

况,建议在适当时候考虑制定《促进知识产权产业化法》,使之成为该领域的基本法。同时在适当时候将《关于促进知识产权产业化的若干规定》上升为国务院行政法规,由国务院颁布实施,以提高其立法层次。

关于知识产权产业化所需要的权威、规范、明确的法律体系,国外已经为我们提供了经验。现在我们还没有《促进知识产权产业化法》,应抓紧研究制定这方面的基本法,针对高新技术的规划、立项、研究,成果的认定、产业化、应用,资金、人才等方面制定出全方位的切实可行的相对独立的法律制度。与此同时,应适时修改相关的法律法规,以发挥法律对知识产权产业化的整体调整功能。

提高有关规定的可操作性,为促进知识产权的开发和应用,国家颁布了许多相关的政策,如人才、财税金融、资金等方面的政策,但这些政策措施很少采取法律形式,因此有必要将这些政策具体化、规范化,使之具有法律权威和可操作性。此外,应对有关概念和规定作出进一步的明确和说明,并扩大法律解释力度,或者制定有关实施细则解决这一问题。

2. 以有效的法律规范促进知识产权产业化资金注入

知识产权产业化所具有的高风险性特点,导致其资金投入的特殊性。借鉴国际成功经验,我国应建立健全以优惠措施为支撑的法律保障机制,刺激知识产权产业化的资金投入。制定《促进知识产权产业化法》应当将对知识产权产业化的投入作为一个重要内容予以规定,确立对知识产权产业化转化投入倾斜的一般原则。将国家增加促进知识产权产业化投入的政策具体化、法律化,以便依法促进有关方面对知识产权产业化的投入。《促进知识产权产业化法》还应当规定统一的知识产权产业化贷款优惠原则,保证知识产权产业化的资金需求。关于促进知识产权产业化贷款的规定应以促进知识产权产业化为原则,体现国家产业政策,与知识产权产业化的特点相适应,并区别于其他贷款。最有效的措施就是通过修改贷款利率,使得金融机构的风险与收益相对应,从而提高金融机构促进知识产权产业化贷款的积极性,解决知识产权产业化的资金投入。

3. 以科学的法律手段促进研发与转化一体化

科技与经济相脱节的症结在于知识产权的最大拥有者高等学校及科研机构“远离”企业。一方面,高等学校及科研机构在课题设计时不能充分考虑知识产权在企业生产上的实际应用;另一方面,企业远未成为知识产权产业化的主体,企业缺乏推广应用知识产权的压力和动力。推动产学研联合协作无疑是解决这一症结的良方妙药。目前,我国高等学校、科研机构大量的知识产权不能有效地向企业转化,其原因之一就是三者不能依法进行知识产权产业协作或者其协作缺乏法律保障。因此,我们应当借鉴国外依法保障自主创新主体合作的成功做法,重视和鼓励产学研联合协作的存在和发展,并通过立法予以确认和保护。通过制定《产学研联合协作法》对产学研联合协作的形式、法律地位、各方的权利义务、优惠措施以及法律责任等作出明确规定,依法发挥产学研联合协作对知识产权产业化的促进作用。

为了促进高新技术及其产业的发展,国家在进出口、资金信贷、折旧、价格、税收等方面给予相应的优惠政策,这些产业优惠政策在引导高新技术产业化方面针对性强,并取得了一定的成绩。为了集中有限的资源、资金和科技力量,既体现国家对高新技术产业的合理引导与宏观调控,又充分利用市场机制,推动科技成果走向市场,促进科技与经济的结合,可以借鉴日本等国运用产业政策法的成功经验,制定《高新技术产业政策法》,依法利用财政、金融、税收、信贷等经济手段对高新技术及其产业化加以引导、协调和干预。

4. 以立法促进政府对知识产权产业化的引导性和服务性功能

我国正处在经济转轨时期,市场经济体制尚不健全,仅仅依靠市场机制推动知识产权产业化是远远不够的,也是不现实的。只有将政府推动与市场拉动结合起来,才能有效促进知识产权产业化。将政府知识产权产业化的职能纳入法治轨道,有利于规范政府行为,尽可能将政府的规划、引导、资助和扶持与法律引导、法律保障紧密结合起来。当前,政府在知识产权产业化中的主要职能有:完善各种法律制度,为知识产权产业化营造良好的法律环境;制定切实可行的科技产业发展战略和扶持知识产权产业化的产业政策;发挥政府宏观调控功能,领导、组织、协调各部门进行重大科技创新的开发与转化工作;加快企业改革,实现真正意义上的政企分开,促使企业具备科技开发、成果转化的自主权和压力,从而成为科技开发和成果转化的主体;推动科技信息网络的建设和中介服务的发展。

(二)技术转移促进机制

1. 技术转移机构

为了促进知识产权产业化,技术转移是其中的关键关节,连接着技术创新、市场经营与经济效益。首先,技术创新是知识产权产业化的原动力,推动着知识产权产业化;市场需求是知识产权产业化的磁力场,吸引着知识产权产业化;经济效益是知识产权产业化的计量仪,算计着知识产权产业化。然而,技术转移机构则起着穿针引线的作用,研发者需要通过该机构,将其知识产权推向市场;市场经营者需要通过该机构获得知识产权;政府需要通过该机构促进知识产权产业化。为此,以美国和日本为代表的发达国家,先后成立了技术转移机构,并且产生了明显成效。我国目前在清华大学、华中科技大学等6所大学设立了技术转移中心。

不同于技术市场那种自发供求,技术转移中心定位于技术推广和技术创新。技术转移中心不仅通过技术成果登记、技术成果统计与及时发布信息而促进技术成果有效转移,将研究院所、大学、企业的技术成果迅速转化;通过对某一项指定技术的评估与咨询,并通过技术培训等措施推广共性技术,提高技术转移的成功率,提高接受企业的技术吸收能力;还可以通过技术协作等方式开发关键技术,通过专家系统对技术发展的跟踪作出技术预测,提出技术发展报告,为企业的技术选择和政府制定相关的技术政策提供依据。具体表现为以下功能:

(1)技术中介功能。建立技术转移中心,可以搜集信息,提供专利代理服务,促进研究交流;进行技术登记、技术成果的统计与技术信息的及时发布,形成包括研究院所、大学、企业的技术转移体系。技术转移中心从大学、研究机构的技术所有者中征集技术并支付一笔知识产权费用或签订一份技术转移预期收益的分配计划,然后将所征集的技术交给开发性企业实施,收取使用费。在此过程中,技术的所有者可以对使用技术的开发性企业进行技术指导,技术转移者按合同获取固定收益或按销售收入的一定比例提取收益。根据需要,中心推动研究机构的科技、人才、信息等资源与相关行业和企业相结合,推动科技成果的商品化。

(2)技术促进推广功能。中心推进共性技术的开发与转移,推动产业结构的优化升级和区域产业结构优化;通过技术培训、研发人员的研讨交流,共建技术研究中心,使大学与研究机构的知识和技术流向企业,企业对大学的研究活动产生较强影响力,同时企业间的技术交流促进外部技术流向企业,有利于新技术、新工艺的扩散。

(3)区域技术创新中心。中心将协调各公司、研究机构与大学进行有关方面的研发,把国外的先进技术转化为国内的创新能力,确定对推动区域技术进步的关键技术或面临挑战的重点领域,如信息电子技术、化学与生物技术、材料与制造技术,进行委托开发或协同开发,提高区域企业的技术创新能力,促进现有或新兴行业的发展。

2. 我国技术转移中心的经营机制

我国技术转移中心属非营利机构,体现在:(1)经费来源社会化。中心争取但不完全依赖政府资助,它向社会提供有偿服务并将服务所得用于自我积累、自我发展。为了调动技术转移中心人员的积极性并促进知识产权转化，政府每年只向中心划拨一定的运营费用，不足部分由中心提供有偿服务获取。政府资助的研发项目除特别规定外，一般须在技术转移中心备案，以便中心跟踪技术研究进展；项目经费须按一定比例划归中心用做技术推广。成果发明人、持有人根据中心要求就其研究成果提出一个商业化的项目；技术推广的收益所得按一定比例奖励给发明人，其余作为中心基金。中心还将成立由行业专家、政府部门人员参与的协会，企业会员缴纳一定的会员费。(2)中心管理社会化。政府不直接参与机构管理，重大决策由理事会决定，但接受国家法律和社会监督。政府资助代表同企业会员与行业专家一样是理事会成员。中心要完成共性技术推广、人员培训交流、技术咨询与服务等技术推进为宗旨的公益活动；承担专利代理与技术成果转让，政府、企业和其他社会组织与个人的委托项目开发等有偿任务。

(三)鼓励中小企业知识产权产业化的制度

我国是一个发展中国家，即使是特大型企业或者大型企业也不一定有足够多的奖金用于知识产权创造、运用、保护和管理，更何况占99%的中小型企业。我国现有的大型企业中，尽管已经获得或者即将获得知识产权的企业并不一定达到了100%，但相对比例还是比较大的，至少在70%以上。然而，在这些中小企业中，已经取得或者能够取得知识产权并将它们产业化的为数不多。要构建促进我国知识产权产业化的制度，如果不能解决中小企业的问题，效果将是十分有限的。

由前面对美国和日本的介绍可知，即使像美国和日本这样的经济大国和强国，在其促进知识产权产业化的过程中，也是将其重心放到了中小企业上，针对中小企业存在的问题，专门制定了一系列技术创新法、技术转移法、技术转化法和资金扶持政策与法律等。它们的做法很值得我们借鉴。

1. 确立中小企业在国家技术创新体系中的地位

世界上多数国家对中小企业及其技术创新的地位和作用的认识，都经历了一个不断发展和深化的过程。在我国，以前人们习惯于把中小企业同落后的设备、工艺、技术等联系在一起，甚至把中小企业作为“落后技术”的代名词，一提到技术创新，便认为是大型企业的专利，与中小企业无关。现在我国已有为数众多的中小企业，有些中小企业已经表现出较高的技术创新能力和水平。政府各部门应充分认识和发挥中小企业在经济、生活中的重要作用，不能仅停留在其就业容量上，而是要充分认识到中小企业在技术创新中的作用和地位，把中小企业技术创新纳入国家技术创新体系中去。

2. 制定支持中小企业技术创新的法律体系

我国中小企业立法及支持中小企业技术创新的立法还处于较低阶段，目前还没有一部适用于各种所有制形式的、促进中小企业发展的专门性法律。因此，我国中小企业在技术创新中的地位长期得不到确立，国家制定的有关支持中小企业技术创新的政策措施得不到法律保障，从而使中小企业在技术创新中处于不利的竞争地位。根据目前我国立法的情况，应尽早出台适应市场经济体制、适用各种所有制经济成分的、统一的《中小企业促进法》《中小企业技术创新法》等法律，确立中小企业在国民经济中的地位和作用，明确鼓励中小企业在技术发明、技术创新、技术推广及产权保护等方面的问题，为中小企业技术创新创造更好的制度环境和发展空间。

3. 建立统一的中小企业技术创新管理机构体系

在产权主体日益多元化、产权流动更加频繁的市场经济条件下，有必要在各级政府建立统一的中小企业管理机构，以理顺目前中小企业宏观管理的混乱局面。1998 年国家经贸委设立了中小企业司，集中协调与管理中小企业的有关事务。但是，县市级政府中却没有相应的机构对中小企业进行宏观管理和指导扶持，不仅难以发挥中小企业司的作用，而且还制约了中小企业的技术创新活动。因此，我国应该参照国外政府的做法，不仅建立全国性的机构，而且地方各级政府都建立相应的分支机构，从而完善中小企业技术创新的管理机构体系，设想建立的管理机构应与我国以往的政府行政管理机构的职能有所区别，其主要职能是：维护中小企业合法权益；协调政府有关部门，解决促进中小企业发展及技术创新活动的有关问题；帮助中小企业解决资金、技术和信息等事项；促进中小企业发展对外经济贸易与技术合作等。

4. 扩大中小企业技术创新的融资渠道

资金不足、融资渠道不畅，是中小企业技术创新最主要的障碍。我国中小企业也面临着创新资金不足的问题。我国政府已设立了科技型中小企业技术创新资金，建立了中小企业信用担保体系，实行了税收减免政策，各大商业银行设立了中小企业信贷部等。但是，这些措施仍然不能适应中小企业成为技术创新源泉的需要，尤其是我国还缺乏专门面向中小企业的健全金融体系。我国应借鉴美国和日本的中小企业金融模式，进一步拓宽中小企业的融资渠道，完善各种融资手段，建立包括直接融资和间接融资在内的中小企业融资体系，如为中小企业提供特别贷款（长期或低息贷款）；允许经营状况良好的中小企业面向社会发行融资债券，并适当降低进入市场融资的标准等。建立风险投资体系，如设立中小企业的创业基金、中小企业的科技开发基金，积极开展风险投资业务，向有发展潜力的未上市科技政策企业进行风险投资，解决其资金的“瓶颈”问题。政府应对中小企业实施税收优惠政策，对重大工业科技开发攻关项目免税或减税，对那些积极将技术应当转化为商业化生产的企业，可获得政府提供的长期低息贷款，并在税收方面享受优惠政策；另外，新建企业和高新科技企业，以盈利部分用于投资的中小企业一定时期内不纳税。

5. 完善中小企业技术创新的社会服务体系

通过向中小企业提供咨询、信息和技术培训等服务，推动中小企业的技术创新活动，是美国和日本的成功经验。随着全球信息产业化的发展和信息高速公路的建设，为中小企业提供更便利的信息咨询服务已成为成本低、见效快的重要手段，成为各国政府的主要政策之一。我国在建立信息设施、开展信息交流等方面做了许多工作，但在信息的沟通、服务质量上仍存在很多问题，存在部门和地区的条块分割，尤其不符合信息网络化的发展趋势。因此，我国应对其加以整合，集中建立一个面向中小企业提供技术创新服务、非营利性的数据资源库，向企业提供直接服务，进而再与各有关部门、信息中心、网络公司及国际互联网联结，最终建立起完整的信息网络服务系统。此外，还应大力支持科技咨询产业的发展，鼓励创办各种咨询公司、信息公司以及从事技术交流和转让的公司等，通过技术洽谈、专利和零配件招标、科技经纪人培训等方式，帮助中小企业提高人员素质和管理水平，改进组织结构，制定企业发展和市场开拓的战略规划，为中小企业提供技术创新和科技产业方面的支持。同时，各级政府要有组织地建立中小企业服务中心，并对中小企业服务体系建设给予必要的资金及政策支持；要推动中小企业行业协会、同业协会等中介机构的发展，建立有效的执业标准和监督机制，加强监管，实现服务的社会化、专业化和规范化。

6. 制定中小企业经济发展计划和总体规划

近10年来，我国政府陆续实施的星火计划、火炬计划、成果推广计划和新产品计划等科技与经济发展计划，中小企业的技术创新活动产生了巨大的促进作用。但这些计划都是以支持技术创新的商业化阶段为主。事实上，中小企业技术创新的每一个阶段都存在很大的风险，政府应在创新活动还不能产生商业利益之前给予适当的支持，随后再支持创新企业技术成果的商业化，这种分阶段的支持既有利于降低风险，又有利于提高持久创新能力。因此，政府应结合现有各种开发性计划，或对原有计划加以改进和完善，或设立针对中小企业的科技计划，以加强对中小企业技术创新全过程的支持。同时，为解决中小企业发展中存在的重复建设和市场过剩的竞争问题，应当制定和实施中小企业发展的总体规划，在此基础上充分利用当前中国经济结构调整的有利时机，通过资产、品牌、技术和产品等链条，引导大企业、大集团将中小企业发展纳入自身和产业化发展体系中，使中小企业在专业化和社会竞争中不断发展壮大。还应定期发布具有指导性作用的《中小企业发展产业指导目录》，指导中小企业有的放矢地进行技术创新。

（四）促进知识产权产业化的风投基金体系

1. 风资基金体系存在的问题

20世纪80年代以来，我国每年取得的重要科技成果达3万项，而科技成果的转化率不到20%❶，大部分处于闲置状态。过去我国对科技成果的支持只是简单地给以拨款，而且数量有限。尽管我国政府80年代初就已经开始了风险投资❷的试验，但是都不太成功。官办的公司搞风险投资，运行机制存在很多弊端，商业化运作意识较差，不能实事求是地按市场规律办事，大大制约了我国高科技成果的转化。换句话说，目前我国并不存在真正意义上的风险投资基金。在这种形势下，大力发展中国的风险投资基金不仅是必要的，而且是必须的。在1998年"两会"召开之际，时任全国人大常委会副委员长成思危向全国政协提交的关于尽快建立中国的风险投资事业的提案被列为"一号提案"，引起广泛关注。❸ 如何正确处理我国风险投资中的问题，建立有效的运行机制成为学术界与实业界共同探索的问题。英国前首相撒切尔夫人曾说，英国高科技产业比美国落后10年，主要是风险投资起步比美国晚了10年。可见，高技术产业的发展离不开风险投资的支撑，风险投资是高技术产业化的"孵化器"。❹

现阶段我国发展风险投资基金存在着众多的制约因素：首先，缺乏良好的商业运行环境，国家的法律、政策尚未对风险投资予以有效的保护。其次，缺乏相对应的资本市场。目前民营高科技企业要想取得上市的资格相当难，但风险投

❶ 汪贵华："建立中国风险投资银行支持体系的理论探源与现实选择"，载 http://www.21our.com/readnews/1125/1125091-3.html.

❷ 风险投资是由职业金融家投入到新兴的、迅速发展的、有巨大竞争潜力的企业（特别是中小型企业）中的一种股权资本。转引自"论风险投资退出机制"，载 http://www.cnxuexi.com/xiezuo/biyelunwen/3452.html.

❸ 成思危："1998年提交'一号提案'"，载 http://www.ce.cn/cjzq/cjgs/gsyw/t20040528_946323.btk.

❹ 转引自"论风险投资退出机制"，载 http://www.cnxuexi.com/xiezuo/biyelunwen/3452.html.

资企业如果没有一个相对应的资本市场，就缺少了一条实现回收投资的渠道。再次，风险投资人才匮乏、水平不高也是制约我国建立完善的风险投资运作机制的因素之一。风险投资不但需要对所投资企业的技术水平、发展前景、人员配置、机构运转等作周密合理的考察论证，而且应当参与所投资企业的经营管理活动，在企业的规划决策、市场开拓等方面发挥重要作用。这就需要有一批既掌握现代科技知识，又具备一定金融运作和企业管理能力的复合型优秀人才对风险投资进行全方位运营。但我国目前风险投资公司的人才队伍多为科技干部转业形成，不但缺乏金融知识和市场开发经验，而且本着政府官员的思维模式从事风险投资工作，很多人将风险投资仅仅理解为促进科技成果的转化，而忽视风险投资作为高科技孵化器的培育辅导功能。由于对风险投资的运作机制不了解，在实际工作中难以区分风险投资与一般投资的不同，往往使风险投资形同银行贷款，甚至变成了人头费、养老金，不但起不到对高科技企业发展的推动作用，而且浪费了宝贵的资金资源。

2. 建立风险投资基金的对策建议

(1)营造有利于风险投资的法律环境。国际科技发展的历史证明，高新技术产业和风险投资是一对孪生兄弟，没有风险投资，高科技的发展举步维艰；要吸收风险投资，必须强化法律保护和激励机制。我国现行法律(如公司法、税法等)尚没有鼓励风险投资的规定，更没有制定风险投资法，这种状况严重制约了知识产权产业化的资金需求。目前，有必要根据我国知识产权产业化的实践，在《关于建立风险投资机制的若干意见》的基础上，对风险投资进行集中立法，制定《风险投资法》这样一个基本法层次的法律，对风险投资的基本原则、投资主体、投资对象、退出机制、中介服务机构、监管系统、政策扶持等作出明确的规定，从而为知识产权产业化的资金需求提供充分的法律保障。

(2)正确处理政府与市场的关系，充分发挥市场的作用。风险投资是市场经济高度化的产物，只有成熟的市场经济体制才能孕育出成熟的风险投资机制。我国要发展风险投资，必须首先建立健全完善的市场经济体制，严格限定政府的职能范围，充分发挥市场机制的作用。在这方面，美国和日本风险投资的发展历程给我们提供了生动的事例。1958 年，美国政府为了推动风险投资的发展，允许建立小企业投资公司(SBIC)，并规定 SBIC 的发起人每投入 1 美元可从政府得到 4 美元的低息贷款，SBIC 的投资活动受到小企业管理局的控制。事实上，在实际操作中许多 SBIC 将从政府取得的低息贷款再贷放出去以赚取利息差，并且滋生了腐败和低效，无益于风险投资的发展。到 1988 年，SBIC 仅占全美风险资本总额的1%,标志着政府主导型的风险投资失败。日本的“财团法人中小企业育成会社”与美国的SBIC相类似,而其“风险投资企业中心”则为通产省于1974年成立的半官方机构,其发展历程也说明了政府主导型风险投资的低效率。

近10年来,我国政府一直将风险投资视为政府的行为,总认为要促进风险投资的发展,就需要政府出钱办公司、设基金来进行。这种认识的误区导致我国风险投资业发展缓慢,更使风险投资成为政府官员下海的跳板,成为产生寻租及腐败行为的温床。风险投资应该是市场的行为,政府在风险投资中的定位应是扶持引导,而非越俎代庖。具体而言,政府应对市场中的风险投资进行扶持和引导,负责风险投资制度的建设,为风险投资的发展提供良好的政策环境,并进行管理和监督。目前政府的任务应是支持已成熟的、具有较为丰富经验的风险投资商,而非自己成立风险投资公司,让缺乏经验的官员来进行风险投资。在对内扶持引导民间风险投资的同时,还应对外开放金融市场,对于外国的风险投资基金及公司授予特许权,鼓励其在中国开发业务,向中国的高新技术企业进行投资。在风险资本的筹集方面,政府应制定相关政策措施,鼓励高收入居民的个人资金与商业保险基金进入风险资本市场,与企业资金、国外资金共同组成风险投资基金。在我国社会保障体系建立及完善后,部分退休基金也可以成为风险资本的组成部分。

(3)建立中国风险投资机制的核心——产权流动机制。产权流动机制能够有效地成为风险投资市场退出机制[1],形成上柜交易,进入科技股第二板块市场、直至主场的阶梯式发展。美、日发展风险投资的经验表明,退出渠道是风险投资发展的必要条件,退出渠道越便利、越健全,风险投资发展就越快,反之亦然。而且,风险投资与退出渠道、创业板市场互为因果,相互促进。在各种可能的退出渠道中,股票上市上柜尤其是在创业板市场的上市是风险基金退出渠道中制度化程度最高、增值幅度最大、退出速度最快的方式,也最便于通过市场对创新型企业及其股份价格进行客观公正的评价,因而已成为风险资本退出投资的最主要的渠道,我国将来创建的创业板市场应有一个正确的功能定位,它不应当是用

---

[1] 风险资本退出机制的作用主要表现在:第一,补偿风险资本承担的风险。由于风险投资的失败率很高(60%~80%),如果成功的项目没有很高的回报率,投资者损失的资金将无法得到补偿,风险投资活动也将难以继续下去。第二,准确评价创业资产和风险投资活动的价值。对创业资产不仅要评估其即期的价值,更要评估其成长性带来的未来价值。第三,吸引社会资本加入风险投资行列,促进风险资本的有效循环。如果没有可行的资本退出方案,投资者不会将资金投入,投入—退出—再投入的风险资本有效循环也就无从建立。陈奎峰、汪少华:“风险投资的退出机制分析”,载http://www.zei.gov.cn:8080/zjeco/0005/29.htm.

来为国有企业解困服务的市场，也不应当作为一般企业进入主板市场的一个跳板，而主要是用来为创新型企业融资和风险资本退出服务的市场。

为此，我国的创业板市场应当降低上市门槛和交易费用，加强市场的透明度和监管力度，实行严格的摘牌制度。同时，为活跃交易，我国创业板市场的交易制度宜采取 NASDAQ 市场那样的"做市商制度"❶。做市商制度在发达证券市场已有30多年的历史，它在证券市场所起的作用已获得证券界的共识：做市商制度具有活跃市场、稳定市场的功能，依靠其公开、有序、竞争性的报价驱动机制，保障证券交易的规范和效率，是证券市场发展到一定阶段的必然产物，是提高市场流动性和稳定市场运行、规范发展市场的有效手段。具体而言，做市商制度具有下列三方面的功能：①坐市。当股市出现过度投机时，做市商通过在市场上与其他投资者相反方向的操作，努力维持股价的稳定，降低市场的泡沫成分。②造市。当股市过于沉寂时，做市商通过在市场上人为地买进卖出股票，以活跃市场带动人气，使股价回归其投资价值。③监市。在做市商行使其权利，履行其义务的同时，通过对做市商的业务活动监控市场的变化，以便及时发现异常及时纠正。在新兴的证券市场，这是保持政府与市场的合理距离，抵消政府行为对股市影响惯性的有益尝试。❷

此外，建立产权流动机制，就应当消除产权流动不畅的障碍，建立规范的风险资本的产权市场，以利于风险资本产权的自由流动，为风险资本与产业资本的置换创造条件。

(4)促进风险投资人才的培养、运用和流动，营造良好的人才环境。

有一句话说得好："搞风险投资，占第一位的是人，占第二位的是人，占第三位的还是人。"❸从某种意义上说，风险投资首先是针对人而非资金和项目的，因此，人和人才环境是第一要素。这就要求我们深化科技、教育体制改革，形成完善、发达的科技、教育体系，为我国的人才培养奠定基础并创造条件，吸引海外人才加盟。其次，人才市场意味着人才的选择机制。只有在公平竞争的前提下，经

---

❶ 做市商制度，也称庄家制度或造市商制度，是国际成熟市场中较为流行和普遍认同的一种市场交易制度。通俗地说，所谓做市商制度，是指在一定监管体系下，券商持有某些股票或债券的存货，并以此承诺维持这些股票和债券的双向买卖交易，这些维持双向买卖交易的券商就是做市商。参见"做市商和做市商制度"，载 http://www.feedtrade.com.cn/manage/market/4215.html.

❷ "做市商和做市商制度"，载 http://www.feedtrade.com.cn/manage/market/4215.html.

❸ 方兴东："我想把天使投资在中国推动起来"，载 http://news.ccidnet.com/art/960/20060920/905549_6.html.

过市场的检验，优胜劣汰，真正的人才才能脱颖而出，而不能以上级任命的方式来指定所谓的“人才”。最后，人才市场必须具有流动机制，人才作为生产要素之一，必须在不断的流动中通过寻求自身利益的最大化，以达成最优的配置。政府应大力改革目前一些造成人才市场分割和封闭的制度。

（五）促进知识产权产业化的政府扶持制度

1. 促进知识产权产业化的政府采购政策

运用政府采购机制激励自主创新是一项复杂的工作，它需要多方面配合和共同推进。首先，需要建立严密的自主创新产品和技术界定体系，避免实际操作中因为界定不明而出现问题；其次，需要建立客观公正的自主创新评价与评估标准体系，包括评价的标准、评价和认定机构以及评价认定机构的权利责任体系等。2006 年年初，国务院发布的《关于实施国家中长期科技发展规划纲要的若干配套政策》提出：建立财政性资金采购自主创新产品制度；建立激励自主创新的政府首购和订购制度以及发挥国防采购扶持自主创新的作用。具体措施包括：

（1）自主创新优惠采购。政府在发生采购业务时，对于具有自主知识产权的产品或专利成果，实行价格优惠。自主创新产品政府价格优惠的幅度，可以根据创新程度和自主产权情况规定 10% ~40% 甚至更高的优惠幅度。

（2）自主创新优先采购。在政府采购中，在政府需要的功能条件不变的情况下，凡是自主创新或拥有自主知识产品的产品，一律优先采购。如果参与政府采购市场的产品或服务都具有自主创新成分，在其他条件基本接近的条件下，优先采购自主创新含量更高的产品或服务。

2. 促进自主知识产权产业化的财政扶持政策

（1）自主创新成果产业化前期。这一阶段是产业化的源头及其创业期，其主要任务包括，对新产品的可行性研究、商业规划和市场研究以及试生产和试销售。由于需要购买生产设备、进行产品研发和建立销售渠道，企业需要大量资金，但由于企业规模小，产品技术又不稳定，这一阶段的投资风险是最高的，同时又较难获得规范的银行贷款。财政在这一阶段的主要政策是专项投资、对知识产权成果的形成给予补贴以及支持创办孵化器等。

（2）自主知识产权成果形成时期。政府应该通过降低和补贴专利保护成本的方式鼓励公共研究机构的专利活动。例如，日本 1998 年的《技术转让法》免除了“公认的”技术许可办公室的专利申请费、年费和年审费。美国专利商标局对 500 人以下的机构降低了专利费，1999 年对所有的团体和成员都降低了专利申请费。

(3)自主创新成果产业化初步发展期。这一阶段的主要任务是正式生产、销售、打开市场、建立与供应商和客户的联系。在这一阶段,产品已经进入市场,其潜力也粗略显示出来,技术风险已经大幅度下降,企业对资金的需求量增加,但由于技术仍具有一定程度的不确定性,因此投资也仍具有一定的风险性。所以,这一阶段的主要财政政策是激励风险资本的大规模进入,比如,政府出资建立风险投资基金、提供周转金贷款和贷款担保等。❶

3. 促进知识产权产业化的奖励制度

(1)建立以人为中心的科技奖励制度。目前,我国国家科技奖励主要有国家最高科学技术奖、国家自然科学奖、国家技术发明奖、国家科技进步奖和中华人民共和国国际科技合作奖五大奖项,全国各省、市、自治区和有关部委设立的各种奖项达100多种,社会力量设立的面向全国的科技奖项已达140多项,形成了独具中国特色的科技奖励体系。但我国目前有科学技术工作者3 600万人,科学技术活动人员105万人左右,与美国相比,我国的科技奖项的相对数量与奖励资源仍显得不足,我国以奖励科技项目为主。目前,美国绝大多数科技奖励是以奖励科技人员为主,只有少部分奖励是为资助项目而设。而我国的科技奖励系统除了最高科技奖(不超过2人)和国际科技合作奖(不超过10人)是奖励科技人员外,自然科学奖、技术发明奖和科技进步奖均是奖励项目。通过项目来体现人的作用。由于每一项目获奖人员都是数人甚至10余人,以每年奖300项左右计算,获奖人员在3 000人左右。由于授奖人员多,在排名问题上有时会造成不公而失去应有的激励效果。奖励对象是人,不仅体现了"以人为本"的思想、突出了杰出科技人员的角色地位,同时对引导科研的行为模式、产生更强的激励效果具有重要作用。❷

(2)建立以人为中心的职务创造制度。人们通常认为,职务创造者不应分享职务创造成果转化后的收益,因其创造的完成利用了单位的物质技术条件并且在单位领取了工资,从雇用关系上不应该肯定创造者对职务创造的利益。这一观点并没有认识到创造者对发明成果产出的决定性贡献。从国外的情况来看,不少国家将发明人确认为职务技术成果的知识产权原始权利人。美国是最早确

❶ 财政部财政科学研究所课题组:"促进我国自主知识产权成果产业化的财政政策研究",载《经济研究参考》2007年第22期。

❷ 姚昆仑:"美国、印度科技奖励制度分析——兼语我国科技奖励制度的比较",载《中国科技论坛》2006年第6期。

定技术发明人为职务技术成果知识产权原始权利人的国家。至今,全球范围的原始性科技创新成果、原始性发明专利,大部分是由美国作出的。目前,美国在创新方面的领先地位比以往更加牢固,世界上超过一半的专利发明来自美国,信息技术、生物技术和药品三方面的领先地位尤其明显,这三大行业美国的专利发明分别占全球的67%、47%和60%。[1] 美国在高新科技领域的知识产权优势与美国的相关立法激励是分不开的。因此,我们需要更新立法观念,将职务技术发明人确认为职务技术发明成果的原始权利人。从这一点来看,我国需要修改《著作权法》《专利权法》等关于职务创造的法律规定;此外,《促进科技成果转化法》也需要进行相应的修改,以适应促进知识产权产业化发展的需要。该法不利于科技成果转化的一个典型规定是:在研发机构和高校未能适时转化其具有实用价值的职务成果的情形下,科技成果的发明人和参加人在不变更成果知识产权权属的前提下与所在单位协议成果转化事项。从形式上看,似乎是经协商后发明人就能够直接实施该项发明成果,但是协议难免协而不议和协而无果。如此,在不能变更发明成果知识产权权属的前提下,发明人仍无法实施发明成果,还容易被追究擅权的违法责任。[2]

(六)促进知识产权产业化的融资制度

资金投入是技术创新的物质保障,技术创新必须与金融创新相结合。我国在知识产权产业化的问题上,目前没有建立与科技创新相适应的整体、多元的金融保障体系,相关法律制度规范亟待完善。

(1)建立知识产权信托和知识产权证券化制度。知识产权信托制度的引入为知识产权融资和成果转化提供了不同于以往的路径,信托制度的引入有效地解决了知识产权产业化中成果转化的机制性困难,使得知识产权创造和知识产权利用适度分离,并细化分工,强化超越优势。资产证券化作为当前资本市场中最为活跃的金融创新品种,为知识产权产业化中的资金融通提供了良好的支持和相对成熟的路线。

(2)建立健全知识产权责任保险制度。责任保险和风险保障的介入,使得知识产权产业化的创新风险降低,有利于知识产权企业的资金投入和融资手段的

[1] 谢光北:"美国风险投资业中的制度创新",载 http://engine.cqvip.com/content/f/81584x/2001/004/003/jj01_f1_5410543.pdf.

[2] 陈俊:"科技成果转化中的知识产权立法保护",载《复旦学报》2005 年第 3 期。

丰富，提高知识产权产业化顺利完成的成功概率。❶

(3)建立健全知识产权出资和抵押贷款制度。2006年1月1日实施的新《公司法》允许用知识产权出资，规定货币出资不得低于有限公司注册资本的30%，此即允许组建技术出资方控股的公司。此外，还应建立知识产权抵押贷款制度。长期以来，科技企业与金融机构信息不对称导致高科技创新型中小企业的发展屏障，故而知识产权抵押贷款是商业银行积极探索的解决中小企业融资的一个途径。

(4)建立健全知识产权评估制度。知识产权价值评估是知识产权融资的关键环节，也是高度专业化和经验化的工作。在建立知识产权中介机构时，培育知识产权评估机构，也是促进知识产权融资制度建设的重要部分。

---

❶ 肖尤丹："知识产权产业化金融支持制度研究"，载《知识产权》2007年第3期。

第六章
制度范式

一、我国知识产权产业化制度现状

就我国知识产权产业化现状而言，近年来，高技术知识产权产业作为我国经济发展的一个新的增长点，得到了迅速发展。1993～2002年，高技术知识产权产业化总产值年均增长率达20%以上，而同期制造业的年均增长速度仅为10.1%。❶“九五”期间，是我国知识产权产业化快速提高的时期，1999年高技术产业总产值为6 496.4亿元，比1995年的3 215.5亿元翻了一番，年均增长率达到19.2%，1999年高技术产业产值占全部制造业总产值的比重首次超过10%，达到10.3%。值得提及的是，以民营科技企业为先导的数以百计的高新技术产业开发区在全国各地迅速发展，国家级高新技术产业开发区有53个。2000年国家级高新技术产业开发区从业人员221万人，企业设立科技机构1.5万个，科技活动人员60.1万人，国家认定的企业技术中心近300家，各省市认定的企业技术中心超过2 000家，民营科技企业总共多达10万余家，拥有科学家和工程师100万人。❷但就整体来看，在由发展中国家向新型工业化国家的过渡阶段，我国仍是一个在知识产权领域处于相对劣势的国家，无论技术水平还是经济实力都远不及美国、日本等发达国家。世界上绝大多数的知识产权为发达国家所拥有，我国仍以引进利用外国知识产权为主，拥有自主知识产权较少，高新技术知识产权产业化水平较低。

---

❶ 参见“2003中国科技统计年度报告”，载http://168.160.191.32/zlhb/2004/2.1.htm.

❷ 参见“中国高技术产业发展态势分析”，载http://cssd.acca21.org.cn/2003/news0318.html.

(一)国家层面的制度

从国家层面上来看,改革开放30多年来,我国对于高新技术知识产权产业化工作作出了积极的探索,出台了一系列有利于高新技术成果转化的政策。这些政策所具有的意义主要体现在以下几个方面:

(1)进一步理顺了知识产权产业化中的供给与需求的关系;重视了非国有企业在科技成果转化中的重要作用。在激励机制上,一些政策比过去有较大突破。例如,放宽了高新技术成果作价入股金额占企业注册资本比例的限制,体现了知识参与要素分配的要求。高新技术成果的作价金额可达到公司或企业注册资本的35%,比原来的20%提高了15%。

(2)明确落实了《科技成果转化法》中有关奖励科技人员条款。规定科研机构、高等院校转化职务科技成果,将依法对作出重要贡献的人员给予奖励。

(3)打破分配奖励过程中的"大锅饭"现象。并明确要求,在研究开发和成果转化中作出主要贡献的人员,所得奖励份额应不低于奖励总额的50%。

(4)允许科技人员在一定期限内创办高新技术企业。

(5)允许科技人员兼职从事研究开发和成果转化。

(6)允许科技人员参股,鼓励技术参与分配。

但是,在实际运作中,存在着政策落实不到位或"政出多门"的现象,特别是我国高新技术知识产权产业化主要以政府推动为主,带有强烈的政府计划色彩。从发达国家的经验来看,凡是知识产权产业化比较成功的国家其产业化运作以企业为主,政府进行适当的引导,给予大力扶持。以美国为例,美国政府从不干预企业具体的经营活动,而是应企业要求,提供必要的知识产权帮助和政策扶持。最典型的例子就是2010年美国国际贸易委员会根据企业在中国遭遇的知识产权困境而编写的《中国:知识产权侵权、自主创新政策与架构对美国经济的影响》,全面罗列了中国知识产权法律规范与政策措施中的种种疑惑,督促美国政府有针对性地采取措施,解决美国企业在中国的问题。[1] 在知识产权产业化的数量和质量上,随着科技对经济作用的增强,科技和经济呈现出相互依存、相互渗透的一体化发展趋势,其最重要的结合点就是科技成果转化,也就是知识产权市场化过程。根据经济学实证分析发现,知识产权产业化与国民生产总值成正比关系,提高科技成果的产业化率,已成为促进经济效益增加和综合国力增强的有

[1] Uunited States International Trade Commission: China: Intellectual Property Infringement, Indigenous Policy, and Frameworks for Measuring the Effects od the U.S. Economy. Novermber 2010.

效途径。

我国现在还是一个相对落后、经济欠发达的新型工业化国家，与发达国家科技成果转化率超过50%相比，我国的科技创新资源的浪费的确惊人。我国共有大中型企业10万多个，加上中小企业和乡镇企业共有3 500多万个。2000年，我国企业共申请各种专利45 862件，仅占国内申请总数的1/3左右。如果按全国10万家大中型企业计算，每个大中型企业的年专利申请量只有0.46件，也就是说平均有一半的大中型企业一年也没有提出一件专利申请。1985～2000年，我国各类企业共申请各类专利211 635件，以此计算发现16年来，平均每个企业申请专利只有0.006 4件，平均每个大中型企业申请专利只有2件，这与日本有的大企业年专利申请超过2万件相比，差距何等之大。

2006年，国家知识产权局共受理三种专利申请573 178件，比上年同期的476 264件增长20.3%。其中，国内申请470 342件，比上年同期的383 157件增长22.8%，占总量的82.1%；国外申请102 836件，比上年同期的93 107件增长10.4%，占总量的17.9%。2006年专利申请的主要特点：一是三种专利申请总量持续稳定增长，且发明专利申请量增幅更大。2000～2006年，三种专利申请总量和发明专利申请量连续七年的平均增长率均超过20%。2006年三种专利申请的年增长率为20.3%，其中发明专利申请为21.4%。1985～2006年，发明专利申请累计超过100万件，达到1 089 521件。二是国内三种专利申请同比增长高于国外12.4%。国内专利申请同比增长为22.8%，比国外的10.4%高12.4%。三是国内发明专利申请同比增长明显高于国外。对于技术含量相对较高的发明专利申请，国内申请同比增长30.8%，比国外的10.4%高出20.4%。国内发明专利申请122 318件，是国外88 172件的1.39倍。四是国内三种专利职务申请增幅高于非职务申请。国内三种专利职务申请同比增长28.1%，非职务申请同比增长19.0%；职务申请增幅高于非职务申请9.1%。五是企业是国内三种专利职务申请的主力军。国内三种专利职务申请中工矿企业、大专院校、科研院所和机关团体申请比例为82.0%、11.3%、4.8%和1.9%；工矿企业三种专利申请同比增长31.0%，高于国内职务申请的同比增长。❶

据国家知识产权局的调查，我国企业专利技术实施率约为40%左右，比发达国家平均专利实施率60%要低，比日本和美国70%与80%的实施率更低。再

❶ 国家知识产权局："2006年专利申请与授权状况综述"，载 http://www.cnipr.com/ztxx/zltj/php/t20070112_84154.html.

如，国家知识产权局曾对我国500家大中型企业的专利工作进行了调查，仅就制定专利开发计划而论，69%的企业没有制定。对于企业来说这是很可怕的，没有自主知识产权的企业注定是发展不起来的。由于我国知识产权保护起步较晚，虽然以保护专利权、著作权、商标权等为主的知识产权制度已经建立起来，各个部分的知识产权的申请量都逐年上升，但就其质量而言具有自主创新性的为数不多，产业化水平较低，所以国家必须提高知识产权产业化的水平，积极实行知识产权战略，实现科技兴国，实现跨越式发展。

（二）区域知识产权产业化现状

就地区层面而言，由于我国经济发展不平衡，所以，知识产权产业化在不同地区存在着较大差异。据科技部和统计局提供的有关资料显示，我国每年的专利技术成果转化为商品并取得规模效益的不超过10%，而发达国家可达50%以上。我国知识产权产业化水平比较高、效果比较好的企业主要集中在北京、上海、广东和东南沿海地区。我国西部地区，由于各种原因导致其知识产权产业化程度非常低。这种失衡的知识产权产业化问题，一直制约着我国经济发展的速度。根据知识产权实施过程分析，技术和经济的连接点是技术市场，技术市场是知识产权产业化的前提，在当今科技成果转化方面起着媒介的作用，通过各个地方技术市场成交额可以间接地得出地区之间产业化运作的活跃程度。我们将参考知识产权技术市场成交额和新产品产值，并以其为切入点来间接地分析地区知识产权产业化现状，见表6-1：

表6-1　技术市场成交额　　（单位：万元）

	2000年	2001年	2002年	2003年
北京	1 402 871	1 910 065	2 211 738	2 653 574
上海	738 952	1 061 603	1 202 170	1 427 790
广东	482 104	539 722	684 532	805 730
浙江	276 275	316 652	389 438	530 353
山东	288 135	321 938	347 650	525 682
江苏	449 568	5 291 665	594 873	765 163
河南	211 621	212 589	178 506	192 690
湖北	276 000	318 597	348 603	412 538
江西	69 299	62 724	62 891	83 323
新疆	66 168	82 387	100 699	120 395
四川	104 150	126 311	77 524	128 686
贵州	620	599	13 484	17 892

以北京为代表的发达地区知识产权意识较强，知识产权产业化水平相对较高。“九五”以来，北京技术合同成交总金额每年都以两位数以上的速度增长，年年在全国遥遥领先。2003 年，北京技术合同成交额达到 265.36 亿元，约占全国成交总量的 1/4。具有原创性和自主知识产权的专利技术转让大幅度增长，合同项数共 264 项，成交额 274 亿元，比 1996 年的 45.82 亿元增长了 5 倍以上。[1] 产品产值占工业总产值比重也逐年增加，远远高于全国 15.94% 的平均水平。这一持续稳定增长的势头，显示出技术市场发展强大的生命力和知识产权产业化带来的新兴产业的勃勃生机。同时越来越多的企业进驻智慧密集型的中关村科技园区（一区五园），对提高企业高新技术知识产权产业化水平有着积极的推动作用。

像湖北、湖南、河南、江西等中部省份的科研机构、科技人员和科技经费总量在全国占有一定的比例，形成了一定规模的产学研模式，但科技成果产业化能力不强。中部技术市场成交额在全国所占比重逐年下降，2001 年只有 12.42%，远远低于东部 72.81% 的水平；新产品产值占工业总产值比重 2001 年也只有 10.92%，低于全国 15.94% 的平均水平。[2] 对于比较落后的西部地区，由于其拥有知识产权数量较少，产业化水平较低，技术市场成交额较少，所以其高新技术知识产权产生的新产品产值较低。总之，我国各个地区知识产权产业化水平不平衡，各个地区需要根据具体的本区域产业化现状，进行与之相对应的知识产权产业化制度构建。

（三）企业知识产权产业化现状

企业作为我国社会主义市场经济的主体，是知识产权产业化的主战场，随着我国经济的发展，建立现代企业制度，实现企业经济资源的优化配置，应对跨国公司和其他外国公司对我国知识产权市场的竞争，已成为摆在我们企业面前的一道难题。就现状而言，由于我国过去体制的原因，企业多采取引进的方式，且在引进过程中大多数企业没能明确引进技术的目的。据有关资料显示，利用外资企业引进技术的目的，近 60% 是为了享受有关政策，只有 10% 是为了引进技术。这种现象导致对新技术的消化吸收能力很差。如“八五”期间，124 亿元人民币被用来对新技术的引进，其中用于吸收消化的只有 4 亿元，占总额的 3.1%，而

---

[1] 姜万林主编：《新疆优势产业知识产权战略》，知识产权出版社 2005 年版，第 126～127 页。

[2] “2004 年全国技术合同交易额再创新高”，载 http://www.hnjscq.com/look0/article.php?L_Type=1&id=2750.

日本引进技术和消化吸收的费用之比却高达1：10。这种对技术创新的漠视是制约我国专利知识产权产业化的重要原因，因为知识产权产业化的前提是有属于自己的知识产权。我国企业的技术创新产出的水平和效益都处于较层次，真正具有自主知识产权的技术创新非常少。企业新产品所创造利润的增长及所占比重与新产品数量和销售收入的增长不相匹配，新产品销售收入占企业销售总额的15%左右，而新产品获得的利润仅占10%左右。

专利是企业知识产权的主要表现形式，而发明专利则是具有自主知识产权的最重要的特征。最近几年，我国企业普遍重视了知识产权的获得和保护，专利申请和授权的数量都有了明显的增长。但重视是一回事，能力则是另一回事。我国企业获得授权的发明专利数量一直很少，最近几年更是到了必须引起高度重视的程度，许多重要行业和领域的发明专利几乎都被外国公司抢占。中国有些著名公司虽然几乎每天都有专利产生，但绝大多数都是外观设计和实用新型专利。我国发明专利中许多都是个人申请的一般性发明，还是不属于核心技术类的专利，真正属于核心技术的发明专利很少。国内许多著名的大公司的名字都没有出现在发明专利的拥有者名单里。表征自主知识产权的发明专利数量较少反映出我国企业技术创新能力还处于较低的水平，改变这种状况需要经过长期艰苦的努力。

当然，在我国企业普遍技术创新及产业化水平低下的同时，我们的企业也有在世界知识产权领域中较为领先的，如海尔。海尔从一个集体小厂发展到现在的国际化明星企业，成功的关键是支持以知识产权为中心的新产品开发保护战略。海尔作为先进的企业，认识到在知识经济时代，知识产权战略的运用已经成为企业参与国际竞争不可或缺的重要砝码，能否拥有并善于运用自主知识产权成为决定企业成败的关键。海尔是中国首家成立企业自办知识产权部门的企业，正是由于海尔对知识产权及其产业化的重视，较早地形成了企业知识产权保护的意识，才为海尔的发展奠定了重要的基础。在海尔，实行100%的专利申请率，每一项技术创新都会去申请一项专利，从积累每一项专利申请从而构成对一项技术创新的法律保护。截至1999年年底，海尔累计申请国内专利2 181项，其中1999年申请582项，按全年实际工作日计算，平均每天就有2个以上新专利面世。截至2000年上半年，又新增350项专利，较上年同期增长20%。为保证海尔国际化发展战略的顺利实施，近年对申请国外专利加大了力度，目前对主要产品和技术输出国家和地区均有相应申请，比如北美、欧洲、日本、韩国、东南亚和中东地区，2004年申请量较去年同期增长1倍。

而对于最核心的发明专利方面，海尔1999年共完成新产品287个系列，平均每个工作日就开发出1个新产品系列。同时海尔在技术开发上善于对先前专利技术的消化吸收，在此基础上形成自己的自主知识产权并积极投入生产，使之产业化创造更多的经济利益。海尔“小小神童即时洗”洗衣机就是这样的例子，1998～1999年“小小神童即时洗”洗衣机已累计销售150多万台，实现销售收入13.2亿元，同时进行严密的专利保护，从而实现了知识产权产业化市场效益的最大化。海尔的成功是以科技创新为基础的知识产权战略的成功，是知识产权产业化的成功。大力发展以市场为导向的技术创新，积极推动科技成果转化和产业化进程，加强企业知识产权的开发和保护，使企业具有广泛的自主知识产权，已成为现代企业可持续发展的必由之路。

二、美国范式

从我国知识产权产业化的现状可以发现，由于智慧创作物内在缺乏转化性，知识产权产业化资金投入总量不足，缺乏相应的知识产权产业化支撑条件，企业产业化积极性不高以及产业化“中间环节”断层等原因，我国知识产权产业化水平远远低于发达国家水平，尚未形成以相关理论为基础、以实现知识产权效益最大化为目标的知识产权产业化制度。我国已经加入WTO，意味着我国将和其他发达国家在共同规则支配下进行竞争，同时国家制定科技政策和颁布科学技术法律，以国家意志干预和促进高新技术的工业应用是一种国际性趋势，所以积极构建能充分实现知识产权产业化的制度，对于我们充分利用知识产权这个推动经济增长的有力武器，实现经济跨越发展追赶发达国家有着极其重要的意义。

知识产权产业化应当是由国家、社会、企业以及个人共同作用的一个利益风险共存的系统过程。国家以加大促进知识产权产业化资金投入、提供灵活政策为保证，社会以建立风险保障、推进产业化中介服务为支撑，企业个人以与知识产权所有人的许可合同进行实际产业化运作，这就构成了知识产权产业化的整个系统。以下我们将以这个顺序来分别分析比较先进的知识产权产业化制度范式，并对我国知识产权产业化制度的构造进行参考。

作为范式的美日两国的知识产权产业化制度，其通过制定一系列的相关政策，有效地调节了知识产权产业化过程中各个主体之间的利益关系，并在最大程度上调动了主体进行知识产权产业化的积极性，形成了一个比较完善的知识产权产业化体系。综观世界各国知识产权产业化现状，美国一直是世界上知识产权产业化最发达的国家。比如“二战”后发达国家重大科技发明有60%出自美国,75% 是美国最先付诸应用产业化的。同时美国的专利技术创新以市场为导向,这也在一定程度上促进了美国知识产权产业化的进程。就美国具体的知识产权产业化制度,我们从以下几个方面进行具体分析:

(一)知识产权产业化资金投入制度

美国非常重视对知识产权产业化的资金投入,越是高新技术知识产权,投入越大。1980 年出台的《Stevebson - Wydler 技术创新法》规定,拥有联邦政府实验室的各部门,用于技术转移的经费不少于研发总预算的 0.5%。同时,美国《贸易和竞争法》通过实施“先进技术计划”设立区域制造技术转移中心,促进政府与企业的合作。“先进技术计划”主要是向企业或企业与科研机构的联合体提供启动资金,进行高新技术的应用研究与产业化开发。该计划自 1990 年实施以来,政府累计投入约 15 亿美元。尽管如此,美国知识产权产业化的资金主要来源仍是企业自筹和银行贷款。

(二)知识产权产业化职责分配制度

美国《技术创新法》将知识产权产业化第一次明确地规定为政府的工作职责。该法案指出联邦政府对国家投入的研发成果的转化负有责任,要求政府部门推动联邦政府支持的技术向地方政府和企业转移。该法实质上将技术转移纳入联邦政府相关部门的职责中,成为政府部门的主要任务之一。同时要求每一个联邦实验室设立研究与应用办公室,对于年度预算超过2 000万美元的联邦实验室,必须有专职人员负责研究与技术应用办公室的工作(联邦实验室可申请免除执行该项条款)。

在科研机构内部,1986 年的美国《联邦技术转让法》规定,开展技术转让是所有国家实验室科学家和工程师的义务,在雇员工作评价中考核技术转让的职责。对于政府资助形成的大学发明专利,《专利和商标法修正案》规定发明所有权可以归大学,但是大学有负责申请专利和以专利许可的形式向企业转移的职责。如果在一定时期不能够实现发明成果向产业转移,联邦政府有权决定由其他机构来继续实施商业化。

除此之外,企业在一定范围内承担其拥有的技术知识产权产业化的职责,美国《联邦技术转移法》规定,对于政府支持的研究项目,政府保留拥有和使用该技术成果的权利。如果某企业迟迟不能将合作研究的成果转化,政府有权将此成果交有能力开发的企业进行商业应用,这些有关产业化过程中的职责的规定在一定程度上促进了企业的知识产权产业化。

(三)知识产权产业化激励机制

为了调动各个主体在知识产权产业化过程中的积极性,美国《专利和商标法修正案》首先明确规定,大学、非营利性机构和小企业对联邦政府资助形成的发明拥有所有权,从产权的角度确认了各个主体的排他性知识产权权利,并为其积极实现产业化奠定了基础。这一法案的实施,将研究成果由联邦所有转为单位所有,为快速转化科技成果提供了前提条件,同时也使研究者更注重研究成果的产业化方向。大部分科研单位都制定了比较规范的有关专利保护和转让的规定与条例,明确了单位、研究者之间的利益关系,鼓励研究者将其研究成果推向企业,使其商业化。由于美国企业的研究开发实力大都较强,有能力完成科研成果由实验室到产品的二次开发过程,也愿意进行风险投资,这就极大地推动了科技成果的产业化,使高新技术在市场运作条件下得到迅速转移。

随后1986年出台的《联邦技术转移法》赋予实验室负责人极大的权力,规定实验室负责人有权通过与企业签订合作协议,建立合资企业,推广实验室的技术等方式来促进相关技术专利的产业化。同时规定对于合作项目,如果技术发明成果是由实验室人员创造的,实验室负责人有权优先提供参与合作的企业、大学或联合体,并免去政府对合作研究成果所占的份额;可以向有关人员发放奖金。为了调动联邦实验室人员参与技术转移的积极性,对于来自技术转移的收入,技术发明人的个人所得不少于15%。由于专利的权属关系经常影响联邦实验室专利技术向私营企业的转移,对企业而言,如果没有专利发明的所有权或独家使用权,企业担心其对该技术转化的商业投入难以得到专利法的保护,这将影响企业推广应用联邦实验室技术成果的积极性。为了解决这一问题,《联邦技术转移法》还规定,对参加联邦实验室合作研究的企业,不论规模大小,该企业可以享有成果权;并且规定如果其在一定的时间内不将其予以产业化,政府将收回专利知识产权。对于发明人,该法案规定要为国家实验室技术发明人建立不低于15%的专利使用分享原则,并为其他创新者制定奖励制度。对于企业,该法案也有一些税收优惠政策来激励其进行知识产权产业化。

美国政府对新兴技术知识产权产业化激励机制,还体现在为其创造早期的市场需求方面。如硅谷,美国政府通过政府采购为硅谷的半导体电子行业创造了早期市场需求,通过市场功能实现了对发展高新技术产业化的激励,这已经成为世界各国知识产权产业化的经验。

(四)知识产权产业化金融扶持制度

根据有关数据统计,美国各行业对知识产权产业化的投入占其行业产品销售收入的百分比分别是：生物技术产品为55%，医药产品为20%，软件技术产品为11%，汽车行业为8% ~12%，电子技术产品为8%，石油类产品为5%，纺织品为1%，平均投入百分率为7% ~8%，知识产权产业化的投资额一般约为其开发费用和研究费用的10~100倍，这种高投入的特性使得资金不足对企业来说已成为阻碍其进行知识产权产业化的瓶颈。美国的知识产权产业化金融扶持制度体现在以下几个方面：

1. 知识产权产业化风险投资制度

知识产权产业化风险投资制度是为知识产权产业化提供的资金来源的风险投资制度，其通过巧妙的制度安排解决了因委托人和代理人之间的信息不对称造成的"逆向选择"和"道德风险"问题，从而实现了普通投资者—风险资本家—风险企业家之间的链接，以使稀缺的资金和稀缺的人力结合在一起为目标，是技术知识产权产业化进行的前提条件。美国是世界上风险投资最发达的国家，其以证券市场为中心构建了风险资本市场，风险资本已成为企业知识产权产业化的主要资金来源。在美国有一半以上的风险投资公司设在硅谷，这是风险投资制度对美国企业发达的知识产权产业化作用的体现，风险资本已经成为硅谷新兴产业的经济引擎。硅谷的风险投资最初有两种重要形式：一类是硅谷的成功企业家，一些成功企业家为新兴的企业提供资金、经营和战略计划，以及技术技能等方面的支持。另一类是小企业投资公司（SBIC），美国《小企业投资法和中小企业法》鼓励小企业投资公司，政府给予一定的政策扶持。因此，20世纪50~60年代，一些独立的投资人建立了许多小企业投资公司和合伙公司。当一些早期的风险投资项目取得了较高回报，并且逐步建立了比较规范的风险投资管理制度和优惠政策以后，一些专业基金才进入风险投资业。风险投资产业在硅谷的成功，除了有其自身的规律和特点外，还因为美国有一个比较完善的资本市场，以及政府对私人投资和中小企业投资的鼓励机制。美国的风险资本市场以证券市场为中心，除小企业投资公司是由政府设立，得到国家的直接支持外，美国主要有三种形式可供风险资本进行投资，包括个人风险投资者、具有合伙关系的私营公司（即独立私人投资基金）以及金融和产业集团（银行、保险公司、养老基金组织等）。由于美国提供了多种风险投资形式，可供不同性质、不同需要的国际资本在各个阶段及各行业参与高科技企业的知识产权产业化，所以其各种新兴产业均居世界领先水平。正如美国斯坦福国际研究所所长W. F. 米勒所说："由于科学研究的早期有风险投资的参与，科学研究成果转化为商品的周期由20年缩短为10年以下。"美国有90%以上的高新技术企业在发展过程中得到过风险投资的资助。当然,美国政府也为高科技风险投资创造了一个良好的法律环境。如美国分别于1978年、1981年颁布《收入法》和《经济恢复税法》,规定风险投资额的60%免征税,其余40%减半征税,并将风险投资企业的所得税率从49%调至20%,使得1982年风险投资额发展到1970年的12倍。这些都在风险投资方面对知识产权产业化起到了支持作用。

2. 知识产权产业化银行贷款制度

在美国,知识产权产业化的资金来源以风险投资为主,但以商业银行贷款为表现的间接融资方式起到了很重要的作用。美国商业银行的投资是高新技术产业发展壮大的主要资金渠道,1999年,美国对信息技术设备和软件的实际投资达到5 100亿美元,比1995年的2 340亿美元增加了1倍多。1998年信息技术产业的研究开发投资达到4 482亿美元,占美国公司全部研究开发投资的近1/3,这些资金的来源主要来自美国商业银行的贷款。对于中小型科技企业,由于其信用度不高,知识产权产业化风险性较高,其通过上市发行股票或证券的直接融资方式实现较难。中小科技型企业只有通过政府担保获得大量在贷款期限、利率等方面有优惠的银行贷款,进行知识产权的商品化、产业化。美国银行贷款制度以贷款担保形式为主,美国中小企业局(SBA)的主要任务就是以担保方式诱使银行向中小企业提供贷款。具体做法有:一是一般担保贷款。SBA对75万美元以下的贷款提供总贷款额75%的担保;对10万美元以下的贷款提供总贷款额80%的担保,贷款偿还期最长可达25年。二是少数民族和妇女所办中小企业的贷款担保。SBA对它们可提供25万美元以下的90%额度比重的担保。三是少量的"快速车道"贷款担保。对中小企业急需的少数"快速"贷款提供50%额度比重的担保。四是出口及国际贸易企业的贷款担保。其做法与一般担保基本相同。所以银行贷款扶持制度对于中小企业实现知识产权产业化至关重要。

3. 知识产权产业化税收优惠制度

为了鼓励和促进企业的知识产权产业化,美国实行了各种税收优惠政策,比如实行了有利于中小企业发展的累进税制。具体包括:专门颁布了促进中小企业发展的税务计划,规定中小企业可以享受6个月的纳税宽限期。对研究开发活动支出实行税收减免,以降低企业的技术创新成本,具体包括企业为研究开发人员支出的工资和供应品、合同研究支付额的65%,企业向大学和科研机构提供用于基础研究赠款的65%等。美国知识产权产业化相关的税收优惠制度还体现在以下两个方面:

首先,科研机构作为非营利机构免征各项税收。美国税法上明确规定非营利机构不用纳税，同时明确指出科研机构（包括官方资助的和非官方的）属于非营利机构的范畴不用纳税，这大大地促进了科技创新和技术专利的开发。

其次，对企业研究开发费用实行税收优惠。鉴于研发投入与企业开发产品、提高市场竞争力有关，美国为鼓励企业增加研发投入，把研发投入与一般性投资区分开，实行“费用扣除”和“减免所得税”的双重优惠，从而大力促进企业进行科技创新。

（五）知识产权产业化中介服务制度

知识产权产业化是一个科技与经济相结合的动态概念。实践证明，知识产权产业化需要既懂技术又懂经济的科技中介机构提供诸多服务，以加快其进程。综观世界，以美国为代表的经济发达国家建立的科技中介机构，大多是非营利性或者是小企业性的机构，能够享受政府针对非营利性或者是小企业性的机构制定的各种扶持政策，如税收减免、融资扶持和人才激励政策等。这些政策对处于新兴成长期的科技中介服务业来说也是非常必要的。当今时代，已经建立完善的知识产权产业化中介服务体系的国家，其知识产权产业化水平较高，如美国的科技中介组织已达到网络集成、产业化非常发达的阶段。

美国科技中介机构以商务部与州及地方政府合作开展“制造技术推广伙伴关系”计划为主要内容，由以下几部分组成：（1）制造技术中心，其主要任务是向小企业转让制造技术，为供求双方架起桥梁；（2）制造技术扩散中心，其主要任务是帮助小型制造企业选用合适的技术，并负责技术培训和服务；（3）州属技术推广和联系计划，其主要任务是协助各州已有的和新建的技术援助项目，帮助它们获取资金资助。该计划已在全美建立起400多个非营利的制造推广服务中心，为美国的中小制造企业提供先进的制造技术、工艺和管理。该计划将联邦政府、州政府、工业界及大学等力量连接在一起，有力地提升了美国中小企业的技术能力。同时技术企业孵化器也是受到政府资助较多的科技中介组织。孵化器基本上是1980年以后从美国发展起来的。美国商务部经济发展局是联邦政府主要的孵化器资助机构，1999年向各个孵化器总拨款约为2 000万美元，比1997年增加了45%。此外，各州政府为孵化器提供了更多的支持。

三、日本范式

日本是发达国家，其知识产权产业化水平非常高。根据日本特许厅的一项调查证实，日本专利技术平均实施率为52%，大大高于世界平均水平。就知识产权产业化制度而言，日本在技术知识产权产业化早期长期实行以引进、消化、吸收和创新技术为主线的产业技术政策，以推进工业技术的标准化和计量技术的发展，确定了产业技术的基本政策。日本在经济高速增长时期采取以下对策措施：一是大规模引进欧美国家的先进技术，充实工业技术力量。二是通过为企业提供间接或直接技术政策性补贴，鼓励和支持民间企业积极开展研发。三是以国家技术计划和国家研究机构及研发支持体系为基础，健全产业技术政策体系框架，包括关键技术研究开发补贴、研究开发支出税收减免、技术研究开发资金低息贷款等。四是鼓励民间企业联合开发研究，形成抵御国际竞争压力和赶超发达国家实现技术自力的合力。五是以设备投资带动技术进步和产业结构升级。六是协调教育与科技的发展，注重培育日本自己的技术个性。20 世纪 80 年代后，日本采取了一系列促进产业技术进步的综合对策措施，大幅度增加政府投资，以带动全社会科技投资增长，进一步加强企业、大学和政府三位一体的研究开发组织体制，推进研究开发项目与企业的合作。进入 90 年代以来，日本政府为迎接 21 世纪的挑战，提出了实现“高科技大国”的战略目标，其核心是进行技术的产业化和产业结构的科学化大变革。

（一）知识产权产业化资金投入制度

在知识产权产业化过程中，日本采取的国家资金投入体现在“新技术事业团”实施的“委托开发”制度上。日本设立的新技术事业团是专门负责科研成果转化工作的特殊法人，“委托开发”是指新技术事业团在广泛搜集科研成果的基础上，从中挑选出对国民经济可能产生重要影响并有开发前途，但民间企业又难以单独承担其开发费用的科研成果，作为应用开发课题，交由新技术审议委员会的专家集体审议确定后，委托民间企业进行应用开发。开发企业确立后，新技术事业团便与之签订委托开发合同书，具体规定开发规模、资金和进度，并根据开发进展分阶段支付开发经费。委托开发工作完成后，根据当初设定的标准，由新技术事业团听取新技术审议委员会的意见，评价并认定开发是否成功。若认定应用开发成功，并生产出产品销售，接受委托开发的企业原则上应在 5 年内分期偿还新技术事业团提供的无息开发经费。若认定委托开发失败，开发费用则不需偿还，但使用开发费用购置的设备由新技术事业团处理。应用开发获得的成果归新技术事业团和原科研人员共同拥有，开发企业具有该技术的优先使用权。企业在利用该技术生产出产品并投放市场销售后，按其营业额的一定比例（通常为 3%）向新技术事业团支付技术使用费，其中的 50% 支付给原科研人员。最后，新技术事业团再根据国内外需求、市场规模以及开发企业的供应能力等情况，向其他企业推广和普及开发成果。新技术事业团从关系重大科技成果的研发一直到成果的产业化整个过程，都是起着扶持的作用，当然这是以国家强大的资金作后盾的，也促进了企业的产学研一体化。新技术事业团每年都要选定30多项涉及电子、信息通信、新材料、化学和医疗卫生等重大技术成果，委托企业开发。其每年的委托开发经费约为70亿日元。

（二）知识产权产业化职责分配制度

日本政府长期重视知识产权产业化，组织协调官产学联合攻关，建立科学工业园区，大力发展本国高技术研究开发基地。在知识产权产业化职责分配方面，日本政府采取在机构内部设置专门负责知识产权产业化的部门。早在1961年5月颁布的《新技术开发事业团法》就规定，日本新技术开发事业团的设立目的在于开发推广科技成果，积极推进科技成果流向企业界。这其实意味着日本政府设立专门负责科研成果转化工作的特殊法人——新技术事业团，在科研成果和企业之间牵线搭桥，通过制定实施“委托开发”和“开发斡旋”制度，实现缩短科研成果从实验室走进工厂的时间。随后日本于1985年通过制定《工业技术院设置法》设立工业技术研究院，促进技术成果转化，提高生产技术和普及生产技术成果，促进经济的繁荣。随着激烈竞争的加剧，为了进一步加强科研成果的转化工作，日本政府在1996年将日本科学技术信息中心同新技术事业团合并，组建日本科学技术振兴机构，该机构目前拥有23个技术开发转化企业，主要负责重大专利技术的产业化工作。其平均每年通过各种渠道，把上百项重要科研成果成功转化为产品。此外，日本文部科学省、经济产业省、总务省、农林水产省和厚生劳动省等都设有促进科研成果转化为生产力的部门或独立行政法人。日本还有“促进专利转化中心”、“工业所有权综合信息馆”、“产业技术综合研究所”、“大学专利技术转让促进中心”等与政府有关的机构，大力推动科研成果的产业化事业。日本从总体上说正是由于政府在各个机构设立了专门的促进产业化的部门，才促使日本的经济发展如此迅速，技术专利产业化水平如此之高。

同时在“官产学联合”模式的影响下，日本很多大学除了大量的科研机构外，在政府的支持下有着大量的技术转让机构，负责把大学的科研专利转让给企业，实现商品化产业化。多数私立大学参照斯坦福大学技术许可办公室的模式，在校内设立技术许可办公室，国立大学则由于目前还不是独立的行政法人，学校无法以自己的名义申请专利，因而通过在校外设立技术转移公司来实现。

（三）知识产权产业化激励机制

日本构建的知识产权产业化制度堪称范式，其中的知识产权产业化激励机制具有明显的特征。常言道：科学技术是生产力，甚至是第一生产力。但是，日本人不这样认为，科学技术不一定是生产力，只有在特殊的激励机制下，科学技术才可能有效地转化为生产力。在日本实行“产学官联合”产业化的模式下，政府首先确定了以企业为主体的创新体系，日本的知识产权专家认为在市场和企业之间建立产业化渠道是实现知识产权高水平实施的保证。鼓励技术创新，企业在其内部对个人、团队和各部门的发明工作进行奖励，设立额外的激励制度。同时国家也在制度上对企业进行外部的激励，主要体现在对“闲置专利”的开发利用的规定上，日本特许厅、通产省就采取行政措施，要求大型企业无偿许可中小企业使用其闲置专利以及周边专利。

当然，建立这种无偿许可制度需要完善的知识产权流通环节，有利于激励企业加快专利实施应用。与此同时，日本新技术事业团在广泛搜集科研成果的基础上，从中挑选出对国民经济可能产生重要影响并有开发前途，但民间企业又难以单独承担其开发费用的科研成果，作为应用开发课题。然后将这些挑选出来的课题交由新技术审议委员会审议，以确定由委托民间企业进行应用开发，激励企业知识产权产业化。这种制度要求企业以其技术产业化平均水平为基础来争取委托开发课题，以激励企业进行知识产权产业化的积极性。对于高等学校，日本以专利实施产业化状况作为判断其科研能力的重要因素，同时在经济产业省中小企业厅设立中小企业创业综合支援中心，都道府县中小企业支援中心和地域中小企业支援中心，以产官学合作体制促进中小企业合作，最重要的举措就是赋予高等学校和科研机构以独立行政法人的身份，有利于研究机构成果商品化。1998年和2000年4月分别出台《大学等技术转化促进法》和《产业技术强化法》，发挥技术转让机构在大学和产业间的作用。

（四）知识产权产业化金融扶持制度

日本作为知识产权产业化水平较高的国家，其知识产权产业化水平与其完善的金融扶持政策是分不开的。

1. 知识产权产业化风险投资制度

风险投资作为促进企业发展的新型投资方式，是知识产权产业化顺利进行的重要保证。一个国家风险投资制度是否完善直接影响着其知识产权产业化水平，其规模和效率代表了一个国家高技术产业的发展速度和竞争力。风险投资制度在日本起步较晚，根据其企业融资模式，日本属于银行导向型（bank-based system）或称关系稳定型金融体制（relationship - based system）。这种形式的风险投资制度决定了日本风险投资制度在风险资本规模、风险投资绩效以及对高技术产业的扶持力度方面相对较弱。

就日本政府具体的促进知识产权产业化的风险投资制度而言，由于日本“信息租”和“信誉资本”的障碍，使得新兴的、以高技术为背景的中小企业难以获得银行的青睐，成长缓慢，制约了新兴及高技术产业的成长壮大。银行不愿将巨额资金投入到风险企业，而风险投资公司大多为银行或证券公司的分支机构。为了分散风险，风险投资公司通常在诸多企业中投入小笔资金，而且主要采取贷款形式，平均投资规模较之欧美要小得多。例如，1998 年日本为 50 万美元，欧洲为 110 万美元，美国为 470 万美元。同时，由于银行导向型金融体制的影响，资本市场对资源配置引导作用受到抑制，缺乏对宏观环境的专业化管理。总之，日本风险资本的来源仍然以银行和证券公司为主，养老基金在全部风险资本来源中所占比重增长缓慢，风险投资公司大多为金融机构的附属或分支机构，因此投资主要侧重于现有成熟的中小企业。

日本的风险投资基金成立时间较短、规模较小、风险投资收益低。截至 2000 年 6 月，日本共有 220 家风险投资基金。专业风险投资基金比例不大，基金大多为银行或证券公司的附属或分支机构。母公司为银行和证券公司的分别占 50% 和 20%，其余占 30%。日本风险投资收益与欧美相比过于低下，主要是因为投资对象大多为传统产业或成熟企业，收益主要是传统的贷款利息或股票分红收益而不是风险收益。

2. 知识产权产业化银行贷款制度

由于日本风险投资制度相对求稳，其知识产权产业化仍是以银行贷款支持为主，日本政府针对中小企业信用薄弱而资金不足的情况，长期采用低利率贷款资助技术的产业化，并建立了官民结合、健全和完善的中小企业金融体系，为中小企业提供各种形式的贷款。一是日本政府设有专门面向中小企业的金融机构，主要有国民金融公库、中小企业金融公库、商工组合金融公库等，它们为中小企业技术创新提供专门优惠贷款服务；二是日本的普通商业银行，为中小企业发展及技术创新提供金融服务；三是在专门银行中有专门为中小企业提供融资的金融机构，包括相互银行、信用银行、信用组合等。同时日本政府还全资或部分出资成立为中小企业申请贷款提供保险和担保的机构，主要有信用协会、中小企业信用协会等。

3. 知识产权产业化税收优惠制度

日本政府长期实施专项性税收优惠鼓励和扶植技术产业化，就中小企业而言，主要有增加实验研究经费的税额抵扣制度与中小企业技术基础强化税制两种税收优惠政策。增加实验研究经费的税额抵扣制度主要指当实验研究开发经费的增加部分超过过去的最高水平时，则对增加部分免征20%的税金，但免征税额以不超过应缴法人税总额的10%为限。中小企业技术基础强化税制指中小企业每年可以从法人税中扣除该年度投入实验研究经费总额的6%，但扣除额不能超过法人税的15%。对于上述两种税收优惠措施，中小企业可以进行选择。

(五)知识产权产业化中介服务制度

日本的中介服务体系可分为公营和民营两大类，其公营服务体系包括产业技术振兴会、新技术开发事业团、技术交易市场、技术城等；民营服务体系包括商社、技术顾问公司等。公营中介服务体系中，日本科学技术振兴事业团是主要代表，其职能主要有：一是集中官产学各方面的力量，大力推进基础研究、高技术研究和应用开发研究；二是建立牢固的科研基础设施和信息网；三是招聘国内外有识之青年学者到国立研究机构工作；四是推进技术转移和开展研究支援活动。其目的在于推进技术转移活动，致力于将高等学校或者科研院所的优秀成果产业化，培育和创造出新的产业。同时，积极推进与提高当地人们生活水平密切相关的科学技术的实用化，积极支持和参与新技术的委托开发和技术斡旋。

以上我们从五个大的方面分析了以美国、日本为代表的发达国家的知识产权产业化体系制度，可以看出美日发达国家有着完善的产业化制度基础和市场优势，其知识产权产业化制度已经形成政府、市场及企业相互协调、相互促进的体系，充分说明细节决定成败，制度高于一切。

四、知识产权产业化制度范式之经验

美国和日本是世界上最发达的国家，近年来它们各自进行了一系列的制度改革以确立知识产权的战略地位，促进知识产权产业化。这些措施对摆脱经济乏力局面，维持大国的优势竞争力起到了至关重要的作用。现在我们来看一下美国和日本产业化制度之共性，从而总结出知识产权产业化之范式制度的基本结构。

(一)重视产业化的资金投入

从制度设计层面上看，美国通过立法规定“用于技术转移的经费不少于研发总预算的0.5%”，同时设计出“先进技术计划”制度来为企业或企业与研究所合作体的技术转化提供资金支持；日本则通过新技术事业团实施“委托开发”等制度，从整个体系上来实现对重要研究项目的国家资金支持。所以，作为知识产权产业化制度范式，必须以完善的知识产权产业化国家资金投入机制做基础，推进知识产权产业化。知识产权产业化制度范式，首先应当建立促进知识产权产业化的资金保障制度，确保每一个财政年度用于知识产权产业化的资金不少于整个研发总预算的一定比例，然后通过一定的制度创新设计，规定一定的程序或方式来实现知识产权产业化国家资金的投入分配。

（二）厘清知识产权产业化主体之职责

众所周知，在一个完整的法律关系中，如果出现权利义务责任都找不到相对应的主体承担者，那么法律关系也不可能实现其预期的社会目标。同样地，构建促进知识产权产业化制度，明确知识产权产业化责任主体是真正有效地实现知识产权产业化的根本保证。在市场经济模式下，知识产权产业化是以企业为主体、以政府为补充促进的系统工程，所以在这个体系中，其职责分配是各个产业化主体协调一致并共同促进产业化进程的前提。

就美国日本知识产权产业化制度而言，其无不尽力地把知识产权产业化责任分配给每个主体，以期在整个产业化过程中避免主体缺位的情况。对于知识产权特别是技术专利转化以及产业化的责任，美国首先明确地将其规定为政府的工作职责，然后每个大型联邦实验室都必须有专门负责应用的人员，同时规定开展技术转让是所有国家实验室的科学家和工程师的义务。对于企业，则在一定范围内承担其知识产权产业化的职责，以一种激励机制表现出来。美国要求理工科大学和综合性大学设立专门的技术转化机构，日本则先后在政府中专门设立负责科研成果转化工作的新技术事业团、工业技术研究院以及科学技术振兴机构，在各个部门设立专门的技术转化及产业化的机构，同时在"官产学联合"模式的影响下，很多大学都设立了技术专利转化及产业化的机构，这大大促进了日本知识产权产业化的进程。

所以，一个较为完善的知识产权产业化制度其必然有着合理的责任分配机制。在市场经济模式下，首先要在政策原则上明确政府和企业的位置关系，虽然知识产权产业化是由企业为主导实施的，但政府是不仅要在宏观层面上进行引导，而且需要在产业化的具体过程中承担一定的促进知识产权产业化的责任。其次在制度设计上要明确政府有着促进知识产权产业化的责任，要设立专门的负责知识产权转化及产业化的部门，并规定其他政府部门相关的知识产权转化及产业化的事务由其集中管理。同时，大力鼓励大学设立专门的负责知识产权产业化的部门或公司。对于企业则以一种激励机制，或者说是利益诱引来促进企业最终实现知识产权产业化，实现国家利益和企业自身效益的双赢。

（三）确保知识产权产业化利益均衡

协调各方利益的激励机制就成为调动产业化各个主体积极性的关键，可以说是一个好的产业化制度不可或缺的重要部分。美国知识产权产业化制度具有非常完善的激励机制，首先是知识产权归属激励机制：美国的产业化制度首先明确大学、非营利性机构和小企业对联邦政府资助形成的发明拥有所有权，从产权的角度确认了各个主体的排他性知识产权权利，并为其积极实现产业化奠定基础。同时也规定了对参加联邦实验室合作研究的企业，不论规模大小，都可以享有成果权，并且规定如果其在一定的时间内不将其予以产业化，政府将收回专利知识产权。这些在知识产权归属方面作出的有利于企业的规定无疑大大地刺激了企业进行知识产权产业化的积极性。其次是技术人员在知识产权产业化过程中的利益分享激励机制。美国产业化制度规定，为了调动联邦实验室人员参与技术转移的积极性，对于来自技术转移的收入，技术发明人的个人所得不少于15%。同时要为国家实验室技术发明人建立不低于15%的专利使用分享原则，并为其他创新者制定奖励制度。除此之外，还在税收、早期市场需求等方面对知识产权产业化主体进行激励，以促进实现产业化的最终目标。

日本在实行"产学官联合"产业化的模式下，政府首先确定了以企业为主体的创新体系，企业在其内部对个人、团队和各部门的发明工作进行奖励，设立额外的激励制度。同时，国家也在制度上对企业进行外部的激励，主要体现在对"闲置专利"的开发利用和"委托开发"的规定方面。

通过对美国和日本知识产权产业化激励机制的分析，可以发现一个好的知识产权产业化制度必须要有能够最大化激励主体进行产业化的机制：

(1)对知识产权权利归属作出有利于产业化的规定，这样才可以激发各个主体产业化的热情。可以设计出更多类似"大学、非营利性机构和企业对其参与的、政府资助形成的发明专利拥有所有权"的具体制度，设计出更多的使知识产权归属归于实际进行知识产权产业化的主体的制度，以调动各个主体的热情。

(2)对知识产权产业化过程中的利益分享设计出同时有利于激励技术人员参与转化及产业化和企业进行产业化的机制。对于技术人员，可以规定来自技术转移的收入，技术发明人的个人所得不少于一定比例的原则，同时还可以设立国家实验室技术发明人享有不低于一定比例的专利使用分享原则，并为其他创新者制定奖励制度。对于企业，我们在设计技术科研人员高分享利益的同时，必须要兼顾企业的利益，因为企业的具体知识产权产业化是一切分享产业化利益之前提。所以，我们在明确知识产权归属激励的基础上，还要在企业和科研人员的利益分享之间达到一种平衡。同时要通过国家实施"委托开发"计划，通过检验企业平均产业化水平来促进企业之间在日常知识产权产业化水平方面的竞争，从而促进企业知识产权产业化水平的提高。还可以借鉴日本对"闲置专利"的做法，从利益剥夺的角度来促进企业必须积极实施知识产权产业化。

(3)为新兴技术知识产权产业化创造早期的市场需求，以及实施一些税收激励机制。这也是世界各国知识产权产业化的经验。

(四)建立金融扶持制度，促进知识产权产业化

作为知识产权产业化制度范式，其必然有与之相配套的先进金融扶持制度，包括风险投资制度、银行贷款制度以及税收优惠制度。美国和日本知识产权产业化水平之高与其具备较为完善的风险投资制度、银行贷款制度以及税收优惠制度密切相关。

(1)风险投资制度方面。美国是世界上风险投资制度最完善的国家，其拥有以证券市场为中心的风险资本市场，为企业知识产权产业化提供主要的资金来源。美国的风险资本者包括个人风险投资者、合伙私营公司以及金融和产业集团，为风险资本进行投资。风险投资资金，除了由政府设立的小型企业投资公司直接得到国家支持外，其他大多来源于证券市场。日本的风险投资制度与美国相比较稍显落后，其风险资本的来源仍然以银行和证券公司为主，养老基金在全部风险资本来源中所占比重增长缓慢，风险投资公司大多为金融机构的附属或分支机构，所以投资主要侧重于现有成熟的中小企业，导致了一些高科技企业由于有较大的风险而难以找到投资。

通过分析美国和日本的风险投资制度可以发现，风险投资资金来源于证券公司和银行，只是美国以证券市场为中心，兼之有很多种风险投资形式，日本则以银行导向为主，风险投资形式较为单调。所以，我们构造促进知识产权产业化风险投资制度，首先必须构建以证券市场为中心的风险资本市场，通过上市发行股票或证券的直接融资方式来筹集知识产权产业化资金，以适应当今世界知识产权产业化基本制度的需要。此外，还要建立其他风险投资形式，实现风险资本的来源多样化，以供不同性质、不同需要的国际资本在各个阶段及各个行业参与高科技企业的知识产权产业化，促进各种新兴产业的发展。

(2)银行贷款制度方面。虽然知识产权产业化的资金来源以风险投资为主，但以商业银行贷款为表现的间接融资方式也起到了重要作用。美国中小科技型企业通过政府担保获得大量在贷款期限、利率等方面有优惠的银行贷款，进行知识产权的商品化、产业化。日本知识产权产业化仍是以银行贷款支持为主，采用低利率贷款资助技术的产业化，并建立了官民结合、健全和完善的中小企业金融体系，为中小企业提供各种形式的贷款，兼之以政府全资或部分出资为中小企业

申请贷款提供保险和担保。所以，构建银行贷款制度，首先要设立专门负责中小企业知识产权产业化资金银行贷款的担保机构，如美国的中小企业局和日本的中小企业信用协会，同时对担保的标准和条件以及担保份额进行具体的设计。其次，银行给予中小企业的贷款应是低利率的或者更多优惠的，以实现有效地资助企业知识产权产业化。最后，银行为中小企业融资提供更多的途径和方法。

(3)税收优惠制度方面。美国和日本知识产权产业化制度相关的税收优惠体现在给予产业化企业技术创新的税收优惠上，所以，知识产权产业化制度范式要在制度层面上对进行知识产权产业化的企业予以税收上的优惠，实施专项性税收优惠鼓励和扶植知识产权的产业化。具体操作上，对于中小企业，可以实行中小企业技术基础强化税制，在制度上保证中小企业每年可以从法人税中扣除该年度投入实验研究经费总额的一定比例，但扣除额不能超过法人税的一个最高限额。其他方面可以参照美国的有关规定，对科研机构作为非营利机构免征各项税收以及把研发投入与一般性投资区分开，实行"费用扣除"和"减免所得税"的双重优惠，从而大力促进企业进行科技创新。

(五)中介服务对促进知识产权产业化的作用

美国和日本完善的知识产权产业化中介服务体系，是它们成功推进知识产权产业化的又一原因。知识产权产业化制度范式必然需要完善的中介服务制度，无论是成果转化还是知识产权评估，都需要以其为管道予以实现。首先，在科研活动较为频繁的高校或工业园区设立专门的中介服务机构，并在制度上规定设立科技中介机构的条件，以期知识产权产业化中介服务的规范化。同时在制度上要求培养既懂技术又懂管理的专业科技中介人才，为实现知识产权产业化中介机构的作用奠定基础。

除此之外，知识产权产业化制度范式还应加大成果转化的中试基地的投入，因为这是产业化的必需过程，可以在立法上规定国家应加大对中试过程特别是中试基地的投入，这样才有利于知识产权产业化。

综上所述，作为知识产权产业化制度范式，必然能够使知识产权产业化获得国家对产业化的大量资金支持、明确的产业化责任分配、有效的产业化激励机制、完善的产业化金融扶持制度以及专业的科技中介机构和产业化必需的中试基地，所有这些要素的具备大致构成了知识产权产业化之范式结构。当然，如果要实现知识产权产业化范式本国化，则还要更多地考虑本国国情，使之能够适当地结合，真正实现范式知识产权产业化制度的中国化、现代化。

7

第七章 管理制度

一、知识产权产业化管理制度概述

知识产权产业化管理制度，是构建促进我国知识产权产业化制度中的一个组成部分。在一个完整的制度体系中，管理制度是不可或缺的重要组成部分。之所以强调管理制度的重要性，是因为如果没有一个科学有效的管理制度作保证，任何其他制度都会形同虚设。下面这样的一个例子，就是该命题的注解。

某企业制定的若干规章制度中，有这样一个关于商业秘密的保护制度：

本企业所属职员均不得擅自将与本企业的经营信息、技术信息等有关的材料、资料或者载体带出企业经营场所之外，也不得以任何方式向与相关业务无关的内部人员透露，更不得向本企业之外的任何人透露。如有违反，将按本企业的相关规定进行处罚。

该项制度的核心内容是关于企业商业秘密保护的规定。其中包括四个方面的内容：(1)该项制度适用的主体范围为“本企业所属职员”。(2)该项制度适用的客体为本企业的“经营信息和技术信息”，具体表现形式包括负载经营信息和技术信息的材料、资料或者载体。(3)该项制度所规定的禁止行为：①携带外出；②向无关人员透露；③向外部人员透露。(4)处罚措施：本企业的相关处罚规定。

该项制度的规定，尽管不能说是很周延，也还是比较好的。但是，由于没有相应的具体管理措施，以至于造成了其商业秘密被泄露。有一次，该企业的一位高层主管将该企业的客户名单擅自带回家，被其妻子发现后，便偷偷地将这份客户名单复印了一份。由于这位高层主管的妻子所在的企业与这位高层主管所在的企业具有竞争关系，所以，其妻子便利用这份客户名单进行自己的经营活动，造成了这位高层主管所在的企业的巨大损失。在调查该企业巨大损失发生的原因过程中,该企业才发现其客户名单被泄露。尽管这位高层主管因此受到了应有的处罚,但是损失却是难以弥补的。

对该企业而言,问题出在什么地方呢?显然,该企业的问题并不是没有相应的商业秘密保护制度,而是没有关于商业秘密保护制度的具体管理制度。第一,该企业应当专设一个商业秘密管理机构,专门负责认定该企业的附载商业秘密的具体材料、资料或者其他载体;第二,配备相应的商业秘密管理人员,专门负责收集、保管、监督和分发附载商业秘密的材料、资料或者其他载体;第三,该管理人员应当对其企业有资格接触附载商业秘密的材料、资料或者其他载体的职员(包括高层管理者)所接触过的附载商业秘密的材料、资料或者其他载体进行核对和查收;第四,专门管理人员应当每天定时向其上级主管汇报其工作情况:无事报平安,有事报问题;第五,对违反者及时提出处理意见;第六,如发现泄露,及时采取补救措施。最好的办法是设计一个工作流程图,查看每一个环节是否正常,能够以最快的速度发现问题,从而避免发生重大损失。

这个企业如果能够较早建立这样的管理制度,其损失是可以避免的。下面这个例子则说明管理制度严密,效果就好。

有一次,以哈佛医学院麻省总院心胸外科专家斯坦利教授领衔的手术小组赴华(上海)进行手术示范交流,在上海不少外科医生都操作得相当娴熟、技术难度并不属顶尖级的心脏搭桥手术及心脏瓣膜手术中,在场观摩的中国医生以"深受震动"这样的词句来表达自身的感受。最直接的震动首先来自"老外"们对手术规范近乎刻板的严格执行。手术前,洋医生们会准备一份包括麻醉流程、手术流程、重症监护流程等详尽、规范、科学合理的"流程图",流程一旦确定,所有相关人员都必须严格执行,将操作的每一个环节变成自己的"习惯",绝不容许因为个人的固有习惯增添任何多余的环节或删减步骤。哈佛专家规定,为手术所准备的所有药物、器械,都必须在术前按严格的规范摆放在固定位置,绝对保证"手到擒来"——正是这种在术前、术中、术后对流程规范近乎"零缺陷"的"僵化"执行保证了几尽完美的手术结果。而我国频繁出现医疗纠纷的一个重要原因在于医方的聪明——对规范漠视导致的操作失误。❶

通过上述正反两个例子说明,管理制度对于事业成功具有重要的作用。构建促进我国知识产权产业化的制度,当然需要构建一个相应的促进知识产权产业

❶ "萝卜丝炖虾中的管理原理",载 http://www.globrand.com/2006/04/14/20060414-151155-1.shtml,2006 年 12 月 30 日访问。

化的管理制度,实施促进知识产权产业化的管理,以实现我们的预定目标。

二、知识产权产业化宏观管理政策和措施

(一)各国知识产权产业化宏观管理政策考察

1. 日本

现在的日本是仅次于美国的世界经济强国,但是日本并未盲目乐观,而是在谨慎分析其所面临的经济环境。事实上,当今的亚洲各国凭借低廉的劳动力成本以及逐渐提高的生产力水平,与日本的经济差距、科技差距正在逐步缩小(2010 年,中国的经济总量已经超过日本,成为全球第二大经济实体)。面对这样的境况,日本不敢有丝毫懈怠,于是果断提出了"知识产权立国"战略。为了实现这一目标而采取了多项改革措施,知识产权战略大纲给出了日本政府有关实现"知识产权立国"目标的基本构想。使其定位于制造组装业的经济模式向适合创造高附加价值的无形资产的体系转化,日本有必要推行知识产权战略大纲,增强日本产业的国际竞争力。

(1)从"技术立国"向"知识产权立国"战略转移的背景。

2002 年 7 月,日本知识产权战略会议通过了《日本知识产权战略大纲》(以下简称《大纲》),提出知识产权四大战略:知识产权创新战略、保护战略、应用战略和人才战略,特别提出要实施全面取缔海外侵犯日本知识产权的行动,范围覆盖全球。同年 11 月,日本议会通过《日本知识产权基本法》(以下简称《基本法》),知识产权战略大纲的基本内容上升为法律,标志着日本决心以国家强制力来推动经济从"技术立国"向"知识产权立国"的战略转移。

"技术立国"向"知识产权立国"转移是日本为寻找 21 世纪经济出路的重大战略调整,有其深刻的背景。日本自我评价认为,战后经济取得的辉煌成就,是建立在引进、改良欧美技术基础上的一种日本式生产体系,面对近 20 年来亚洲各国低廉的劳动力成本以及逐步提高的生产力水平,日本正日益失去竞争优势,应该摸索出一种新的经济增长模式,使经济社会体系由过去那种最适合加工组装、生产制造型向适合创造高附加值无形资产的体系转化。实现这种转化的关键是要对现行的社会管理体制进行改革,因为这种管理体制以团队、合作为精神核心,是为加工组装、生产制造型经济服务的一种制度,而发明、版权等信息的创造,关键在于个人的自由创意,国家必须为个人在所有领域的自由创意提供合适的环境,必须建立起一个完整的经济、社会体系,在政府、大学、企业、个人等各个层面刺激知识的创造活动,把获得的发明、版权等作为知识产权加以保护,进而

作为产品、服务的一种附加值有效地加以利用，以此来谋求提高日本产业的国际竞争力。日本《大纲》和《基本法》就是为实现上述目标而构筑的一种新型的社会管理制度。

(2)日本的《大纲》。

日本《大纲》的行动计划包括了100多项措施，日本政府在2005年全面落实《大纲》的各项措施。《大纲》的重点措施包括：

第一，加强大学的知识产权创造和管理。自2003年开始，日本在各大学设立"知识产权部"，以便加强大学知识产权的创造和管理机制；在2002年后，向大学和技术许可组织派遣民间的知识产权专家，强化产学合作，构建大学与产业协同创造知识产权制度。

第二，健全职务发明制度。2002年对企业的现状和执行现状进行调查，审核职务发明规则。2003年从鼓励发明创造、减轻企业的专利管理成本和风险、增强产业竞争力的角度，对现有职务发明规则进行修改。

第三，加快专利审查和审判。在2002年制定出加快准确专利审查的计划，确保必要的审查，发挥审查助理的积极性，进一步提高效率，完善审查体制，实施企业的国内申请及其审查结构的改革。

第四，发挥"专利法院"的实质机能。对于专利侵权诉讼，日本许多地方法院都享有管辖权。由于管辖权分散，各法院的标准不统一，因此考虑向国会投案。2003年将专利侵权诉讼的一审集中由东京和大阪地方法院管辖，2004年由东京高等法院集中管辖，并引进专家辅助法官的新的参与制度以丰富法院的人力资源。

2. 美国

知识产权战略是美国最为重要的长期发展战略之一。美国总统卡特在1979年提出"要采取独自的政策提高国家的竞争力，振奋企业精神"，并第一次将知识产权战略提升到国家战略的层面。从此，利用长期积累的科技成果，巩固和加强知识产权优势，以保持美国在全球经济中的霸主地位，成为美国企业与政府的统一战略。

1980年美国制定《技术创新法》，将技术转移纳入联邦政府相关部门的职责中，成为政府部门的一项任务。1986年出台的《联邦技术转移法》是《技术创新法》的补充法案，提出政府所有或维持运行的实验室可以与大学和企业建立研究开发合作。为了加速新技术的应用与开发，提高产业界的竞争力，1988年美国制定了《综合贸易与竞争法》，提出通过加强技术转移作为提高企业竞争力的一项主要措施。根据《综合贸易与竞争法》,美国设立了国家标准与技术研究院,组织研究机构与企业共同实施先进技术计划,通过设立区域制造技术转移中心来促进政府与企业的合作。“先进技术计划”主要是向企业或企业与科研机构的联合体提供启动资金,进行高新技术的应用研究与产业化开发。在20世纪90年代又先后出台了《国家技术转移与升级法案》(1996)和《技术转让商业法》(1998)等,以进一步保证科技成果得到实际应用。

3. 欧盟

在经济一体化不断深入之时,欧盟深刻意识到科技创新对振兴欧洲的重要性,不断在科技领域进行改革、创新,以适应新的科技发展趋势。1996年11月,欧盟正式启动第一个欧洲创新行动计划。它是一个欧盟创新政策的发展框架,是欧洲委员会于1995年发表《创新绿皮书》以来在技术创新方面采取的第一个重大举措,其重点实施领域是空间技术的应用和推广、环境保护与可持续发展、音像产品及服务行业。1998年出台的《欧盟第五科技发展框架计划》更是强调创新是该计划的基本目标,将创新因素融会于其主要科研计划中,以保证研究开发和技术转让的顺利实施。目前正在实施的《欧盟第六科技发展框架计划》再次强调实现欧洲研究区,通过所有在国家、地区和欧洲层面上的努力来提高欧洲创新能力。

目前,欧盟正在执行《欧盟第六科技发展框架计划》。这一计划围绕着3个目标:(1)整合欧洲的科研力量;(2)建设欧洲科研区;(3)巩固欧洲科研区的基础。该计划不仅提出了发展科技的具体内容,还从科技手段和政治决策两方面提出了发展科技的具体方式和途径。框架计划所选择的研究优先领域(如基因和生物技术、纳米技术、信息技术、航天技术等)基本覆盖了目前科学和技术的前沿领域,体现了欧洲通过内部力量的整合来积极参与全球化,并充当领导者的决心和行动。

共同科技政策的实施促进了欧盟整体科技水平的提高和综合竞争能力的增强,也成为提升成员国经济实力的一个重要因素。伴随全球知识经济时代的到来,欧盟成员国的专利申请从1995年的34 205项猛增至2001年的62 838项。欧盟在2001年国内生产总值的平均增长率为1.5%,高于美国(0.3%)和日本(0.6%),已成为当今世界最引人瞩目的区域一体化集团。

欧盟重视对科技研发的资金投入。以2002年11月正式启动的《欧盟第六科技发展框架计划》为例,此计划的总经费达到175亿欧元,比《欧盟第五科技发展框架计划》(1998~2002年)的137亿欧元增加了17%,规模之大、投资增幅之高均是前所未有的。

欧盟在知识产权产业化的过程中特别重视政府对企业的金融支持。从20世纪90年代开始,欧盟大多数成员国开始增加对创新初期研究开发的直接融资,努力提高私人创新的融资能力。1989年欧盟委员会制定了一项引导计划,以激励"创业资本基金"的建立。基金的基本使命是向企业(包括"胚胎"阶段的企业)提供"种子资金",中小型企业可以申请。

欧盟国家促进高新技术产业发展的另一项重大举措,就是发展风险资本,支持创新产业。为发展风险投资市场,欧盟于1998年曾制定了"资本—投资行动计划",针对欧盟成员国市场分散、税制烦琐、行政障碍、中小企业高科技匮乏、文化壁垒、人力资源等问题,提出了众多改革措施,使得欧盟国家的风险投资市场得到较大的改善。据欧盟委员会的统计,1999年,欧盟风险投资总额比1998年增长了70%,达到120亿欧元,享受投资的公司达到7 300家。

1995年欧盟成立技术创新中介中心网络,由各国家的公益机构(例如,大学技术中心、商务部门、区域开发机构或国家的创新组织等)组成。其核心业务是跨国技术中介,为中小企业提供的服务有:(1)帮助技术引进和技术市场营销;(2)提供技术合作和技术中介;(3)技术审计和技术监测;(4)帮助达成合作方技术合作协议;(5)帮助对欧盟、尤利卡和其他研究计划的准入;(6)获得欧盟创新基金和知识产权基金的资助。目前,该中心已经成为欧洲中小企业科技成果转化和技术转让的重要机构。

4. 韩国

韩国是一个岛国,国土狭小,资源并不丰富,在经历了20世纪被誉为"汉江奇迹"的经济高速增长的辉煌以及金融危机的沉沦之后,韩国重新审视自己的国家发展战略,确定了目前的"科技立国"战略,以期借此带动经济的持续稳定发展。在韩国经济增长中,科技投入和科技进步所作出的贡献十分明显。其中,政府和非政府组织在知识产权、科技成果的产业化方面所作的努力也是其经济飞速发展的重要原因之一。

韩国科技实力的不断加强,首先得益于过去30年韩国政府研发投入的不断增加。1967年,其研发投资仅为1 800万美元(占GDP的0.38%),1977年增长到3亿美元(占GDP的0.81%),1987年为25亿美元(占GDP的1.8%),到1997年猛增到了128亿美元(占GDP的2.69%)。韩国知识产权局为专利技术商业化实施了100亿韩元的投资和100亿韩元的财政资助。与此同时,韩国产业资源部在2003年投入1 471亿韩元,加强专利技术的开发、转让、产业化扶持,促

进专利新技术的产业化。❶

政府对公共研究机构、交易机构、评价机构、民间技术转移机构及参与企业给予了必要的财政支援和基金支持。政府还把国有设施、器械等有偿或无偿租借给有关机构或企业。在特殊情况下,政府还为利用新成果从事产业开发的企业无偿提供国有知识产权。

韩国非常重视科技教育、培训和人力资源的开发。过去的30年中,韩国研发人力资源的数量增加了93倍,从1964年的1 906人增加到2001年的178 937人。每万人中的研究人员从1970年的1.75人增加到1990年的16.4人,到2001年进一步增加到28.8人。在1997~2002年的5年科技创新计划中,韩国提出要加强科技人力资源的开发和利用,力争使参与研发的人数增加到19.2万人,即在韩国4 800多万的总人口中,每1万人中拥有40位研究人员。❷

韩国政府为实现技术转移的政策目标,每年制定技术转移年度促进计划,每3年还要制定技术转移中期推进目标和计划,其主要内容包括:技术转移目标、战略和预算分配;促进机构的建立和国内外网络构筑;技术评估机构的建立及成果评估,政府及民间研究机构成果转化推动;技术交易市场的建立,人才交流和培养,以及信息收集和扩散等。

(二)我国促进知识产权产业化宏观管理政策现状

我国在知识产权产业化方面已经出台了一系列的法律法规。宏观层面,国家已出台许多政策,以构建促进知识产权产业化管理制度,促进知识产权产业化的进程。在微观方面,根据国家规定的政策和相关法律法规,我国已建立了较完善的知识产权管理机构,规定了详细的职责范围。根据国家和地方有关的法律法规、政策等,各部委、各省(自治区、直辖市)在促进高新技术产业发展方面出台了一系列优惠政策。

到目前为止,我国已经在税收优惠、资金扶持、政策优惠、科技创新、人才战略、成果转化、中介机构、激励措施等方面做了一些工作,为推动知识产权产业化提供了必要的支持。总体来说,这些政策偏散,覆盖面较窄,可实施性较差,在有些方面具体操作起来可能还比较困难。但毕竟这是我国在知识产权保护及高新

---

❶ "韩国科技发展战略和政策初探",载 http://www.ckstc.com/2006ckstc/info/Article_Show.asp?ArticleID=1235.

❷ 刘静:"韩国发展科技经济的经验",载 http://www.chinainfo.gov.cn/data/200610/1_20061018_145883.html.

科技产业化方面迈出的步伐,为构建促进我国知识产权产业化制度作了前期准备。经济振兴的目标和激烈的市场竞争要求我们有一套更加科学有效的推进技术创新及其产业化的制度,通过一套与国际接轨并且符合中国实际的促进知识产权产业化管理制度,提高我国的自主创新能力和知识产权产业化能力,并形成参与国际市场竞争的强大竞争力,实现中华民族21世纪复兴的伟大目标。

1. 税收政策

税收政策的主要目标是支持企业和科研单位、大专院校进行有关技术创新活动,以发展高新技术产业。主要内容是税收减免政策,如高科技收入免交营业税;软件开发生产企业的软件产品按照6%的征收率缴纳增值税,其工资按实际发放额在企业所得税前扣除;对高新技术产品的出口,实行增值税零税率,等等。例如,财政部、国家税务总局关于贯彻落实《中共中央国务院关于加强技术创新,发展高科技,实现产业化的决定》有关税收问题的通知,财政部、国家税务总局关于促进科技成果转化有关税收政策的通知。

2. 财政政策

财政政策的主要目标是通过政府直接或间接投入来引导和支持技术创新和高新技术产业发展。直接投入包括通过各类项目计划进行的资助,间接投入包括税收返还和通过建立相应风险投资和担保机构进行的安排。例如,国家发展和改革委员会等部委联合发布了《当前优先发展的高技术产业化重点领域指南(2004年度)》。

3. 金融政策

金融政策的主要目标是促进高新技术企业的快速发展。金融政策从大的方面可划分为两类:一类是增加银行对高新技术企业的专项贷款;另一类是在金融市场上支持高新技术企业,如推荐高新技术企业上市,在证券市场上建立高新技术板块。上海技术产权交易所是我国第一家以科技成果和企业的产(股)权为重点的市场。启动"技术创业板"是上海实施技术创新机制的一个重大举措。它叠加了上海技术所和上海产权交易所两者的功能,服务范围进一步扩大。据介绍,相对证券交易所,上海技术产权交易所的"门槛"要低得多。众多的成长型企业可在这里挂牌上市,并引进多元化的社会资本,使这里成为中国"创业者的摇篮"。与此同时,交易所还将成为产权流动的平台和风险投资进入、退出的出口,并吸引海内外投资资金,营造投资资本的汇集中心。

4. 科技体制改革政策

科技体制改革政策的主要目标是全面优化科技力量布局和科技资源配置并

组建科研机构，建立和扩大科技型企业群体，进一步密切经济和科技的结合，大力发展民营科技企业。科技体制改革的主要内容是建立国家创新体系，将开发类科研机构转制或并入企业，例如，我国2002年6月颁布的《中华人民共和国中小企业促进法》❶对此作了规定。

5. 成果转化政策

成果转化政策的主要目标是加速科技成果，特别是高新技术成果转化为生产力，主要内容为：鼓励高新技术成果转化。高新技术成果可以作价入股；对所转化的成果大幅度奖励成果完成者，以资鼓励。保障高新技术企业经营自主权，理顺高新技术企业中的产权关系；允许骨干科技人员参股或作为公司发起人；技术可以参与分配。例如，国家科委、国家工商行政管理局《关于以高新技术成果出资入股若干问题的规定》❷。

6. 奖励政策

奖励政策的主要目标是将目前的单纯追求"获奖"导向转为市场导向，鼓励科技人员以市场为目标进行研究开发。奖励政策的主要内容为精简奖励数目，提高奖励力度，设立国家最高科技奖。其他一些地方法规也对此问题作了规范。例如，上海市政府对《上海市促进高新技术成果转化的若干规定》进行了修订，修订后的规定增加了对拥有自主知识产权的项目予以奖励的内容。被认定为自主知识产权项目的，不仅可以享受高新技术的"优惠待遇"，还可享受"税收优惠期"、"贷款贴息"、"融资担保"、"政府采购"、"申请专利"等方面的特别照顾；同时上海市政府还确立了以专利技术为"窗口"，体现"知识的资本化"和"资本的人格化"的激励机制。

7. 人才吸引政策

人才吸引政策的主要目标是吸引优秀人才回国服务，稳定国内人才队伍，确立人才的价值，鼓励人才合理流动，例如，我国自2008年开始实施国家人才引进

❶ 该法由中华人民共和国第九届全国人民代表大会常务委员会第二十八次会议于2002年6月29日通过，自2003年1月1日起施行。该法共7章44条，除总则和附则外，对资金支持、创业扶持、技术创新、市场开拓、社会服务等促进中小企业发展的内容分章作了规定。

❷ 为了规范以高新技术成果出资入股行为，促进高新技术产业的发展，根据《公司法》和其他法律、法规，国家科学技术委员会和国家工商行政管理总局研究制定了《关于以高新技术成果出资入股若干问题的规定》。载 http://www.zhenxiong.net/article/show.asp? id=59.

“千人计划”❶。人才吸引政策的主要内容是大幅度改善生活待遇，提供研发和兴办高新技术企业条件。科学技术部正式发布的《“十一五”国际科技合作实施纲要》，强调要把人才引进工作放在第一位，不分肤色、不分国籍地引进人才。而国家科技计划和专项科技工作要把引进顶尖人才作为重要考评指标，对引进顶尖人才的单位和个人给予奖励。

三、知识产权产业化管理机构

知识产权产业化管理机构的设置应遵循科学合理、职责明确具体且具有可操作性的原则。不论是设置专门机构或兼管机构，安排专职人员还是兼职人员，其主要目的就是将知识产权产业化当做一项重要工作来抓。根据我国的具体情况，我们可以考虑建立四个层面的管理机构：国家层面、地方层面、行业层面和企业事业单位层面。

(一)设置国家层面管理机构的问题

建立国家层面的知识产权产业化管理机构，对知识产权产业化具有重要作用，但却是一个比较复杂的问题，需要正确处理好若干关系。

(1)知识产权产业化管理与知识产权管理的关系。目前，我国国家层面的知识产权管理机构很多，例如，国家知识产权局、国家版权局、国家工商行政管理总局、国家质量监督检验检疫局、农业部、林业局、海关总署、科技部、信息产业部等，它们在其职责范围内依据各自的职责管理相关的知识产权事务。但是，这些部门是否也负责相关知识产权产业化的管理工作，却没有明确的规定。例如，国家知识产权局的机构设置(如图 7－1)❷，其管理职能中就没有关于专利技术产业化的管理。

国家层面管理知识产权工作的其他部门同样没有关于相关知识产权产业化的管理职能。

---

❶ 中央人才工作协调小组关于实施(中央层面)“海外高层次人才引进计划”(简称“千人计划”)，主要是围绕国家发展战略目标，从2008年开始，用5到10年时间，在国家重点创新项目、重点学科和重点实验室、中央企业和国有商业金融机构、以高新技术产业开发区为主的各类园区等，引进2 000名左右的人才并有重点地支持一批能够突破关键技术、发展高新产业、带动新兴学科的战略科学家和领军人才回国(来华)创新创业。同时，各省(区、市)也结合本地区经济社会发展和产业结构调整的需要，有针对性地引进一批海外高层次人才，即地方“百人计划”。

❷ 中华人民共和国国家知识产权局网，http://www.sipo.gov.cn/sipo/gk/zzjg/jgjs/gzjjs/200109/t20010911_69035.htm，2007年1月1日访问。

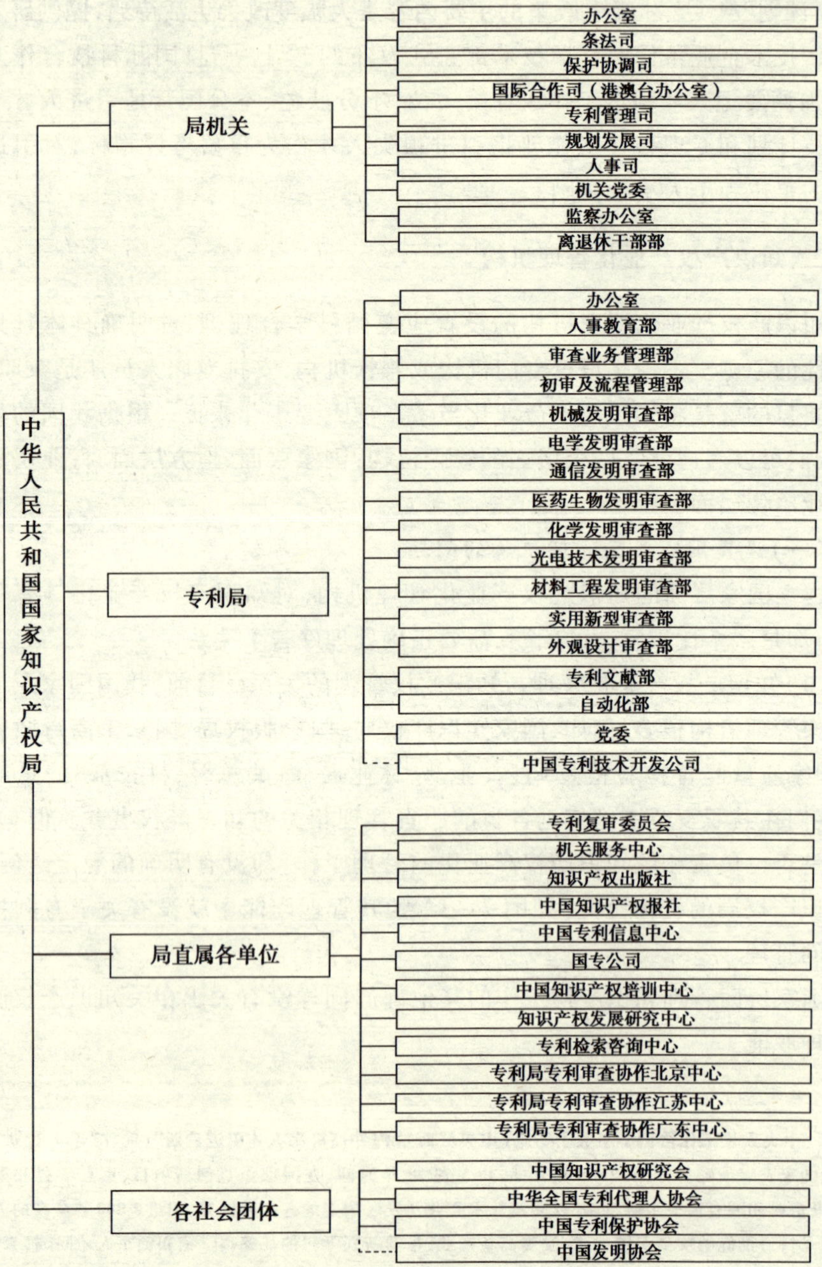

图 7－1　国家知识产权局的机构设置

(2)知识产权产业化管理工作能否分解到国家层面现有的知识产权管理部门的问题。如果能够将知识产权产业化管理工作分解到国家层面现有的知识产权管理部门,从成本效益角度看,还是可行的。其一,不论国家层面现有的知识产权管理机构的设置是否合理,它们现在正在依据有关法律法规的规定履行着各自的职责,而且对各自所负责的那部分管理工作非常熟悉,摸索出了相应的规律,并取得了一定的经验。❶ 如果将它们各自管理的知识产权部分的产业化工作交给它们去做,应当具有可行性。其二,假如撇开国家层面现有的知识产权管理部门,另行设立一个专门的知识产权产业化管理机构,至少要增加以下三个方面的成本:①设立该机构的成本;②该机构与现有的知识产权管理部门的协调成本;③一旦国家层面设立一个这样的专门机构,地方势必会仿照设立相应的机构,又须增加一笔成本。如果将知识产权产业化管理工作分解到现有的知识产权管理部门,只需在相应的机构内另行设立一个下属机构,专门负责相关的知识产权产业化管理工作即可,其成本显然要低得多。

(3)是否需要在国家层面设立知识产权产业化管理机构的问题。促进知识产权产业化当然是一项重要的战略性工作,而且已经在《国家知识产权战略纲要》中有明确规定❷。既然如此,我们认为有必要在国家层面设立相应的管理机构或者将知识产权产业化管理工作分解到现有的知识产权管理部门。否则,我国的知识产权产业化战略可能会落空。当然,如果将知识产权产业化管理工作交给市场,由企业根据市场需求或者按照市场规律运作,国家只进行宏观调控或管理,那么,国家层面就不需要设立专门的管理机构。这样做的效果,就得根据企业对市场的把握能力来决定。

建立国家层面的知识产权产业化管理机构,我们认为还是必要的,至少是将知识产权产业化管理工作分解到现有的各知识产权管理机构。这样做的好处在于:第一,我国是一个中央集权国家,由中央统一调控和管理知识产权产业化工作,可以使国家的知识产权产业化政策有保障,部署全国的知识产权产业化工作。第二,我国现在仍然处于由计划经济向市场经济、由传统经济向知识经济转变的过程中,促进我国的知识产权产业化有助于加快完成这种转变的速度,同时也有助于落实国家知识产权战略。对于如此重要的工作,如果没有国家统一的

---

❶ 关于国家层面现有的知识产权管理部门设置的合理性问题,可以参见曹新明:《中国知识产权法典化研究》,中国政法大学出版社 2005 年版,第 260~263 页。

❷ 我国国务院 2008 年 6 月 5 日颁布的《国家知识产权战略纲要》第(12)段。

协调管理，由市场这只看不见的手来操纵，难以产生应有的效果。第三，知识产权产业化涉及许多政策，例如金融政策、税收政策、产业政策、投资政策、环境政策、能源政策、进出口政策等。有了国家层面的知识产权产业化管理机构，国家在制定前述各项法律法规或者相关政策时，有关知识产权产业化的问题就会进入其中，否则，就可能没有人考虑知识产权产业化的问题。第四，我国幅员辽阔，各地区的经济发展水平、科技水平、研发水平、知识产权拥有量和产业化能力等参差不齐，这些因素对知识产权产业化有重大影响。建立国家层面的知识产权产业化管理机构，可以在坚持总的指导思想和基本原则的前提下，根据各地区不同情况，给予必要的指导和帮助，以促进其知识产权产业化，最终促进我国的知识产权产业化。

（二）设置地方层面管理机构的问题

不论国家层面的知识产权产业化管理机构如何设置，本书认为地方层面的知识产权管理机构应当由各省、自治区、直辖市的知识产权局或者管理局来承担这个职能。

根据我国的情况，各省、自治区和直辖市都设立有自己的知识产权局或者管理局，各自的管理职责大同小异。以上海市知识产权局为例，其职责主要是：(1)贯彻执行有关专利工作的方针、政策和法律、法规、规章；结合本市实际，研究起草专利工作的地方性法规、规章草案和政策，并组织实施有关法规、规章和政策；(2)编制本市专利工作中长期发展规划，并组织实施；研究制定本市专利与相关产业协调发展的战略；(3)负责受理专利申请，依法处理本市专利纠纷和查处冒充专利行为；(4)负责专利和知识产权法律、法规的宣传普及和教育工作；(5)负责管理专利技术市场、专利中介服务机构和专利许可证贸易中的专利工作，协助有关部门管理技术进出口中的专利工作；(6)负责本市专利信息发布及专利信息网络组建工作，指导专利信息资源的开发利用；(7)统筹协调本市涉外知识产权事宜，负责专利工作对外和对港、澳、台地区的合作与交流；(8)负责有关行政复议受理和行政诉讼应诉工作；(9)承办市政府交办的其他事项。❶

由此可知，上海市知识产权局并不管理与专利产业有关的事务。根据目前我国各省、自治区、直辖市所属的管理相关知识产权事务的部门的职责，版权局、工商行政管理局或者其他部门，都没有负责相关知识产权产业化的职责，包括上海市知识产权局。既然如此，如果将该项职责划归各省、自治区、直辖市的知识产

❶ 参见上海市知识产权局网。

权局，既不增加新的行政部门，也不影响现有知识产权相关部门的职责，更不会造成彼此之间的矛盾与冲突，却能够解决各地区知识产权产业化管理的事务。

当然，如果将各省、自治区、直辖市的知识产权局作为知识产权产业化管理机构，至少需要作以下几个方面的调整：(1)明确赋予各省、自治区、直辖市知识产权局的该项管理权限；(2)授予它们与各省、自治区、直辖市其他负责相关知识产权事务的部门的协调权力；(3)增加相应的行政经费。除此之外，可能还会涉及其他方面的一些事情。

因此，单独设立知识产权产业化管理机构的方案，在笔者看来是不可取的。

(三)设置行业管理机构的问题

在知识产权产业化方面，相关行业组织是最具有作用的组织。如前所述，构建促进我国知识产权产业化制度，应树立"以企业为主体，以市场为导向"的指导思想。将该项指导思想落到实处的一个重要方面，就是要充分发挥行业组织的作用。以中国半导体行业协会为例，根据其性质、宗旨和任务，可以发现它在半导体行业对知识产权产业化的影响力。其具体如下：

协会性质：本协会是由全国半导体界从事集成电路、半导体分立器件、半导体材料和设备的生产、设计、科研、开发、经营、应用、教学的单位及其他相关的企、事业单位自愿参加的、非营利性的、行业自律的全国性社会团体，不受地区、部门和所有制的限制，具有社会团体法人资格。

协会宗旨：按照国家的宪法、法律、法规和政策开展本行业的各项活动；为会员服务，为行业服务，为政府服务；在政府和会员单位之间发挥桥梁和纽带作用；维护会员单位和本行业的合法权益，促进半导体行业的发展。

协会任务：

(一)贯彻落实政府有关的政策、法规，向政府业务主管部门提出本行业发展的经济、技术和装备政策的咨询意见和建议。

(二)做好信息咨询工作。调查、研究、预测本行业产业与市场，根据授权开展行业统计，及时向会员单位和政府主管部门提供行业情况调查、市场趋势、经济运行预测等信息，做好政策导向、信息导向、市场导向工作。

(三)广泛开展经济技术交流和学术交流活动。受政府委托承办或根据市场和行业发展需要，组织举办本行业国内外新产品、新技术研讨会和展览会，为企业开拓国内外两个市场服务。

(四)开展国际交流与合作。发展与国外团体的联系，促进产业发展，推动产业国际化。作为世界半导体理事会的成员，组织会员单位参加世界半导体理事会活动，推动中国与全球半导体业界发展互利共赢的合作关系。

（五）协助政府制（修）订行业标准、国家标准及推荐标准。推动标准的贯彻执行。

（六）经政府有关部门批准，在行业内开展评比、评选、表彰等活动。

（七）组织行业各类专业技术人员、管理人员和技术工人的培训。

（八）维护会员合法权益，反对不正当竞争，保护知识产权，促进和组织订立行规行约，推动市场机制的建立和完善。

（九）依照有关规定，编辑出版专业刊物。

（十）完成政府交办的其他事项。

由上述资料可知，中国半导体行业协会能够向政府业务主管部门提出本行业发展的经济、技术和装备政策的咨询意见和建议，能够了解本行业的产业发展状况与市场需求状况，向本协会的会员企业提供行业情况调查、市场趋势、经济运行预测等信息，能够协助政府制定或者修订行业标准、国家标准和推荐标准，推动标准的贯彻执行等。该协会所要做的这些工作，对本行业，尤其是对其会员企业将具有非常重要的指导和帮助作用。如果各个行业协会增加对本行业的知识产权产业化管理工作，加强对其会员的知识产权产业化指导，对促进我国的知识产权产业化将会产生非常积极的作用。

具体的做法可以根据各个行业协会的具体情况而定。有的行业协会可以设立知识产权产业化指导机构，专门负责收集、整理、发布其所属行业的知识产权信息、知识产权产业化信息，为会员企业提供指导性服务。必要时，召开相关会议，研究制定本行业的知识产权产业化政策、对策，对具体问题提出解决方案供政府决策时参考等。

（四）设置企业管理机构的问题

从我国目前的情况看，我国企业的知识产权意识，较10年前有了很大的提高，但总体上还比较淡薄，具体表现在以下几个方面：(1)知识产权创造意识不强；(2)知识产权保护意识不强；(3)知识产权转化意识不强；(4)知识产权管理意识不强。面对这样的现实，要求企业设立知识产权产业化管理机构，恐怕还只是一种设想，很难变为现实。

但是，要促进我国的知识产权产业化，企业是主体。没有企业的自主意识，没有企业的积极参与，所有的构想都将是虚拟的。因此，我们可以将这项工作分三步推进：第一步，在现阶段有能力且有需求的企业进行试点并给予扶持和指导，让它们积累经验；第二步，重点扶持一批愿意进行知识产权产业化的企业，为更多的企业作示范；第三步，逐步推广，让尽可能多的企业将知识产权产业化作为其自觉行为。有了这样的基础，在已经进行知识产权产业化的企业，设立相应的管理机构，就是必然要求了。

很明显，并不是所有的企业都需要设立知识产权产业化管理机构的，而且设立知识产权产业化管理机构也不是强制性的，而是各企业自身发展的内在需求。

四、行业层面的知识产权产业化管理

知识产权战略以加快行业整体发展为目标，解决影响行业竞争能力和企业共同关心的重大问题，促进联合开发能够支撑行业可持续发展的具有自主知识产权的核心技术与配套技术，努力形成自己的技术标准，有效防范和突破他人的技术壁垒，提高行业的整体竞争力。[1]

在知识产权产业化进程中，宏观方面由政府指导并提供相应的服务，微观方面由企业作为产业化的重要主体运作。这两者之间，各种行业组织或行业协会作为上传下达、启承转接的中间桥梁，能够发挥巨大的作用，推动知识产权产业化进程。行业组织或行业协会作为一个行业的自律组织，最主要的作用就是做好本行业的管理工作，为本组织内的各会员企业做好各项服务工作。

（一）行业知识产权产业化管理的必要性和重要性

伴随着经济全球化的浪潮和中国改革开放的步伐，跨国公司在华投资步入了成熟阶段。针对国内的知识产权大战初见端倪，专利保护、收取知识产权许可费成为跨国公司角逐中国市场的新型武器。许多跨国公司采用多种手段企图阻止中国企业走向国际市场、扩大国际市场的步伐。美国、日本和欧洲等发达国家的知识产权人（主要是跨国公司），利用其优势将知识产权作为垄断市场的手段，在经济全球化进程中不断赚取高额垄断利润，并按照自己的利益要求规划利益格局。由此不难看出，为强化在中国市场的竞争力，跨国公司之间改变了过去“单打独斗”的局面，在某些领域和项目上开展合作，建立知识产权联盟，优势互补，联手出击，已经从竞争走向联合。在经济全球化背景下，产业的技术整合与管理是我国产业走向现代化、提升产业竞争力的重要动力。社会自治组织是现代公共管理变革以及政府职能转变的结果，是联系经济国家与市场主体之间重要的纽带。行业协会不仅在我国未来的经济生活中将发挥越来越重要的作用，而且其职能已经由传统的国内市场延伸到国际市场，在解决国际贸易纠纷，尤其

---

[1] 陈武：“行业协会在实施知识产权战略中的作用”，载《电子知识产权》2006年第5期。

在反倾销、反滥用、反垄断或者反限制竞争案件中发挥着举足轻重的作用。行业协会、商会在参与案件调查、预警机制建设、措施效果跟踪调研、与国外行业组织磋商对话、为企业反倾销申诉和应诉提供法律咨询和培训服务等方面,做了大量卓有成效的工作,维护了企业的合法权益,促进了产业竞争力的提高。知识产权行业管理,是社会自治组织对知识产权创造、运用和保护的综合管理,不仅能提高知识产权创造的适用性,而且还能合理协调各种具体的知识产权,有效保护知识产权人的权益,扩大、维护市场占有率,提高知识产权的运用效益,降低知识产权的运用成本。

(二)我国行业知识产权产业化管理的现状

在行业发展中,行业自律组织具有非常重要的作用。我国的行业协会,行政化色彩较浓,一般是由政府主导设立的,会长、副会长等领导多是从行政机关退居二线的领导干部。大多数企业和行业协会的联系也就停留在交纳会费的层面上;行业协会对企业提供的服务也很有限。2007 年 1 月 12 日,在中国企业与知识产权战略圆桌会议上,与会企业普遍呼吁尽快建立能够帮助企业应对世界强国知识产权围剿的行业协会。在这次会议上,有的企业发表了非常中肯的意见,对行业协会寄予厚望。

反观世界发达国家,行业性自律组织和政府职能定位清晰、分工明确。如美国,几乎所有的行业都有自己的协会或者基金,它们一般是非营利性机构,承担着向本行业的企业或者投资者提供咨询、评估、市场发展前景及风险预测的任务。政府则是通过税收、环保和监督等措施间接地协调行业的发展。从宏观上,政府部门经过广泛征求意见,最终确定行业发展方向,并通过一些具体政策进行引导和扶持。从微观上,行业协会等机构成为主导行业发展的重要力量。行业协会的领导者一般直接来自产业界,他们对行业的市场、技术和规则等有着浓厚的兴趣,因为他们是市场的直接参与者,有着切身的利益要求。同时,行业协会还承担了与国外对口行业自律组织谈判、代表本国企业进行国际仲裁或诉讼、向本国政府提起产业反倾销调查的使命。在中国"打火机事件"中,起主要作用的就是欧盟的打火机制造商协会;"DVD 事件"中的6C 联盟也是类似于行业协会的组织。除此之外,行业协会还承担着制定行业标准并为本行业利益影响国家立法的责任。例如,美国半导体行业协会起草的《半导体知识产权保护法》,经过美国国会的讨论后最终成为世界贸易组织的《知识产权协定》的重要组成部分。[1]

---

[1] 参见杨林村等:《国家专利战略研究》,知识产权出版社 2004 年版。

(三)行业知识产权产业化管理的具体任务

借鉴其他国家的经验,中国的行业协会应该明确定位于是一个自律性的组织,应当把行业利益放在首位,为企业服务,是推进和实施知识产权战略的主要主体。具体任务应包括:

1. 密切配合政府服务企业知识产权产业化

从国外知识产权联盟征收专利使用费中不难看出,我国的经济职能部门在对企业的宏观调控和协调管理方面存在的工作缺陷。在国际贸易中的知识产权滥用,并不只是针对某一企业,而是贸易伙伴的某一产业,甚至是贸易伙伴的经济主权。所以,面对国外对华的知识产权滥用行为,政府和企业应联手,积极应对,维护国家经济安全、产业经济安全和企业经济安全。具体措施:彻底割断行业主管部门与各行业协会的行政隶属关系,明确行业协会的准入规则;政府应加强指导协调行业协会之间的关系,建设网状的行业协会体系;固化政府与行业协会的沟通渠道,二者应密切配合,充分维护国家、行业、企业的利益。逐步建立并完善"政府—行业协会—企业"三位一体的管理模式。加入 WTO 后,行业协会需要与政府密切合作,尤其是在我们遭遇反倾销、知识产权壁垒、知识产权滥用案件时,政府和行业协会的沟通与协助更为重要。

2. 发挥优势,协助企业提高知识产权适应能力

行业协会应该充分发挥其优势,积极主动研究行业的知识产权情况,探索维护行业利益的新方法和新途径,协助企业提高知识产权适应能力。

据有关资料可知,到 2006 年年底,我国 90% 以上的企业没有自己的专利,60% 以上的企业没有自己的注册商标,80% 以上的企业没有建立专门的知识产权机构或者没有负责知识产权事务的人员。在经济全球化的今天,知识产权已经成为经济增长和贸易交往的强有力武器。像我们这样的"三无企业"除了为他人做嫁衣或者被他人宰割之外,不可能具有任何竞争力。因此可以说,我国企业的知识产权适应能力是非常弱的。

如果我们的企业要走向国际,要与打入我国的跨国公司进行公平竞争,要让我们的民族工业立于不败之地,当务之急就是提高企业的知识产权适应能力。在这方面,行业协会应当发挥其优势,给企业提供这方面的帮助。具体措施:第一,知识产权行业管理战略化。将知识产权作为行业竞争力的源泉放到行业协会管理知识产权战略中,与企业的发展融为一体,实现企业收益和企业价值最大化,进而提升产业竞争力。用全球化的、战略的思维去管理和保护知识产权。第二,增强行业协会的代表性,扩大行业协会的覆盖面。行业协会缺乏代表性,就

不能作为国内产业的代表发起反倾销、反补贴调查，也将妨碍在出口国的产业遭受进口国反倾销、反补贴调查时，行业协会作为利害关系方的积极应诉。第三，积极探索维护行业利益的新方法和新途径。行业协会应该积极主动地研究行业的非关税壁垒尤其是知识产权壁垒，积极参与国际标准的制定，探索维护行业利益的新方法和新途径，在更大范围内保护行业的利益。采取反倾销、反补贴或保障措施的监测，尤其是对行业的重点产品以及重点国家、重点地区市场变化的监测、整理和分析，及时发布预警信息，实现行业保护工作的前置化，有效保护行业和企业的安全。

3. 加强行业协会和政府之间的联系和协调

一般说来，行业协会与政府对企业所具有的作用是不同的，既不能将行业协会的职能交由政府处理，也不能将政府的职能交由行业协会来打理。两者的职能相互补充、相互支撑，不能相互替代，更不能相互取代。行业协会要在国家制定产业政策过程中充分表达产业界的意见和观点，与行政管理机构进行充分的交流和沟通。提出本行业发展的战略规划，建立组织、协调和监督机制；行业协会要在制定和实施知识产权战略中发挥组织和协调作用；制定行业的进入准则、行业标准等。发挥行业协会作为政府和企业之间的桥梁作用，对国外相应行业的发展进行跟踪研究，为企业发展提供各种信息，并提出相应对策。

4. 遴选战略行业优先发展

目前中国由于受到技术、人才和资金等方面的限制，不可能在若干领域同时发展。我们要根据自己的情况，选择有优势的行业优先发展。如信息技术、生物技术、汽车领域、家电领域、传统医药等具有广阔市场前景能带动和促进其他产业发展的行业。在这些重要产业的发展过程中强化行业协会的作用，建立和完善行业协会知识产权管理机制，强化企业联合的知识产权保护对策，避免国内企业的自相消耗，避免在国际贸易竞争中发生重大失误。

（四）行业协会知识产权产业化管理的作用

综上所述，针对当前形势，我国行业协会可以重点发挥以下作用：

1. 构建面向行业的知识产权信息共享平台

首先，加强相关知识产权信息开发与利用的基础建设。着重加强对重点产业领域的行业共性技术和关键技术信息的开发与应用，建立与本行业有关的专利商标专用数据库和主要竞争对手知识产权状况监测数据库。同时积极利用网络等信息技术，提高知识产权信息利用的自动化水平，为行业科技创新和市场竞争研究提供有效、便捷的知识产权信息服务。加快基础条件平台建设，重点建设公共数据库、技术协作和集成综合性网络平台、行业信息网络平台等。利用网络资料，为行业内的企业特别是中小型企业提供信息服务。其次，加强决策咨询服务。强化对重点产业所属领域的技术创新和产业发展趋势的评价和分析，为增强重点产业领域关键技术、共性技术和前瞻性技术的协作开发提供科学指南，为各类科技创新计划选准创新方向和内容提供咨询建议，同时指导企业更好地了解竞争形势、发展方向、创新和市场发展趋势。

2. 推动研究开发联盟乃至专利联盟的形成

当今时代，国际贸易领域的关键不再是关税壁垒，而是技术壁垒、技术标准壁垒或者知识产权壁垒。自从我国"入世"以后，我国企业已经多次遭遇这些壁垒的阻拦。2002年4月30日，欧盟委员会通过了《打火机：防止儿童开启的安全要求及测试方法》，要求售价在2欧元以下的打火机必须加装安全锁。此举把价格与安全标准联系起来，针对温州打火机设计特定的技术要求，具有明显的歧视性，违反了世界贸易组织的原则，已经对温州打火机出口构成技术壁垒。这是我国加入世界贸易组织后，第一次遭遇WTO成员方的技术壁垒。[1] 这一事件给我国企业敲响了警钟，使各行业协会提高了对行业相关技术标准的国内外发展态势的关注，积极引导和组织会员单位参与国际、国内相关技术标准的制定，将自己的专利技术纳入国际、国内行业技术标准之中。促进行业企业联合开发，努力形成自己的技术标准，有效防范和突破他人的技术壁垒，提高行业的整体竞争力。

现实告诉我们，我国单个企业或者某几个企业还无力与跨国公司相抗衡，尤其在跨国公司已经形成强势的范围内，更是只有招架之功，没有还手之力。目前可考虑的对策是，通过建立产业联盟，增大规模，提高实力，发挥每个企业在不同领域的优势，吸引更多有志于推动中国民族产业发展的企业加入，利用群体的力量，才有可能取得相关市场的竞争优势。[2]

五、企业层面的知识产权产业化管理

企业是国家的经济细胞，肩负着技术创新、知识创新、产品开发与市场经营的重任，在推动国家知识经济产业发展方面具有独特的地位。知识产权作为企

---

[1] "CR法案：温州打火机出口遭遇技术壁垒"，载 http://scholar.ilib.cn/Abstract.aspx? A = gkjj200305028.

[2] "知识产权与IT产业发展研究报告"，载 www.chinalabs.com.

业重要的经营资源、竞争资源，与企业的人、财、物一样是开展企业生产经营不可缺少的生产要素和经营要素，企业拥有自主知识产权的数量和质量，直接决定着企业竞争力的高低。为此，企业只有通过对知识产权的精心培育和管理，才能获得知识产权优势；知识产权管理成为现代企业管理中不可缺少的重要内容。和国外相比，我国知识产权制度建立得较晚，相应地，企业知识产权工作开展得也较晚。

（一）国外企业管理体制类型

国外企业知识产权产业化管理体制大致分为三类：第一类是集中管理体制，如 IBM 公司；第二类是分散管理体制，如东芝公司；第三类是行列管理体制，如佳能公司。此三类管理体制的共性是：不论是集中管理、分散管理还是行列管理，知识产权管理部门都处于总公司管理层的核心位置，与技术部门、经营部门密切联系，将授权后的知识产权工作全部汇集在此统一管理，成为总公司的智囊部门。

（1）集中管理体制的特点是：全公司的知识产权管理部门按照统一的知识产权政策进行运作，最大限度地保护总公司的整体利益，在开发、制造、买卖产品的活动中能够工作顺畅，搞好知识产权移转、授权、许可等方面的管理。具而言之，公司进行创新活动所需要的经费由总公司预付给子公司，研发成果获得专利权以后的所有事宜全部由总公司知识产权管理部门统筹负责，如 IBM 公司。

（2）分散管理体制的特点是：在知识产权本部统一管理下，总公司根据各研究所和委员会的具体情况充分授权，其优点是各事业部及研究所根据产品特性限制专利申请件数，决定知识产权的预算。研发成果取得专利权以后，专利权的运用、专利权纠纷的处理、设计专利权事务的对外谈判等事务由知识产权本部统一管理，如东芝公司。东芝公司除设有国内知识产权体系外，还设有海外知识产权体系。海外知识产权体系分为两部分：一部分在华盛顿、西海岸设立专利事务所；另一部分在欧美的子公司内设置知识产权委员会，负责制定当地企业知识产权管理规则，定期讨论知识产权问题。知识产权本部则通过各委员会、研究会协调各事业部之间的联系，同时，对各事业部负责知识产权工作的人选有决定权。

（3）行列管理体制的特点是：按照技术类别、产品类别管理知识产权。实行按技术类别管理专利，这样可以避免重复开发技术；配合各事业部的产品策略对专利进行管理。知识产权法务部集中管理授权后的所有事宜，包括专利的运用、谈判、争讼等。法务部通过指派本部门人员参加公司内各事业部组成的产品法务会，或根据各项问题组成的作业部会议，了解技术、产品的相关情况，使法务体制贯串于产品开发以至产品销售的各个阶段，利用知识产权法律规范，提高解决问题的效力。

总之，国外现代企业中知识产权产业化管理工作的共有特点是：①知识产权管理属于组织战略核心部分；②组建了一支人数可观的知识产权管理队伍；③建立了一套较为完善的奖励机制；④情报工作的沟通顺畅。最主要的是企业要掌握有效专利，才能求得长期效益。[1]

(二)日本企业知识产权产业化管理

在众多的发达国家企业中，日本的做法最值得我国企业借鉴。日本企业普遍十分重视知识产权保护和管理工作，他们的观念是“知识产权是企业的发展支柱”[2]，他们共同的特点是知识产权保护意识非常强，特别是一些知名大公司，在企业内部均设有一套完整的知识产权管理机构，负责本企业专利、商标的申请，授权后的管理，以及专利技术的应用、实施转让等。

1. 知识产权产业化管理的发展

日本企业知识产权管理大致可分为四个发展阶段：第一阶段是20世纪50年代至60年代初，尚未形成支撑企业的自主知识产权技术。这一阶段，企业所需要的技术主要是从美国和欧洲国家引进。第二阶段是20世纪60年代后期到70年代末，通过引进、消化、吸收后进入自主研发阶段。这一阶段，企业通过对引进技术的消化吸收，开发出具有自主知识产权的技术。第三阶段是20世纪70年代中期到80年代，日本自主创新能力逐步增强，形成对美国同种类产品的挑战，引发日美贸易战，故此阶段称为日美贸易战阶段。由于日本经济发展迅速，日美之间经济贸易矛盾尖锐，美国利用知识产权制裁日本，日本很多企业因此支付了侵权赔偿。这一阶段对提高日本企业的知识产权意识起到了很重要的推进作用。第四阶段是自20世纪80年代到现在。这一阶段的前期，日本企业专利申请量迅速增长；90年代中后期，由于90年代前期泡沫经济产生的不良后果显露，本国企业的专利申请总量有所下降，但开始向质量型转变。这一阶段应视为日本企业专利战略成熟阶段。

与此四个发展阶段相对应的知识产权产业化管理，也有了长足的进步。在这一发展过程中，日本政府和企业充分认识到，知识产权是财产，但并非一定是竞

[1] 荣晓辉：“国外企业的知识产权管理模式”，载《中国创业投资与高科技》2004年第12期。

[2] 参见中国专利保护协会网，http://www.ppac.org.cn/lcontent.asp? c=14&cid=15&id=1993，2007年1月2日访问。

争力。只有将知识产权充分实施，实现产业化，才能真正成为企业乃至国家的竞争力。然而，对知识产权产业化进行管理，尤其进行科学、合理、有效的管理，其重要性在某种程度上甚至超过了知识产权本身。换言之，单纯地获得一定数量和高质量的知识产权固然重要，但是，如果缺乏科学、合理、有效的管理，知识产权将成为企业的负担，而不是财富。正是在这种理念的指导下，日本企业知识产权产业化管理日益规范和严谨，无懈可击。2007 年，笔者随国务院法制办访日代表团赴日访问时，到日本松下公司考察。松下公司知识产权事务部部长介绍了其知识产权管理情况，包括其拥有的知识产权管理队伍非常强大，不仅人数多，而且素质高，业务精，效果好。这个知识产权管理队伍在全世界范围内严格、科学地管理着松下公司的所有知识产权以及知识产权产业化事务，确保松下公司的知识产权以及知识产权产业化能够顺利进行，既不侵犯别人的知识产权，又能及时发现自己的知识产权是否遭受他人侵犯，影响其市场形象。❶

2. 知识产权产业化管理部门

日本企业基本上都建立有本企业的知识产权管理部门，直属于企业的最高领导。因为企业规模大小不同，其从事知识产权管理的人员的数量有所不同，但都是专职人员。除企业总部有知识产权管理部门外，分支机构还有专门管理部门和专职工作人员。据调查，到 2009 年为止，日本企业中，专职知识产权管理人员达到 100 人以上的企业已有近 20 家。

企业知识产权管理部门的工作内容主要包括：专利申请；信息情报；知识产权法律事务；对其他公司专利申请监控；知识产权教育培训；专利许可证贸易。

3. 效果明显的发明奖励制度

日本有一定规模的企业都建立了发明人、专利申请人以及其分支机构的发明奖励制度。日本企业所设立的发明奖励制度，贯穿于专利申请的各阶段，但不同阶段给予奖励的金额有所不同。企业就某项发明提出专利申请后，给予的奖励可能是几千日元，也可能是数万日元，根据具体情形而定。专利申请被批准专利权以后，奖励数额提高。发明专利付诸实施后，给予的奖励根据实施效益发放，奖励数额比较大。专利实施后，对发明人、实施单位、实施单位的知识产权部门给予知识产权奖励，其数额上不封顶。日本企业知识产权奖励制度的发展趋势是提高奖励，对促进知识产权产业化具有非常重要的作用。

---

❶ 2007 年 11 月 15 日至 22 日，受国务院法制办邀请，笔者作为访日代表团唯一的知识产权法学专家赴日访问。此次赴日访问，不仅拜访了日本经济产业省的特许厅，还拜访了日本著名企业松下公司等公司。

4. 专利实施

从整体上,60%以上企业的有效专利利用率(实施率)在40%以上,其中本国实施率略高于在外国申请后在外国的实施率,各行业不等。所以,政府着力推动专利技术的实施。

5. 专利侵权纠纷

发生纠纷后的处理途径,基本上都是先向对方提出要求,协商解决。对协商不成的,才去法院诉讼或者进行仲裁。通过协商解决的占90%,通过仲裁解决的占1%,通过法院判决的占9%。专利纠纷以支付赔偿金、相互交叉许可、专利权被宣告无效或者修改权利要求保护范围等几种方式解决。

6. 专利情报信息

日本企业十分重视专利情报信息。知识产权管理部门基本上都建立了专利信息管理机构,设在企业总部,其主要任务是把全部专利信息分类编辑,传给各部门;把竞争对手的专利申请、许可转让的可能性准确收集整理,提出对策分析意见,供研究开发、决策部门参考。

7. 知识产权培训

职工的知识产权培训分为两大部分:一是知识产权工作部门的人员培训,由知识产权协会进行;二是对其他员工的普及培训。每个职工进入企业后,必须经过半天左右的知识产权培训,使每个职工都有知识产权意识,然后根据岗位职责进行不定期培训。有的企业规定在晋升职务时还必须经过包括知识产权内容在内的培训学习。

8. 企业专利战略

(1)专利申请步骤。一项技术开发研究成功后,是否申请专利,先由发明创造完成单位讨论,然后由专利策划部门与发明人讨论。

(2)专利申请自我审查。第一,专利审查,其中关键的一个问题是对已有专利权利要求保护范围的对比分析。一般来说,发明人对已有专利保护范围理解过窄,强调自己的发明创造不属于现有技术范围,专利策划部门则应站在已有专利权人立场上,对现有专利的保护范围作较宽理解,进行辩论、分析、审查。第二,技术上的必要性审查。一项发明创造是申请专利还是作为技术秘密保护,要考虑竞争对手在该领域的研究开发实力和双方差距,对自己再开发自由度的影响及对对方再开发的限制强度。第三,经济上的必要性审查,即能否形成产业化的审查。第四,权利稳定性审查。

(3)独占使用或技术转让分析。基础专利,严重影响再开发自由度的专利,对手竞争力弱、差距较大的专利，一般独占使用；同时也要比较技术转让收益与独占使用收益，该领域技术发展预测等。

（三）我国企业知识产权产业化管理现状

1. 尚未建立相应的管理机构并配备专业人才

根据我国有关部门对国内500家大中型企业进行的一项调查显示，在我国企业中，设有知识产权机构的仅占68%，而且管理人员中还有相当一部分是兼职。只有华为、联想、中兴、海尔等企业建立了专门的知识产权管理机构。而日本的著名企业，比如日立公司的知识产权部配备了256名专职人员，负责公司内8个研究所，27个工厂的专利工作。目前，日立公司拥有的有效专利达7万余件。索尼公司的专利人员有400多人，杜邦公司有60多个专利律师为其提供全面的服务。东芝公司有5万名职工，由370多名既懂技术又懂法律的人组成知识产权部，每一个分公司还设有“知识产权科”或“知识产权部”。与发达国家相比，我国企业知识产权管理制度上的不健全使知识产权战略的实施困难重重。

国家知识产权局最近对北京等8省市1 245家企业进行了调查，其结果是：设有专门的知识产权管理机构的只有152家，占有效样本的13%，设有兼职机构的676家，占57%，专、兼职机构都没有的350家，占30%。配置知识产权管理专职人员的只有157家，占13%，配备兼职人员的766家，占65%，专、兼职机构都没有配备的262家，占22%。江苏省知识产权局2006年8月对全省9市43家企业的一项调查显示，拥有知识产权专门人才的企业不到5%。北京市某学会对企业知识产权管理等问题的调查则表明，北京市5.9%的新技术企业无机构也无人负责知识产权管理，有专门机构和专业人员负责的仅占21.6%，其他地区及传统企业的情况更加严重。据湖南省知识产权局近年对该省566家大中型企业知识产权工作的调查报告，在被调查企业中，设立知识产权管理机构的只有13家。再以知识产权管理机构的设置为例。对我国500家大中型企业的一项调查显示，我国企业中设立知识产权管理机构的只占68%。另一项来自内蒙古知识产权局的资料则显示，内蒙古37家重点企业，19家没有知识产权管理机构，也从未提出过任何申请。这说明设置知识产权管理专门机构和配备知识产权管理专职人员在企业所占的比重较低，没有设置任何知识产权管理机构和配备知识产权管理人员的比重仍然不小。由于知识产权管理缺乏组织保障和制度保障，企业知识产权管理流于形式、力度不够的现象比较严重。[1]

---

[1] 冯晓青：“我国企业知识产权管理存在的问题与对策”，载《科技管理研究》2005年第5期。

2. 知识产权产业化激励机制不够健全

知识产权产业化的激励机制，是知识产权产业化管理制度中的一个重要组成部分。该项机制，不仅能够激励企业研发人员更高的创作积极性，而且能够激励相关管理人员等积极地、最大限度地将其拥有的自主知识产权的项目进行有效的开发和利用。知识产权产业化不仅仅是将某项知识产权用于实施，更重要的是将它们做成一系列产业或者产业链。

以图书出版业为例，它包括四个层次：第一个层次是核心版权业，即作者所创作的作品或者开发的软件等。从形式上看，这是作者本人的事，与出版社无关。实则不然，这不仅与出版社有关，而且还有很大的关系。如果出版社能够建立一套较好的激励机制，编辑们就会去组织好的稿件，提高作品的市场销售量。第二个层次是辅助产业，即图书的印刷和销售行业。再好的作品，如果没有一个流畅的图书销售市场，作品自己是不会走向读者的。这需要做好广告宣传工作以及图书发行会、研讨会或者作者签名销售活动等。第三个层次是关联产业，即以某一些图书为联结点，辐射性地开发一个或者几个相关的产业。例如，新东方就以《TOFEL 培训教材》为基础，开创了一个相关产业——TOFEL 考试培训产业。第四个层次是外围产业。为了搞好图书出版发行工作，行业协会或者相关组织就需要以产业链的发展为思考点，做好相关工作。在此过程中，建立完善的激励机制具有重要的意义。

然而，从行业到企业，从政府到民间，目前尚未注意到这个问题，仍然将其注意力放在某一个单点或者单线上，所给予的奖励也只是在这些点或线上有突出贡献的人，忽视了面上或体上的激励机制建设。

3. 缺乏知识产权产业化意识的培训机制

在当今知识经济时代，大家都非常清楚地知道，知识是最重要的生产要素。对知识的尊重、对人才的尊重、对知识产权的尊重，已经成为人们的共识。但是却没有注意到另一方面，也就是如何将知识、将知识产权转化为财富，转化为企业的核心竞争力。我国现在的劳动力成本非常低，这既是好事，也是坏事。从好的方面看，由于我国目前还不富有，政府也好，企业也好，还不可能给公务员或者企业员工支付更高的工资，而只能逐步提高。但是，我们的公务需要人做，企业的事情需要人做，因此，廉价的劳动力可以解决这个问题，使我国的社会发展和经济建设能够正常运行。从坏的方面看，第一，由于劳动力成本低，所以我们的企业大多在较低的层次上运行，只能赚取较低的利润；第二，由于劳动力成本较低，意味着劳动力的素质也较低，不利于提升企业的档次；第三，如果要大幅度地提高劳动力素质，需要有较大的投入，影响企业的发展。

对企业而言，强化知识产权产业化意识，最重要的工作就是培养企业领导层和全体员工的知识产权知识，提高其知识产权意识。建立知识产权产业化意识的教育与培训机制，则是其中的一个重要方面。在日本，知识产权教育有两层含义：一是针对个体新员工或不同层次员工设立的有关知识产权法律知识的课程教育；二是针对知识产权本部门人员的培训。第一层次教育的课程内容包括专利知识入门教育、专利说明书写作知识等，如日立公司、三菱公司；富士通公司则针对公司各部门的主管人员进行知识产权管理教育，以便了解专利的理念及重要性。在进行知识产权教育过程中，知识产权管理部门起着重要的作用。第二层次教育的课程内容包括商标、著作权、技术合同、案例研究、专利情报及专利管理等，并创造条件让员工通过专利代理人资格考试或选派人员去欧美专利事务所进行轮训和研习。

六、高校知识产权产业化管理

（一）高校知识产权产业化管理分析

高校既是培养人才的地方，也是高层次人才密集的地方，其科研实力雄厚、知识辐射面广，在知识经济的进程中必然会被推向经济社会的中心，成为知识产权的发源地和辐射源。我国大多数研究开发人员，尤其是重量级的科技人才都集中在科研机构和高校。据初步估算，“九五”期间高等学校承担了1/2左右的国家基础性研究项目，1/3左右的国家“863”高技术研究项目，1/4左右的国家科技攻关项目。目前，我国建在高校中的国家重点实验室占全国总数的近2/3。高校在参与国家基础研究和高技术研究等重大科技计划项目的同时，产生了大批可推广的科技成果和自主知识产权，在全国知识产权总量中占有相当比例，是我国知识产权体系的重要组成部分。从高校自身而言，知识产权工作贯穿于教师科研工作的全过程，影响着科研立项、结题、验收、科研水平评价、科技成果转化等方面，对推动高校发展高新技术产业、推动科技与经济相结合具有战略意义，在高校发展过程中占据着极其重要的地位。因此，在我国知识产权产业化过程中，高校作为产学研紧密结合体中的一环，加强对高校知识产权产业化的管理工作，意义重大。

（二）美国和日本高校知识产权产业化管理

1. 美国

美国高校中知识产权产业化的模式有以下几种：

(1)与大学有关联的机构模式。这种模式诞生于威斯康星大学首创的威斯康星校友研究基金会(简称 WARF)模式,并逐步发展成为具有多种形式的"与大学有关联的机构",即由大学建立的某种形式的基金会或公司实体,由其承担大学专利行政管理的部分或全部任务。大学把发明人申报的材料提交给基金会,后者对这些材料进行评估。对于值得申请专利的发明,由基金会以大学的名义申请专利。一旦被授权,大学则把该专利转让给基金会。基金会负责专利的营销,并把所得收益的一部分返回给发明人和大学。❶

(2)校外专利管理公司模式。该模式起源于麻省理工学院创造的第三方模式,即把大学的发明提交给校外专利公司来管理专利申请和许可事宜。其运作过程是:大学的发明人首先把自己的发明提交给大学内部的专利办公室或专利委员会,然后由它们把专利申请文件转交给校外专利管理公司,由校外专利管理公司对发明进行评估,决定是否申请专利以及转让已授权的专利。校外专利管理公司一般承担上述过程的费用,并与大学按比例分享所得收益。

(3)大学内部专利管理机构模式。这种模式最有影响力的是斯坦福大学开创的技术许可办公室(Office of Technology Licensing,简称技术许可办公室)模式,即由技术许可办公室出面申请该校发明的专利,再把专利转让给产业界。斯坦福大学技术许可办公室模式已成为当今美国大学技术转移的标准模式。

2. 日本

日本大学界与产业界的"产学合作"主要有下列五种途径:

(1)共同研究。这是在 1983 年建立的大学与企业的研究人员就共同课题进行合作研究的制度。一些大学接受企业派出的研究人员和研究经费,由大学教师和企业研究人员根据企业生产的实际需要而确定共同研究课题进行合作研究。这种研究,一般在大学的研究所进行,设备由双方提供,研究成果归双方共有。这种共同研究发展得很快。

(2)委托研究。这是由各大学的研究人员接受民间企业、政府机关、地方团体、科研机构的委托而进行的科学研究工作。研究课题由委托人决定,研究经费由委托人全额负担。委托人交纳的经费,30% 交给学校作为管理费,70% 给研究人员使用。这种委托研究也发展得很快。

(3)委托研究员制。这是一项由各大学接受民间企业、事业单位、科研机构派遣的在职科技人员进入大学,并且根据派出单位的需要,对他们进行研究生培

❶ 桑圣陶:"美国大学的技术转移与专利管理",载《研究与发展管理》1996 年第 4 期。

养教育的制度。从他们的研究方向来看,包括了人文科学、社会科学、自然科学、工程科学、技术科学等领域。派出单位每年向大学交纳培养费及研究经费,被派遣者得到的科研成果则归派出单位所有。

(4)企业捐赠制度。日本政府为了进一步推动高等教育的"产学合作",积极提倡和鼓励民间企业、社会团体和个人向高等院校捐赠款项,以此来改善高等院校的办学条件,提高其教学和科研水平。1987 年文部省发布的法令规定:捐赠者首先将其捐款交给国家,国家再将其交付给接受捐赠的高等院校。赠款可以有以下四种用途:第一,捐赠研究机构——用赠款建立一个以捐赠者姓名命名的研究所、研究室或实验室;第二,捐赠讲座——用赠款建立一个新的讲座(聘请 1 位教授、1 位副教授、1 位讲师、1 位助教,建立 1 个研究室,购置图书资料及设备设施);第三,捐赠研究经费——按照捐赠人的意志和目的,开展专项的科学研究;第四,捐赠奖励基金——按照捐赠人的意志和目的设立专项的、可用捐款人姓名来命名的奖励基金。

(5)建立共同研究机构。为了进一步推动大学界与产业界的合作,日本政府于 1987 年决定在一些国立大学建立"共同研究中心"。研究中心的任务主要有:与企业开展合作研究、委托研究;开展对民间企业的技术人员和研究人员的继续教育活动;开展大学把高科技开发研究成果向产业界转让的活动。这些"共同研究中心"是联系大学界与产业界的桥梁,对产学合作发展科学技术研究很有益处。

日本多数私立大学参照斯坦福大学技术许可办公室模式,在校内设立技术许可办公室,国立大学则由于目前还不是独立行政法人,学校无法以自己的名义申请专利,因而在校外设立技术转移公司。1998 年 8 月,经政府批准,东京大学成立了校外技术转移公司——先进技术孵化中心(简称 CASTI)。CASTI 负责经营学校知识产权和教师个人拥有的专利。CASTI 是东京大学部分教师自愿发起成立的股份有限责任公司,公司所有股东均为东京大学教师。由于设在校外,公司运作灵活,所有工作人员均从企业界招聘。

(三)我国高校知识产权产业化管理现状

我国拥有高等院校1 000余所,从事科学技术研究的约有 67 万余人,占全国科研力量的22%。特别是重点大学,拥有丰富的科研资源,但由于缺乏内在动力机制和外在经济载体,高校虽然每年取得的科技成果在6 000 ~ 8 000项之间,但真正实现成果转化与产业化的还不到1/10。据《中国青年报》报道,国家知识产权局 2005 年 7 月 6 日发布的《高等学校知识产权保护的现状及对策研究》调查报告显示,5 年间,全国高校专利申请量为18 137项,专利授权量为8 389项,专利实施量为1 910项,专利实施量占授权量的22.8%。换言之,77.2%的高校专利没有产业化。虽然高校科技成果累累,但根据调查,全国高校专利申请数量仅集中在25%左右的高校内。教育部高等学校科技统计资料表明,清华大学、复旦大学、上海交通大学、浙江大学、武汉大学、华南理工大学6所高校5年中共申请专利4 809项,占全国高校专利申请总量的26.5%。其他大部分高校专利申请量很少甚至空白。并且,目前我国高校科技成果转化率偏低,大量科研成果未在生产上发挥作用。以清华大学为例,国家实施专利法以来,授权的643项专利中得到不同程度应用的仅占30%,效益较为突出的只有15%。我国高校科技成果转化率不仅与国外高校相比存在劣势,而且与自身的地位、使命极不相称。❶

(1)高校市场化配置人才资源方面能力不强。这表现为高校高新技术产业化创新活动中对人才资源的市场化配置基本局限于高校狭小范围内,因而资源的配置效率特别是高新技术产业化创新人才资源配置效率较低。

(2)高校市场化资源配置存在体制上的障碍。突出表现在产权转移、行业管理、产权制度、人力资源开发等方面还不适应高新技术产业规模化和全球一体化的需要。我国高科技产业增加值对GDP的贡献率一直在1.5%~2.0%的低水平上,远低于发达国家。这说明我国国民经济增长还没有转移到依赖高新技术产业化创新的轨道上来,促进高新技术产业化制度还不成熟。由于长期以来我国高校社会功能的单一性所限,高校科技产业化功能开发非常滞后,更放大了这种体制障碍的阻碍功能。

(3)高校科技企业缺乏规模化发展的扶持政策。一是没有形成针对高校科技企业高新技术产业化规模经济发展的优惠政策条件体系;二是没有形成有效的扶持高校高新技术产业化的融资条件;三是高校高新技术产业化风险投资基金、高校科技企业上市等方面还没有形成特殊的扶持政策,表现在我国高校科技企业成长能力还不强;四是对高校自主知识产权产品的开发、中试、产业化基地建设等力度不够,导致我国高校科技企业核心竞争力提高有限。由于没有理顺迅速长大后的高校科技企业与原来高校母体之间的关系,我国高校科技企业同样存在着严重的产权不清晰缺陷。这表现在我国不少知名高校科技企业高级管理层动荡性大,组织稳度不够,从而构成了我国高校科技企业规模化发展的重要障碍。

---

❶ "77.2%的高校专利没有产业化",载 http://www.patent.gov.cn/news/info.Asp? id =793.

（四）高校知识产权产业化管理障碍分析

由上分析可知，我国的高等院校虽然是知识密集、高精尖人才密集之所在，但知识产权产业化并不十分令人满意。其原因主要是：

《中华人民共和国高等教育法》第5条规定：高等教育的任务是培养具有创新精神和实践能力的高级专门人才，发展科学技术文化，促进社会主义现代化建设。因此，我们可以说，高等学校的主要职能是为国家培养人才，而不是从事市场经营。学校进行的研发活动，其目的本身不是为了自己从事经营，而是为了提高教师的学术水平和研发能力，更好地从事教学工作。基于此，只有社会与高等院校相结合，才可能将高等学校的知识、智慧和智慧创作物转化为现实的生产力。但是，现在的情形是社会与高等学校的结合还处于摸索阶段，一方面，高等学校尚未找到既能让自己的教师走出学校又不影响其正常的教学工作的模式；另一方面，社会也没有为高等学校的教师走出学校提供条件。例如，市场经营的主体——企业中的绝大多数，既没有自己的专利，也没有自己的商标，如果这样的企业能够从高等学校借智，向高等学校投资，其中的许多企业就可以拥有自己的知识产权。如果片面强调由高等学校自己来办企业，而且不能处理好经营与教学、科研的关系，其后果将是很危险的。

要想提高高等学校的知识产权产业化率，行之有效的做法应当是让社会向学校借智，进行广泛的合作开发、委托开发、协作开发或者直接向学校购买知识产权，让知识产权走出象牙塔，而不是让高等学校的教师直接走出象牙塔。

（五）高校知识产权产业化管理制度

由上分析可知，提高高校知识产权产业化率应当是提高我国知识产权产业化率或者说是促进我国知识产权产业化的一个重要方面，但是，这需要一套行之有效的促进制度。而加强高校知识产权产业化管理，建立高校知识产权产业化管理制度，就是一项非常具有战略意义的工作。高校知识产权产业化管理制度的重心，不是强调高校自己应当如何建立营运机构，而是高校如何通过与社会的结合，使其研发成果或者知识产权能够走出象牙塔，或者说使其高度密集的智慧和知识走出象牙塔，为社会作贡献。通过考察国外优秀大学的知识产权产业化管理制度，我们认为，要发挥高校在知识产权产业化进程中的重要作用，加强产学研的紧密结合，就应努力提高高校对知识产权产业化的管理水平，强化各项管理制度。

1. 建立知识产权产业化管理机构

高校建立知识产权产业化管理机构的目的，并不是强调每一所高校将每一项知识产权都进行产业化，而是保证对本校知识产权产业化实现有效的管理。这样的机构，不仅理工科院校要建立，文科院校也要建立。众所周知，知识产权由两大部分组成：一部分是工业产权❶，另一部分是文学产权❷。工业产权可以产业化，文学产权也能产业化。例如，关于电影产业化、软件产业化、动漫产业化、文学作品产业化、考试指导产业化等，都属于文学产权产业化的范畴。

2. 建立三个档案

正如前面所说，高等学校是知识密集、智慧密集和知识产权密集之所在，因此，高等学校建立的知识产权产业化管理制度就应当突出“三个档案”：(1)人才档案：按不同专业、不同学科和不同的专业特长建立人才档案，以随时满足社会的需求；(2)科技成果档案：将本校已经研发完成的科技成果、正在研究的项目、将要设立的课题等逐一分类建档，以随时向需求者提供；(3)知识产权档案：将已经获得的知识产权、已经付诸实施的知识产权以及即将实施的知识产权分类建档，以了解知识产权的转化信息。

3. 建立知识产权管理流程

高校不仅要提高知识产权保护意识，更重要的是提高知识产权的创造、保护和应用能力。成立高校知识产权专业委员会，对重点科研项目的管理从全流程进行审查。首先是选题、立项阶段。认真利用专利文献检索等信息渠道，了解科技发展最新动向，避免重复研究，强化选题的新颖性、创造性和实用性。其次是研究、开发阶段。科研人员应随时查阅知识产权文献，把握最新动态，及时调整自己的主攻方向和科研手段，同时要注意保守技术秘密。一旦完成研究成果，就要立即把握时机，申请专利。最后是成果发表、出版、鉴定阶段。建立新型成果管理体制，应根据成果的技术含量、经济价值以及市场状况等因素考虑是采用专利形式还是采用技术秘密形式予以保护，提倡先申请专利，后发表论文、出版专著，以便更好地保护成果，避免知识产权的无谓流失。

4. 加强高校产学研联合，以促进成果转化应用

让发明者的成果见到效益，这种激励效果和示范效应比任何的激励制度都有效和直接。加强高校和企业的产学研结合，提高科技产品的实用性、新颖性，促进专利技术生成，充分利用企业的产业化、商品化能力，使之更早、更好地被企

---

❶ 工业产权，包括专利权、商标权、商号权、植物新品种权、集成电路布图设计权、商业秘密权，以及人们在产业活动所创造的一切智力成果所享有的权利。

❷ 文学产权，包括著作权和相关权（也称邻接权）。

业转化利用，取得经济效益和社会效益。逐步建立一支良好的技术经纪人队伍，科学评估、严格登记，灵活使用各种专利“许可”形式，依法保护自身权益，充分运用市场机制，建立高校知识产权推广的风险运作基金，为转化知识产权提供源头活水，提供原动力。如东南大学每年设立有100万元的专利申请基金，用于鼓励申请专利，推动知识产权转化。自2000年以来，学校每年以科技成果作价入股的方式拥有企业股份约3 000万元，极大地盘活了知识产权资源。❶

❶ 郭新宝、吴作勇：“对高校知识产权管理的建议”，载《理论界》2006年第5期。

8

第八章
实施制度

一、我国知识产权产业化实施现状

随着经济全球化的快速发展,知识产权所具有的作用越来越大。然而,如何让知识产权所具有的作用得以充分发挥,不仅需要完善知识产权制度,更重要的是将知识产权产业化,使知识产权转化为现实的生产力。知识产权制度使智慧创作物作为一种特殊商品蕴涵着巨大的商机,要将其蕴涵的商机转化为财富,就必须将知识产权产业化。

知识产权产业包括专利产业、版权产业以及植物品种产业等,各种知识产权产业的实施可能会涉及国家的经济政策、文化政策、金融政策、外贸政策等诸多要素,因此,构建一个具体的知识产权产业化实施制度是十分必要的;而构建知识产权产业化实施制度,首先必须要认识到我国知识产权产业化的实施现状。

(一)我国知识产权产业化实施现状

与美国等西方发达国家相比,我国知识产权产业化进程尚处于发展的初级阶段。随着改革开放的深化,政府一直在逐步强化科技进步在国民经济和社会发展中的作用。早在1988年,邓小平同志在设计我国现代化建设的宏伟蓝图时就特别强调科学技术的重要性,提出了“科学技术是第一生产力”的著名论述。近十年来,国家制定了一系列的科技工作方针和政策,作出了科教兴国的战略决策。1999年3月4日,江泽民主席与出席九届政协一次会议的科学家和科技工作者进行了座谈,共商加快发展我国科技事业、促进经济社会全面进步的大计。从宏观方面看,政府领导层在科技产业化的政策导向上,已经作出了相当明确的阐述,科技产业政策的基本框架已经形成。

但是,与发达国家相比,我们的系统化政策法规尚不健全,特别是微观上的

科技成果商品化的实施模式缺乏可操作性。主要表现在以下两个方面:

(1)科技产业化开发的专业队伍不健全,科技成果商品化的开发技术人才奇缺。长期以来,有两个方面的原因导致人们不重视科技成果的商品化开发:一是职称评定以科研论文为依据,是否是核心刊物至关重要,研究成果的实用价值、应用价值只是需要考虑的一个方面,并且对其也没有有效的评价办法;二是由于应试教育的负面影响,不少专业技术人才知识面不宽,重理论轻实践,对生产工艺要求、技术经营管理缺乏兴趣,对成果转化过程中所需的商业决策更显得力不从心。

(2)科技产业化投入沿袭计划经济的旧模式,融资渠道不畅。众所周知,中间试验是成果转化的关键环节,中试的规模、耗资都远远大于实验室研究,这对以教学、科研为主的高等院校、科研单位而言,无论在人力、物力和财力上都难以承担,因此自然希望企业承担中试及后续工作。而我国绝大多数企业,包括大型企业,都还不太成熟。不少企业缺乏长远的眼光,没有将以科技进步为主的内涵式扩大再生产作为企业发展战略,对科技成果往往采取现实、功利的做法,总希望拿来就能用,一用就立竿见影,产生可观效益,因此不愿对风险大、周期长的中试及后续工作投资。

据一项资料表明,我国科技成果的名义转化率仅在15%左右,而能够真正产生效益的成功转化率难以超过5%。这样低的转化率,会造成技术发明人在专利到期前,被迫自动放弃专利权。结果不但使外国企业在中国的技术市场上不花分文就能"白拣"中国人的专利发明成果,也极大地挫伤了科技人员对应用技术研究的积极性。5%的转化率意味着95%的应用研究成果处于闲置状态,这是一种惊人的浪费。

比较我国与发达国家在科技成果商品化过程中的差异,不难看出制约我国这一进程的关键所在是转化模式的可操作性差。在可操作性的研究方面,需要相当扎实的投入才能实实在在地走出一条具有中国特色的科技产业化之路。

(二)我国知识产权产业化低实施率原因分析

据调查,我国科研机构的科技成果转化率不到30%,也就是说有大约70%的科研成果没有能够转化成现实的生产力进而为经济建设作贡献。那么,是什么因素造成了转化率低的现象呢?笔者认为原因主要在于对参与主体的激励不够、具体制度存在障碍等方面。

1. 我国知识产权产业化低实施率原因分析

我国知识产权产业化情形比较差,是由多方面的原因造成的,但我们认为主要有以下三点：

(1)高校和科研机构作为科技成果的供应方，是科技成果转化为现实生产力的源泉和基础。然而，我国许多高校和科研机构一直停留在“教学”或理论成果阶段，重学术、轻转化的观念没有彻底改变，没能从市场需求出发设置科研项目，常常使科技成果与生产脱节。另外，高校科研资金不足，科研人员从事科技成果转化的积极性不高，缺乏懂政策和善于管理的复合型人才以及难以找到合适的交易者等因素都影响了高校和科研机构转化科技成果的效果。

(2)企业作为科技成果的需求方和科技成果转化的主体，在转化过程中起着关键作用。但是我国大部分企业还未对科技成果转化给予足够重视，研发投入只占全社会研发投入的30%~40%，也没有与高校和科研机构建立长期稳定的合作关系，所以难以建立雄厚的技术储备资源。制度上，很多企业没能成为产权和利益清晰的主体，也没有建立合理的法人治理结构和有效的技术创新激励机制，这些都是我国科技成果转化率低和企业创新能力不足的重要原因。

(3)政府在科技成果转化过程中起着社会调控和组织管理的作用。科技成果转化成商品并形成产业，只靠市场的拉动是不够的，还需要有政府的推动。政府部门在科技成果转化过程中具有领导、协调、参与、支持、规范、管理、服务等多种职能，它通过运用经济、法律、行政等手段进行引导、调控。但是政府的干预、调节、政策的制定和实施也会有偏差，往往不能达到预期的效果，存在所谓的“政府失灵”现象，因此政府环节出现问题时必然会使科技成果顺利转化受阻，影响科技成果转化率。

2. 我国知识产权产业化障碍分析

科技成果的转化从成果到有市场的产品就相当于一条运动轨道，是一个复杂的系统工程，各种问题相互交错，必须进行系统的研究和系统的分析，才能找到确实存在的影响因素。影响知识产权产业化的原因不仅限于我们通常所说的经济因素，还要受到文化、经济制度、政策体系等具体制度的影响。

(1)经济、科技和金融体制的障碍。我国经济体制改革的目标是建立社会主义的市场经济体制。市场中的商品不仅包括物质产品，还包括资金、人才和科技成果等。当前，市场竞争还不是完全按照市场规律运行，还存在偷税漏税、垄断经营等不正当竞争。市场竞争状况还不能使企业将自身的发展转移到依靠科技进步上来，对科技成果的需求强度不高。从市场发育来看，近几年，商品市场有了长足的发展，但生产要素市场发育程度低，尤其是技术市场不健全，科技成果的价值也就难以从市场上得到实践。我国的经济体制改革已进入现代企业制度的建设阶段,但这个阶段的改革仍存在不完善之处,全国各地的政府机关,有相当一部分还未把经营权交给企业,因此企业在技术创新中的自主决策权也难以完全实现。企业吸收科技成果的行为无法摆脱政府行为的影子,无法成为企业自己的行为。

此外,我国的科技体制改革已经取得了巨大成就,但仍然存在一些问题,科技机构条块分割依然存在,缺乏统一协调。科技与经济存在一定程度的脱节,许多有价值的科技成果被束之高阁,而且科技信息交流不够,成果共享也不理想。

(2)科技成果缺乏实用性,科学技术与产品生产相衔接制度的障碍。科技成果的实用性直接体现在科技成果使用过程中产生的较高的经济效益。从理论上说,科技成果作为技术创新的扩散过程,它与科技成果被采用后带来的利润的多少有关,而科技成果的实用性高低决定了使用后的利润率大小。因此,科技成果的实用性决定了科技成果对企业的吸引力。目前,我国有不少科技成果位居国际领先水平,但缺乏实用性,因而难以实现科技成果的转化。这主要是由于在单一、封闭的计划管理模式下形成的我国独立于经济系统之外的科技组织体系与科研方法所致。

我国的传统观念认为生产力是社会科学研究的范畴,科学技术属于自然科学范畴,二者分属于两个不同的领域,我们的科研机构与生产企业又长期脱节,认识上和体制上的这种偏差,必然造成科学技术与生产环节的严重脱离。我国有65%左右的科学家和工程师长期集中在科研院所,研究课题大多不能反映生产中亟待解决的问题,科研机构重视论文的学术价值,较少考虑生产需要及其成果的运用。生产部门强调科研成果的实用性和商业性,渴望尽快见效盈利。因此,不少科研成果很难摆脱"样品、展品、礼品"的命运,游离于生产之外,停留在通过鉴定,获得专利阶段。这些科技成果闭置率高,转化为商品周期长的状况,严重影响了生产力的发展。从总体上看,科技发展与经济建设相脱节现象依然存在,科研选题、科技成果评价标准等过于强调理论和学术意义,而没有把工业性实验、产业化和市场预测等放在重要位置。近几年来,通过各种形式进入技术市场的科技成果与日俱增,但能够成交并迅速转移到生产领域的并不太多,许多对经济建设有用的成果无法发挥作用。

(3)知识产权体系、中介服务体系和风险投资体系的障碍。知识产权是自然人、法人或者其他组织对智慧创作物依法享有的专有权利。这种专有权利一方面鼓励人们进行文学创作、科学研究活动,另一方面为智慧创作物的转化提供了安全和良好的环境。在智慧创作物转化过程中,知识产权中介服务体系、风险投资体系的不健全是一个很大的障碍。尽管《技术成果转化法》已经实施，但具体的落实措施没有跟上，导致科技成果转化过程中，有时陷于合作双方不履约、技术专利被侵权、利益分配出现冲突的境地。

中介服务体系是指科技成果转化中，在科技成果的供应方和需求方之间发挥桥梁作用的一套完整的制度、机制和机构。近年来，科技成果中介服务从无到有，中介机构有了一定的发展。但我国的中介服务机构大多功能单一、结构不健全、提供信息服务不及时或缺乏准确性，而且中介方的地位及权益难以得到保障。由于中介服务信息传递不够及时和准确，导致许多智慧创作物无法及时找到合适的转化需求方而被搁置；另一方面，企业需要的智慧创作物又找不到合适的供应者，企业产品开发中的难题找不到合适的科技人才来研究。因此，我国中介服务及其机构无论从数量上还是从功能上都远远不能适应科技成果产业化的需要，这些直接影响了我国科技成果转化的成功率。

科技成果转化是一项高风险、高投入、高收益且周期长的活动，这就决定了难以从常规的商业渠道获得足够的资金支持。对于科研机构来说，自身并不具备自我转化的资金实力；对于金融机构来说，出于安全考虑，它们愿意把资金供给一些有名气、实力雄厚的大公司，而不愿意对转化周期长、风险比较大的项目进行投资。对企业来说，面对承担风险的巨大压力，往往对很多高新技术成果望而却步，或者对于大多数科技成果的转化工作，企业愿意承担部分风险，但不愿承担全部风险，希望国家通过有关政策或风险投资机构、金融机构介入共同承担风险。风险投资是科学技术向生产转化的主要推动力量，树立风险投资意识和建立风险投资机制是科技成果产业化的必要条件。

(4)知识产权产业化所需要的人才培养和人才流动机制的障碍。在我国，科技人才的短缺与浪费并存。发展科学技术需要有大量的专业人才。在一些科技发达国家，劳动者本身的科技素养越来越高，科技人员数量占劳动者总数的比例也很高，如在发达国家的高科技企业中，科技人员的比例高达60%~80%。特别是科技产业部门的技术、产品更新速度快，需要不断补充人才，对人才的需求一直保持旺盛状态。

我国目前的人才则处于供不应求状态，一方面表现为严重短缺，全国从事科技开发的人员仅20多万人；另一方面又表现为严重浪费。造成这一现状的原因主要有：①现行的人事体制尚未摆脱计划用人体制的束缚，阻碍了人才的合理流动；②人才管理中缺乏相应的激励机制，报酬分配平均化，挫伤了科技人员的积极性，降低了人才使用效率；③由于缺乏整体的宏观调节，在科技成果转化中出现人才短缺，无法产生人才资源利用的规模效益。

二、知识产权产业化的实施任务和模式

（一）我国知识产权产业化的实施目标和任务

高新技术知识产权战略事关国民经济发展大局，由政府、非政府机构（包括行业协会、社会中介组织和科研单位等）和高新技术企业共同完成，由于它们在战略整体中的角色和作用不同，因而它们对实施知识产权战略的目标和任务也不尽相同。

1. 政府

政府的目标即提高我国经济发展水平和综合竞争力。主要任务是：(1)创造良好的知识产权法律环境，规范市场秩序，保证市场公平竞争。(2)建立统一的、高效合理的知识产权工作协调管理机构。(3)加速科技管理体制改革，建立用市场规则配置科技人力资源和研发资金的机制。

2. 非政府机构

非政府机构的目标是为企业和社会服务。其主要任务也有三点：(1)进行知识产权宣传、培训和咨询等服务性活动。(2)分析我国各行业经济发展和综合竞争力的比较优势，并将信息及时提供给政府和企业。(3)科研事业单位向高新技术的知识型企业转变，创造高新科技成果，以市场运作方式提供给企业选择。

3. 高新技术企业

作为实施知识产权战略的基点，高新技术企业的目标就是提高企业自身发展水平和综合竞争力并获取最大利润。为了达到目标，高新技术企业的主要任务是分析企业自身经济发展和综合竞争力的比较优势，根据市场需求创造或购买高新科技专利，在此基础上，运用知识产权（尤其是专利权）提高企业对市场占有率的控制力，以获取最大的利益。其中，在国际市场，面对经济全球化，制定我国技术出口和产品出口的市场策略，保护和提高我国高新技术企业的国际竞争力。在国内市场，力争打破国外企业利用专利建立起的垄断市场，争取我国高新技术企业更大的发展空间和市场份额，提升我国高新技术企业的市场竞争力。

（二）我国知识产权产业化现有实施模式

现在，我国知识产权产业化的经营模式归纳起来主要有五种：

1. 企业自主研发自己实施模式

这种模式就是企业自己投资自己研发，并将取得知识产权的研发成果付诸实施的模式。这种模式的优点是：决定权掌握在企业自己的手中。自己需要何

种技术，就自己投资研发，减少了许多中间环节。例如，研发谈判、研发成果的权利归属谈判或者被许可合同谈判等诸多事项，都不会涉及。但是，这种模式的缺点也很明显，例如，需要巨大的研发经费、高端研发人才等。如果与科研机构或者高等院校合作或者委托它们研发，则可以省去许多麻烦。在国外，大多数著名企业都是采用这种模式，例如日本的松下公司、美国的微软公司、韩国的三星公司等。现在，我国也有一些企业采用这种模式，例如海尔公司、朗科公司等。

2. 委托研发、获权实施模式

这种模式也是我国知识产权产业化经营的一种重要模式。它是指企业根据自己的需要确定研究项目，然后将其项目委托给专门的科研机构或具有相应的研究能力的高等院校进行研究。此项研究所需的全部经费由委托方（企业）提供，受托方依据委托研发合同进行研究，而研发成果之权利全部归委托方所有，或者由委托方与受托方共有，然后将获得知识产权的研究成果由委托方付诸实施。这种模式与前一种模式相比，优点是企业借用他人的智慧为自己研发，有利于扩展自己的研发领域，提升自己的研发能力；其缺点是投资可能比较大，而效果却难以把握，即风险较大。这种模式比较适合于研发实力较弱的企业，借助他人的智慧解决自己的难题是一种很好的选择。这是我国知识产权产业化过程中普遍采用的一种模式。

3. 科研院校自办企业实施模式

这种模式是指专门的研究机构或者高等院校自办企业，将自己具有知识产权的研究成果作为该企业的主要资产进行运作，从而付诸实施。例如，北京大学以王选教授领衔开发的排版制版软件而成立的北大方正公司、湖南农科院成立的湘研种子集团公司就是此种模式的典型代表作。这种模式的优点就是科研机构或者高等院校能够直接将自己的科研优势转化为生产力，减少了许多中间环节，提高转化效率；其缺点就是科研机构或者高等院校办企业，能否达到预期效果，难以确定。美国和日本等发达国家已经制定了许多法律，鼓励这种做法，让科技成果走出象牙塔。

4. 科研机构企业化模式

这是科研机构整体转化成科技企业，特别是高技术企业的一种转化模式。最近，国务院批准经贸委管理的10个国家局所属的242家科研机构的改革方案，其核心就是促进科研机构向企业化转制。这种转化模式能使具有较强研发能力的科研机构形成科技先导型企业，从而推动以企业为主体的技术创新体系的形成，加快科技产业化发展。

5. 高新技术园区模式

这种模式具有四个方面的优点：(1)依托大中城市科研院校的智力和开发条件，由科研、教育、推广和生产单位联合创办经济实体，进行高新技术的开发性研究和示范性推广。(2)这种模式还可以借助大中城市的区位优势，引进、消化和吸收国外高新技术。(3)利用开发区优惠政策，形成局部优化环境，吸收企业界和金融界参与合作。(4)作为成果的二次开发和中试基地，向社会提供成熟的高新技术及其产品。例如，美国的硅谷和我国的52个国家级高新技术产业开发区就属于这种模式。

三、知识产权产业化实施制度基本框架

(一)知识储备体系与知识流转体系

实现知识产权产业化，首先需要有可供产业化的知识产权，这就决定了构建知识储备体系的必要性。知识储备体系，是指鼓励人们投资于知识产权创造(包括文学艺术作品的创作、发明创造的研发、计算机软件的开发、植物新品种的培育、集成电路布图设计的创作等)的相关列措施与机制。一般情况下，知识产权创造者或者所有人并不一定具有知识产权产业化能力，而具有知识产权产业化能力的企业又不一定具有相应的知识产权创造力。因此，构建促进知识产权产业化制度，不仅需要建立相应的知识储备体系，还需要建立知识流动体系，以促进知识产权交易，让知识产权资源得到合理配置，实现生产要素的重新组合，达到知识产权产业化的目的。

1. 知识储备体系

综观世界各国的经济发展史程可知，国家的综合国力取决于国家的经济实力，进而取决于其自主知识产权拥有量以及实施效果。建立知识储备体系，就是为自主知识产权创造和转化奠定坚实基础，其中最重要的因素就是高端人才的培养和储备。

(1)加强国民素质教育。知识产权创造需要由全体国民共同完成，由国民素质决定。按照国际通行标准，国民的创造性素质可以采用大学入学率、中学入学率和成人识字率三个指标来衡量。据中国现代化战略研究课题组提供的相关数据，世界上每百万人口居民专利的占有量与国家的大学入学率、中学入学率及成人识字率具有十分密切的关系。对某一个具体国家而言，其大学入学率、中学入学率及成人识字率越高，这个国家的每百万人口的专利占有量越多，就表明这个

国家越富有。❶ 据世界银行提供的数据,1997 年我国每百万人口国内专利申请量为 11 件,这低于世界平均水平 131 件,名列第 48 位。大学入学率仅为 6%,低于世界平均数 19%,排名第 92 位。中学入学率为 62%,排名第 55 位。成人识字率为 83%,低于世界平均数 93%,排名第 57 位。❷ 从根本上讲,知识产权存在于人们的头脑之中,存在于那些经过良好教育,具有一定的科学文化素质的人的头脑之中,特别是那些具有创新意识,能够不畏艰险,在科学崎岖小路上勇于攀登的人的头脑之中,他们将最终改变我国每百万人口知识产权拥有量低的落后状况。因此,加强国民素质教育才是长远之计。

(2)提高国民知识产权意识。知识产权专门人才的数量毕竟是有限的,全体国民是知识产权取之不尽、用之不竭的源泉。从根本上讲,提高国家知识产权水平,发挥其效益,必须针对不同对象,采取多种形式,提高全体国民知识产权意识,形成一个尊重知识产权的良好氛围。因此,对各级领导干部要加强知识产权重要性的培训,使他们了解知识产权制度在经济、科技和社会发展以及国际竞争中的重要作用,从而明确自己的责任,实现知识产权管理目标;对企业管理人员,作为知识产权管理的主体,要使他们了解知识产权制度对企业发展的作用,懂得如何用好自己的知识产权,尊重他人的知识产权,如何通过知识产权赢得市场竞争优势,促进企业发展;对国民要采取有效措施进行知识产权宣传和培训,使他们懂得知识产权受法律保护。知识产权付诸实施,不仅有利于国家,有利于社会,而且能够给自己带来巨大的利益。通过一系列工作来调动国民的创作热情,增加自主知识产权拥有量,促进知识产权产业化,以发展我国经济。

(3)培养知识产权专门人才。为了适应知识产权产业化的需要,我国应在现有知识产权教育的基础上,加强知识产权队伍建设,培养一批懂经济、会管理、晓法律并熟悉国际规则的知识产权人才。

2. 知识流转体系

产学研联合是知识流动体系中最重要的一种形式。产学研联合是指将高等院校、科研机构的智慧、人才及其智慧创作物与企业的生产资料、管理机制、营销手段相结合,促进知识产权产业化,即将智慧创作物转化为满足社会需求的商品,实现知识产权与经济的有机结合。产学研结合不仅涉及企业、高等院校和科研机构,也涉及国家经济体制、科技体制以及教育体制等。当前国家经贸委组织

---

❶ 陈美章:"对我国知识产权战略的思考",载 http://202.127.12.206/showyjck.asp? num=4893.

❷ 同上。

的技术创新项目中有80%以上是通过产学研联合开发的。[1] 随着科研机构管理体制改革的全面启动,10个国家局所属的242家科技机构企业完成体制转变,它们将直接以市场为导向进行研发活动。

我国政府高度重视产学研联合工作,为了更好地解决科技与经济的紧密结合问题,有关部门组织实施了"产学研联合开发工程",取得了明显的经济和社会效益。同时,从1999年开始我国直辖市和副省级城市所属的1 600多个技术开发型科研机构进行了企业化转制,其中90%的院所进入了企业(集团)或转制为科技型企业,使我国科技资源的分布结构发生了重大变化,极大地增强了企业作为技术创新的主体地位,从根本上促进了产学研联合,加速了知识产权产业化。今后,国家将继续采取有力的政策和措施,推动以企业为主导的产学研结合,包括加快建立科技中介服务体系,促进产学研结合。继续加强对知识产权服务机构、科技企业孵化器、技术产权交易机构、科技咨询和创业投资服务机构以及版权管理机构等知识产权中介机构的扶持。尤其要发挥信息网络优势,构建面向全社会的产学研联合信息网,促进知识产权的流转和应用。

(二)构建促进知识产权产业化中介服务体系

知识产权产业化要高度重视中介机构在成果转化中的重要作用。我国的知识产权产业化中介服务体系十分薄弱,能够为知识产权产业化提供优服务的中介机构非常稀缺,导致许多企业无法获得自己所需的知识产权,或者知识产权所有人难以寻觅合意的知识产权实施者,使知识产权难以发挥其应有的社会效益和经济效益。这些年,各地在改革中建立了一批生产力促进中心和咨询机构,在促进知识产权产业化方面发挥了重要作用,呈现出很好的发展势头,但其数量和质量还不能满足社会需求。

因此,笔者认为,构建促进我国知识产权产业化制度中的一项重要内容,就是建立知识产权产业化中介服务体系,在企业与知识产权所有人、智力提供者和创作者之间架设一座桥梁,使它们彼此之间的连接更加便利和畅通。

1. 知识产权交易市场

知识产权交易市场,是企业、知识产权所有人、智力提供者和创作者进行知识产权交易、知识产权贸易或者知识产权许可的场所,也是知识产权扩散的主要场所。通过知识产权交易市场,知识、智慧、智慧创作物以及知识产权等就能进

[1] 白春明:"高新技术产业化的机制",载 http://engine.cqvip.com/content/f/92532a/2003/016/005/jj14_f2_7849246.pdf.

行正常交易，实现其价值，促进知识产权产业化。

在知识经济时代，知识、智慧和智慧创作物是重要的生产要素，知识产权已成为重要的商品。知识、智慧、智慧创作物和知识产权等，只有通过知识产权交易市场进行交换，才能体现其社会价值和经济价值，从而促进知识产权产业化。例如，在知识产权交易市场建立之前，我国的科技推广率仅为10%～30%，技术本身没有发挥最大化的作用，实际上造成很大的资源浪费。借助于技术市场使技术进行有偿交流，不但可以延长使用该技术产品的生命周期，有效降低经营风险，而且有助于创新企业回收资金，进行再次技术创新。

知识产权交易市场与有形商品交易市场不同，有其特定的经营方式和经营范围。目前，我国知识产权交易市场的经营方式和范围主要有：

(1)知识产权创造。知识产权创造是知识产权交易市场得以存在和发展的基础性工作，它主要是指自然人、法人或者其他组织接受知识产权需求方的委托，由需求方提供研发经费，按照需求方的要求所进行的研发或创作活动。这种研发活动，可以由需求方直接与受托方(即研发者)联系，也可以通过知识产权中介服务机构联系。

(2)知识产权许可证贸易。知识产权是一种独占性权利，未经知识产权所有人许可，任何人不得擅自以营利目的实施其知识产权。因此，知识产权需求方如果需要实施他人受保护的知识产权，可以通过知识产权许可证贸易的方式取得相应的实施权，以满足自己的需要。知识产权许可证贸易，是知识产权交易市场中最活跃的一种交易形式，包括知识产权国内许可证贸易与知识产权国际许可证贸易两种，通常采用知识产权许可证贸易合同实现这种交易。知识产权许可证贸易合同包括专利许可证贸易合同、版权许可证贸易合同和商标许可证贸易合同等。每一种知识产权许可证贸易合同的签订，都需要具备相应的专业知识和法律知识。因此，签订这样的合同，最好是与知识产权中介服务机构联系，由它们给予必要的指导和帮助。

(3)知识产权转让。知识产权转让是知识产权运用的另一种重要形式。与知识产权许可相比，知识产权转让的主要特点是导致知识产权主体发生变更，即作为转让方的知识产权所有人对被转让的标的，在知识产权转让协议生效后，不再享有所有权，新的所有权人就是知识产权受让方，而知识产权许可不发生主体变更之效果。

(4)知识产权融资。高科技中小企业大多刚刚起步，少有固定资产投资，没有有形资产向银行抵押融资。因此，以其知识产权作为贷款质押，已成为大多数中小企业,尤其是科技型中小企业的迫切愿望。但由于专利评估机制、专利转化平台、诚信体系建设等相关方面的建设还不够完善,中小企业利用知识产权融资仍然困难重重,因此,探索建立知识产权融资服务体系,是解决中小企业知识产权融资难的重要环节。❶ 知识产权证券化就是以知识产权的未来许可使用费(包括预期的知识产权许可使用费和已签署的许可合同保证支付的使用费)为支撑,发行资产,支持证券进行融资的方式。世界范围内最早的知识产权证券化实践是音乐版权证券化。在 Pullman Group 的策划下,英国著名的摇滚歌星 David Bowie 将其在 1990 年以前录制的 25 张唱片的预期版权(包括 300 首歌曲的录制权和版权)许可使用费证券化,于 1997 年发行了 Bowie Bonds,为其筹集到 5 500万美元。Bowie Bonds 的成功发行起到了很好的示范作用,极大地拓宽了资产证券化的操作视野。从国外的实践来看,知识产权证券化的基础资产已经非常广泛,从最初的音乐版权证券化开始,现已拓展到电子游戏、电影、休闲娱乐、演艺、主题公园等与文化产业关联的知识产权,以及时装品牌、医药产品专利、半导体芯片甚至专利诉讼的胜诉金。尽管从目前来看,知识产权证券化在整个资产证券化市场中所占的份额还很小,但是它已经显示出巨大的发展潜力和态势。1997 年当年的知识产权证券化交易总额为 3.8 亿美元,2000 年已达到 11.37 亿美元的好成绩。进入知识经济时代,无形资产在企业资产价值中的比重在近 20 年中大约从 20% 上升到 70%,知识资产逐渐取代传统的实物资产而成为企业核心竞争力所在,这就要求企业将融资重点从实物资产转向知识资产。知识产权证券化正是顺应了这种历史潮流,为知识产权所有者提供了以知识产权为依托的全新的融资途径,将知识资产与金融资本有效结合,从而实现在自主创新过程中资金需求与供给的良性循环。根据 Pullman Group 的估计,全球知识产权价值高达 10 000亿美元。随着知识产权相关产业在世界各国经济中所占比重越来越大,以及知识产权商业化运作的加强,全球知识产权价值还将保持增长势头,这就为知识产权证券化提供了丰富的基础资产。可以预见,知识产权证券化前景非常广阔,今后肯定会成为资产证券化领域的主力军。❷

(5)知识产权咨询。知识产权咨询,就是一种知识产权服务形式。它是指知

---

❶ "专家关注中小企业知识产权融资",载 http://www.rztong.com.cn/shownews.asp?rec=12304.

❷ 杨亚西:"知识产权证券化:知识产权融资的有效途径",载 http://info.feno.cn/2006/110203/c000027643.shtml.

识产权咨询机构接受自然人、法人或者其他组织的委托,就某项知识产权事务提供一些可供选择的建议,以解决咨询方有关问题或者提供决策依据的一种智力服务形式。知识产权咨询包括知识产权性状咨询、权属咨询、政策咨询、管理咨询以及技术咨询等。

(6)知识产权培训。知识产权培训,是一种知识产权服务形式。它是指自然人、法人或者其他组织为受训者提供知识产权基本知识或基本技能培训的经营活动。知识产权培训可以采取多种形式进行,包括知识产权基本知识培训、知识产权基本技能培训、知识产权管理培训、知识产权运用培训、知识产权诉讼培训、知识产权代理培训等。

2. 知识产权中介服务机构

知识产权交易远比一般商品交易复杂,往往涉及交易标的之价值评估、交易方式、法律、贸易、合作期限等多方面问题,交易标的价格的确定更是复杂。这些特殊要求导致知识产权交易成本较高。为使技术交易顺利进行,以便买卖双方均能获益,应当有中介服务机构为两者沟通。因此,培育知识产权产业化中介组织十分必要。知识产权中介服务机构是指为企业、高等院校、研究机构等提供社会化、专业化服务,以支撑科技创新活动和促进知识产权产业化的机构。

知识产权中介服务机构的类型很多,分类方法也不尽相同。根据这种机构对智力活动的参与形式,我们可以将它划分为三类:(1)直接参与服务对象所进行的技术创新过程的机构,例如,生产力促进中心、创业服务中心、工程技术研究中心等。(2)主要利用技术、管理和市场等方面的知识为创新主体提供咨询服务的机构,例如,知识产权评估中心、知识产权招投标机构、知识产权情报信息中心、知识产权事务中心和各类知识产权咨询机构等。(3)主要为知识产权资源有效流动、合理配置提供服务的机构,例如,知识产权交易市场、人才中介市场等。

根据知识产权中介服务机构在市场经济中所发挥的作用,我们可以将它作如下分类:(1)知识产权行业组织,主要形式有知识产权行业协会等。例如,软件业协会、知识产权咨询业协会、民营企业家协会等。(2)为科研机构和企业提供专业化、社会化服务,促进技术创新和知识产权产业化的中介服务机构,主要有工程技术研究中心、生产力促进中心、企业孵化器、科技咨询机构、工程咨询机构、项目可行性论证评估机构等。(3)为促进各种科技要素资源按市场机制进行整合,实现生产要素优化配置的中介服务机构。例如知识产权交易机构、风险资本市场、人才市场等。(4)市场行为的监督机构,主要有知识产权评估机构、律师事务所、会计师事务所、仲裁机构等。

3. 企业孵化器

企业孵化器是一种新型的社会经济组织，它通过为创业企业提供研发、生产、经营的场地、通讯、网络与办公等方面的共享设施，以及系统的培训和咨询，政策、融资、法律与市场推广等方面的支持，降低创业企业的创业风险和创业成本，提高企业的成活率和成功率，从而帮助创业者把知识产权尽快转化为商品，并进入市场。

国内外高新区的实践证明，创业服务中心作为科技企业的孵化器，为科技企业的成长创造了一个局部优化的创业环境，是促进知识产权产业化的加速器。目前我国已有各种类型的创业服务中心100多家，数量居世界第三位，为我国高新技术产业发展作出了重要贡献。为了进一步加快高新技术产业发展，我们应加大创业服务中心建设的步伐，吸引各方面投资共同创办创业服务中心，尤其是大学创业园和企业孵化器，集中有限的人财物为知识产权产业化提供最优环境和服务。同时由于创业服务中心对孵化项目有一套严格的筛选程序，对孵化过程在服务的同时还进行实时监控，因此知识产权供需双方都对它比较信任，使其成为知识产权交易的重要中介机构。为此，加快创业服务中心的建设、提高工作人员素质是促进知识产权产业化的重要措施。

到目前为止，我国的企业孵化器大致可以分为六种：

(1)科技企业孵化器。这种孵化器可以分为综合性科技企业孵化器和专业性科技企业孵化器两种。综合性科技企业孵化器对所孵化的项目没有特定的专业限制范围，而专业性科技企业孵化器通常只在一定的专业范围内选择项目进行孵化，如基因技术孵化器、生物科技孵化器、信息技术孵化器等。

(2)大学创业园。是指依托大学的智慧资源，为促进大学知识产权产业化或培育校办高新科技创业企业，由大学设立的创业园区。建立大学创业园可以使科技人员不脱离学校母体，依托学校科研条件，教研兼顾，为他们创造了良好的发展空间。

(3)海外学人创业园。这种孵化器旨在为持有知识产权或科技项目，并有志回国创业的留学人员设立创业园区。我国现已建立有25家海外留学归国学者创业园。

(4)国际企业孵化器。这种孵化器旨在为中国的高新技术企业开拓国际市场，寻求国外合作伙伴，逐步实现跨国经营与发展提供服务，同时也为国外中小型企业进入市场或者引进世界上尚未产业化的知识产权提供服务。简单地说，国际企业孵化器扮演了沟通中外高新技术创业企业交流与合作的中介人角色。

(5)企业孵化器网络。这种孵化器是由众多的企业孵化器联合组成的网络化组织,定期举办研讨与交流活动。企业孵化器网络根据其规模大小不同,又可以分为城市企业孵化器网络、区域企业孵化器网络和全国性企业孵化器网络三种类型。

(6)专业技术孵化器、流动孵化器和行业技术孵化器。专利技术孵化器是面向专利发明人,提供“软、硬”孵化条件,迅速将具有市场前景的专利技术商品化或产业化。流动孵化器是由企业孵化器发展而来的小型的、可以移动的标准化的企业孵化的形式,主要为那些研究开发机构中的科技成果持有人因一时难以脱离母体而提供临时性的创业帮助和扶持。行业技术孵化器是针对各个行业的不同技术特点而设立的,其宗旨主要是针对行业发展需求进行技术更新,以提高行业的技术水平,促进行业发展。

企业孵化器具有如下功能:

(1)提供综合性基础设施。由于中小型高科技创业企业缺乏必要的资金支持,无力购置必要的设备和建设必要的基础设施,因而企业孵化器能够利用其资金优势和规模优势,购置办公场所、办公设备,建设综合性的基础设施等,可大大降低创业企业的启动成本。

(2)提供资金支持。企业孵化器能够为创业企业提供融资服务。资金是企业生存的血液,如果没有良好的融资服务,创业企业的生存就会遇到困难。

(3)提供良好的创业环境。企业孵化器能够为知识产权产业化、为科技企业创业提供适宜生存和发展的优质环境和条件,使之能够尽快投入运作。

(4)提供咨询和培训服务。企业孵化器能够为创业者提供必需的基础技能培训、企业计划、财经问题咨询服务,培育科技实业家和专门人才,为科技企业发展提供必需的市场化和国际化服务,并通过提供这些有效的服务,源源不断地培养出有市场竞争力的、成熟的高新技术企业和优秀的研究开发经营管理人才。

(三)构建促进知识产权产业化投资体系

知识产权产业化需要拓宽资金投入渠道,建立风险投资基金和创业投资的资本市场。国外推动知识产权产业化成功的经验表明,风险投资是创业成功的重要保证。比如在硅谷,有近30%的公司从事风险投资,它们与科技创新公司同呼吸、共命运,对科技企业从资金、管理等方面给予投入和指导,为科技企业的发展作出了巨大贡献。为了推动我国高科技产业的发展,吸引社会资金进行科技风险投资,1999年11月6日,科技部等7部委联合制定了《关于建立风险投资机制的若干意见》,积极推动建立创业投资的资本市场。这些政策和措施为高科技公司的成长创造了有利条件。该《意见》要求有关部门应尽快根据其实际情况吸引资金、建立风险投资公司,开展风险投资业务,并通过风险投资公司的资金和管理的介入,使科技公司快速成长、规范运作,进而有条件进入资本市场,以建立有利于成果转化及知识产权产业化的投入模式。从发达国家来看,对于风险小的项目,主要是企业投入;中等风险的项目,企业和政府共同投入;风险大的项目,主要靠国家投资用于转化。我国企业科技投入的积极性不高,政府在这方面投入较少,大多数科研机构没有能力自我投入,这已成为制约知识产权产业化的瓶颈,需要在改革中加以解决。

知识产权产业化的发展亟须资金支持。目前,我国投入的研发经费仅占GDP的1%,远不及世界3%的平均水平。研发经费投入不足,造成我国许多技术水平高、市场前景好的知识产权难以实现商品化,致使知识产权产业化率不足20%,远低于发达国家60% ~80%的水平。因此,构建促进知识产权产业化的制度,就必须构建多层次、多渠道的投资体系。具体做法如下:

1. 深化知识产权产业化投资体制改革

(1)进一步解放思想,牢固树立知识产权产业化投入是社会生产性投入的观念。政府和企业都必须从发展角度,从社会再生产角度,高度重视知识产权产业化投入,逐步建立符合知识产权产业化规律的资金投入体系。

(2)改革知识产权管理体制,建立知识产权产业化市场机制,使知识产权产业化遵循市场规律运行。现在,除国防科研院所和国家高精尖项目的研制需由政府主办外,其他各种类型的科研院所应逐步走出政府序列,走向市场,由市场供需关系来指导知识产权创造和产业化。鼓励企业同高等院校、科研院所挂钩,在知识产权创造和产业化方面组建生产联合体,进行广泛合作,把企业与科研单位的资金、技术结合起来,发挥整体优势,从而降低成果开发、转化过程中资金投入的技术与市场风险。

(3)建立知识产权产业化协调管理机制。政府应牵头建立知识产权产业化的高层次协调组织机构,聚合科委、计委、财政、企业及金融等部门的力量,对知识产权发展趋势、市场需求状况、产业技术重点、企业知识产权查询等进行统一协调、管理和引导。在不变更财政和信贷资金性质、维护各职能部门自主权的基础上,引导各方面进行知识产权产业化的资金投入,避免企业、单位、部门间的重复研制、重复投资,增强知识产权产业化的有效供给能力和资金使用效益。

2. 建立多元化资金投入机制

(1)在明确财政、企业的科技支出在财政支出与企业销售收入总体目标的前提下，应规定科技支出占财政支出的最低比例和企业科技经费的最低计算标准及分年递增目标，保证财政与企业两部门的科技资金能逐年增加。同时，随着科技体制的改革，应逐步增大对基础性产业和垄断性行业领域的企业科技投入量，但是对竞争性领域的科技投入应逐步让位于企业。

(2)商业银行应适应知识经济时代的发展需要，主动研究科技资金的投放、运作规律，恢复原有的科技信贷部，增大对市场成熟度较高的知识产权贷款投入。同时应按风险与收益对称原则，允许科技风险贷款按市场化利率计收利息，充分调动商业银行的科技贷款积极性。

(3)鼓励支持投资银行进行科技风险投资。投资银行应有别于一般的商业银行，其中长期信贷的特点适合知识产权创造和产业化中资金投放大、时间长的资金运作要求，主动介入科技成果的研制、开发与中试阶段的信贷投入。同时，央行应积极支持投资银行通过发行科技金融债券等手段筹措长期资金，以增强投资银行的科技放款能力。

(4)在国家级经济技术开发区内设立地方性的科技金融机构，增大各国家级开发区对成熟知识产权产业化的孵化、培植能力。

(5)鼓励知识产权折价入股，以灵活多样的方式与企业投资者广泛合作，共同分担知识产权产业化过程中的技术风险、市场风险与资金风险。

(6)鼓励引导民间或海外资金参与竞争性领域内的科技开发与资金投入，形成对政府、银行、企业科技资金投入的有益补充。

3. 建立证券融资机制

(1)由政府牵头成立风险投资公司，对非竞争性行业及高精尖项目进行风险投资，对风险资本市场的投资进行引导。

(2)鼓励国有商业银行、股份制商业银行、证券公司、全国大中型企业及民间资本共同出资组建股份制风险投资公司，以逐步成为知识产权产业化风险资本市场上的主要资本形式和主要投资机构。

(3)建立健全现代风险投资企业制度，规范风险投资公司的机构设置，严格风险投资企业的资金投向与运作程序，明确风险投资公司的自我约束机制和发展激励机制，不断壮大知识产权产业化的风险投资实力。

(4)配合风险投资公司的资金运作，逐步建立知识产权产业化企业的柜台交易市场，使科技企业能通过区域性证券市场募集社会资金，同时保证风险投资公司能通过股权转移、资产转让实现风险资本的增值、回收。

(5)创建专业性的知识产权产业化投资基金。设立专门的知识产权产业化投资基金,通过募集或中外合作等形式,扩大知识产权产业化投资基金来源,为知识产权产业化提供专业化的融资服务。

4. 完善知识产权优化投入机制

(1)完善知识产权评审机制。知识产权评审可吸收企业界、投资界的人员参加,以确保评审结果的正确性,提高知识产权产业化市场的成熟度。对拟作投资与产业化的知识产权,更要论证其市场前景、投资回报能力与负债偿还能力,提高知识产权产业化资金投资的成功率。

(2)完善知识产权交易市场,使知识产权根据市场规律进行交易,让市场检验并选择具有市场前景的知识产权进行产业化。

(3)完善知识产权经纪人制度。到目前为止,我国已经有一些关于技术经纪人及其行业规范与考核要求的规定,但还难以满足知识产权产业化的要求,因此,建立并完善知识产权经纪人制度,是构建促进知识产权产业化制度的一个重要方面,以便利企业、知识产权所有人在知识产权交易方面相互沟通、相互联系,减少知识产权产业化投入的盲目性。

(4)逐步改变科技投入分布上重基础开发研究,轻中试、转化投入的状况,鼓励各投资主体增大对科技成果中间试验、定型生产、规模经营等后续"工序"上的资金投入量,加快科技成果的转化速度。

(5)适当集中资金,用于重要领域的知识产权产业化,避免一般性知识产权的重复开发、低水平盲目投资等现象发生,提高资金的整体使用效益。

(6)强化知识产权产业化投入补偿机制的约束性。除国家基础产业和国家高精尖项目由财政无偿投入外,其他竞争性领域内的知识产权产业化投入,必须按市场规律办事,有借有还,自主经营、自担风险。

5. 建立知识产权产业化风险保障体系

(1)应建立由政府出资的信用保证机构,为科技企业的融资提供信用担保。只有政府出资设立的信用保证机构才能不以营利为目的,并具有较强的风险承受能力。知识产权产业化企业通过信用保证机构的担保,可较容易获得风险资本与银行信贷资金的支持,因而能较好地解决知识产权产业化初期的资金短缺矛盾。

(2)保险公司应针对知识产权产业化过程中的诸多不确定因素,增设并全面推广知识产权投入险种,对知识产权产业化过程中的各项投入进行保险,以分散投资风险。

(3)应建立全国或地方性的知识产权产业化风险补偿基金,对知识产权投资融资者的投资损失予以适当补偿。该基金的来源可由政府、企业、科研单位出资,以及社会捐赠等多种方式筹措。加入风险补偿基金的企业和科研单位,在知识产权产业化项目失败后,可优先获得部分损失补偿。

四、知识产权产业化园区建设

1996年11月,江泽民总书记曾经指出:“本世纪在科技产业化方面最重要的创举是兴办科技工业园。这种产业发展与科技活动的结合,解决了科技与经济脱离的难题,使人类的发展或发明能够畅通地转移到产业领域,实现其经济和社会效益。”❶

知识产权产业化园区是指选择一定的区域在科学、技术、人力、物力、财力上形成相对集中的优势,实行一定的优惠政策,开发高新技术,吸引高新技术产业逐步聚集,从而形成规模经济效益的区域。它是科学园、研究园、技术园、科技广场、创业中心、技术工厂、科学城、技术城的统称。知识产权产业化园区可把政策、人才、技术、资金、管理综合集成,形成有利于高新技术迅速实现产业化的局部环境。自1951年美国斯坦福大学在其校园内创办了斯坦福研究园进而迅速发展成闻名于世的“硅谷”之后,建设高新知识产权产业化园区成为世界各国发展高新技术的普遍做法。美国除了“硅谷”之外,还有著名的128号公路高技术产业地带、北卡罗来纳三角研究园等。英国有剑桥科学园、苏格兰硅谷等。日本有筑波科学城、九州硅岛等。法国、德国等也都建有多个著名的高新知识产权产业化园区。发展中国家和新兴工业化国家与地区也纷纷创建了一批知识产权产业化园区,如印度、韩国、新加坡、印度尼西亚等。进入20世纪80年代,伴随着世界性新技术革命和产业结构调整的浪潮,全球兴起一股建设知识产权产业化园区的热潮。现在全世界有1 000多个知识产权产业化园区。发达国家在建设知识产权产业化园区方面的成功实践至少证明了以下两个结论:一是知识产权产业化园区是推进知识产权产业化活动的十分有效的重要途径;二是政府推动是知识产权产业化园区建设的决定性因素之一。

(一)我国知识产权产业化园区发展现状

1991年,国务院设立了第一批高新技术区,1992年设立了第二批高新技术区,1997年设立了陕西杨凌农业高新技术产业示范区,连同1988年设立的北京

---

❶ 转引自“国内外高科技园区发展概况”,载 http://www.chiya.org/article/show.asp? id=741,2011年1月16日访问。

新技术产业开发试验区,目前共有53个国家级高新区。[1]

到目前为止,我国虽然已经建立了多种形式的园区,其名称五花八门:有的称为高新技术开发区,有的称为经济开发区,有的称为高新技术产业开发区、高新技术工业园区等,但是没有一个称为知识产权产业化园区。尽管这些园区的名称各不相同,但它们的基本功能却大体相同,即"聚集、孵化、辐射"三大基本功能。[2] 笔者认为,不管人们对这种园区如何命名,我们将它称为知识产权产业化园区。这样的称呼,不仅揭示了这种园区的本质特征,而且与其基本功能相一致。以天津新技术产业园区为例,它总结的经验是:"十五"期间,天津新技术产业园区突出了"发展具有自主知识产权高新技术产业"的一个重点和"建设技术创新基地和高新技术产业化基地"两个基地的发展理念,并总结出了"企业发展是园区发展的生命线、环境建设是永恒的主题、以法治区是园区发展的基本保证"的经验。[3] 天津新技术产业园区经验之重点就是"发展具有自主知识产权高新技术产业"。实际上,这个园区就是将知识产权产业化的园区,其他园区的情形也基本如此。

20世纪90年代,是我国高新技术及其产业发展最快的10年。期间,国家高新技术产业开发区在用高新技术改造传统产业的过程中提升和优化了产业结构,为保持国民经济持续快速健康发展作出了重要贡献。从国务院批准建设国

---

[1] 这些国家级高新区按批准时间顺序列明如下:北京中关村科技园区、武汉东湖新技术开发区、南京高新技术产业开发区、沈阳高新技术产业开发区、天津新技术产业园区、西安高新技术产业开发区、成都高新技术产业开发区、威海火炬高新技术产业开发区、中山火炬高技术产业开发区、长春高新技术产业开发区、哈尔滨高新技术产业开发区、长沙高新技术产业开发区、福州高新技术产业开发区、广州高新技术产业开发区、合肥高新技术产业开发区、重庆高新技术产业开发区、杭州高新技术产业开发区、桂林高新技术产业开发区、郑州高新技术产业开发区、兰州高新技术产业开发区、石家庄高新技术产业开发区、济南高新技术产业开发区、上海高新技术产业开发区、大连高新技术产业开发园区、深圳高新技术产业开发区、厦门火炬高技术产业开发区、海口高新技术产业开发区、苏州高新技术产业开发区、无锡高新技术产业开发区、常州高新技术产业开发区、佛山高新技术产业开发区、惠州高新技术产业开发区、珠海高新技术产业开发区、青岛高新技术产业开发区、潍坊高新技术产业开发区、淄博高新技术产业开发区、昆明高新技术产业开发区、贵阳高新技术产业开发区、南昌高新技术产业开发区、太原高新技术产业开发区、南宁高新技术产业开发区、乌鲁木齐高新技术产业开发区、包头稀土高新技术产业开发区、襄樊高新技术产业开发区、株洲高新技术产业开发区、洛阳高新技术产业开发区、大庆高新技术产业开发区、宝鸡高新技术产业开发区、吉林高新技术产业开发区、绵阳高新技术产业开发区、保定高新技术产业开发区、鞍山高新技术产业开发区和杨凌农业高新技术产业示范区。

[2] "天津高新区:创新发展闯新路",载 http://www.xfhdz.org.cn/elseRock/tszs_cont.jsp?typeName=%CB%FC%C9%BD%D6%AE%CA%AF&contID=20070104103335000001.

[3] 同上。

家高新区以来，国家高新区始终保持了高速度发展的态势。高新区内的企业规模化的发展非常迅速。据统计，到2008年年底，国家高新技术产业开发区共有企业20 796家，其中年产值过亿元的企业有1 252家，过10亿元的企业有143家，过100亿元的企业有6家，而且这样的企业还在不断地涌现。而在10年前，国家高新区内过亿元的企业只有7家。❶

目前，我国的高新区已经成为带动地方和区域经济发展的一个龙头，高新技术产业已经成为北京等经济发达地区的支柱产业。

（二）知识产权产业化园区对经济发展的贡献

由上可知，知识产权产业化园区具有三大基本功能：聚集功能、孵化功能和辐射功能。从总体上，知识产权产业化园区的三大基本功能已经发挥得比较充分，对各个地区的经济发展起到了很好的拉动效应，对国家经济发展的贡献也十分明显。以2004年为例，国家级经济技术开发区国内生产总值、工业产值（现价）、工业增加值、进出口、外商实际投资等主要指标增幅均达到31%以上，带动了所在地区经济的发展。54个国家级开发区共完成国内生产总值6 601.44亿元，同比增长32.43%；工业增加值4 855.62亿元，同比增长34.80%，占全国工业增加值的8.86%；工业产值达到12 957.13亿元，同比增长38.40%；实现税收收入933.04亿元，同比增长23.31%，占全国税收收入总额的3.63%。❷

2004年，国家级经济技术开发区出口规模扩大，进口继续保持快速增长，出口商品结构进一步优化。进出口总额达1 662.08亿美元，同比增长64.78%，其中出口803.04亿美元，同比增长64.29%，占全国出口总额的13.53%。机电产品出口额达到575.96亿美元，同比增长81.82%，占全国的17.81%；高新技术产品出口额达到517.88亿美元，同比增长88.39%，占全国的31.29%。出口加工区等特殊经济功能区域相继在国家级开发区建成，进一步提高了国家级经济技术开发区作为外向型经济区域的开放度。❸

2004年，国家级经济技术开发区外资聚集程度进一步提高，实际利用外资136.07亿美元，同比增长31.74%，占全国吸收外商直接投资总额的22.44%；由于"两税合一"政策的不确定性和严格的土地管理，2004年国家级经济技术开发

---

❶ "高新区收入十年增长百倍"，载 http://www.bjyouth.com.cn/Bqb/20010518/GB/4617^D0518B1314.htm.

❷ "中国国家级经济技术开发区发展报告"，载 http://www.tz888.cn/News/200603/NT-heZII2006032710_27559.shtml.

❸ 同上。

区合同外资金额占全国吸收外商直接投资总额的14.37%,同比增长8.85%,较2003年增幅明显放缓。

2004年,国家级经济技术开发区高新技术发展迅速,高新企业数超过3 000个,高新技术企业工业总产值(现价)达8 237.32亿元,高新技术企业产品销售收入达8 746.08亿元,高新技术产品出口额达517.88亿美元。

2004年,长三角地区13家国家级开发区经济增长强劲,主要指标均占全国开发区的1/3以上,其中出口总额、高新技术产品出口额和机电产品出口额超过一半;珠三角地区3家国家级开发区各项主要指标占54家国家级开发区的近1/10;环渤海地区9家国家级开发区各项主要指标占全国54家国家级开发区的近1/3;东北等老工业基地的5家国家级开发区发展速度较快,占全国开发区的经济比重有所提高。❶

在此期间,知识产权产业化园区已较好地发挥了其基本功能。在聚集功能方面,以广州国家高新技术产业开发区为例,到2010年,把广州建设成一个综合性工业基地,增强广州作为商贸中心、金融中心、交通中心、信息中心、旅游中心、科技中心、教育中心、文化中心的功能,进一步提高和巩固广州作为区域性中心城市的地位。❷ 此外知识产权产业化园区的外资聚集程度进一步提高。2004年,49个国家级经济技术开发区和5个享受国家级经济技术开发区政策的工业园区实际利用外资136.07亿美元,同比增长31.74%,高于全国增幅(13.32%)18.42个百分点;49个国家级经济技术开发区和5个享受国家级经济技术开发区政策的工业园区实际使用外资金额占全国吸收外商直接投资总额的22.44%,实际使用外资所占比重比2003年提高3.13个百分点。表明国家级经济技术开发区的综合投资环境进一步提高,国家级开发区日益成为外资的聚集地。❸

在孵化功能方面,知识产权产业化园区发挥了重要作用。随着新技术革命的兴起和发展,20世纪50年代末世界上第一家企业孵化器在美国建立,其目的在于为创业者在企业创立初期提供良好的环境和条件,使创业者将其研究成果尽快形成商品进入市场,使在孵的中小型科技企业早日成熟,形成规模,并培养出

❶ "中国国家级经济技术开发区发展报告",载http://www.tz888.cn/News/200603/NTheZH2006032710_27559.shtml.

❷ "广州国家高新技术产业开发区",载http://www.southcn.com/tech/service/kjyq/200309190457.htm.

❸ "中国国家级经济技术开发区发展报告",载http://www.tz888.cn/News/200603/NTheZH2006032710_27559.shtml.

成功的企业家。在中国改革开放10年后，国内的知识产权产业化园区借鉴了国际先进经验，结合中国自身特色，新生了政府出资兴办的以推动知识产权产业化为宗旨的科技创业中心——孵化器。它的诞生使难以转化的国家科技计划成果在孵化器提供的低成本高效率的服务环境下避免了技术风险高、资金来源短缺、管理者经验不足而导致成功率低的潜在发展隐患，加速了科技成果转化，而孵化器企业文化所形成的鼓励冒险、宽容失败、崇尚创新的企业家精神也同时改变了国民的创业思想和传统企业的文化理念，使创新企业得到了全社会的支持。至2002年年底，全国已有各类科技型孵化器436家，企业人数超过41万人，企业孵化成功率达80%。经过15年的国内孵化器发展历程，在科技管理部门、各地创业服务中心的艰苦摸索和不断进取之下，企业孵化器已得到了前所未有的发展，在数量、规模、种类、基础设施、社会网络、服务功能、文化理念和孵化效果等方面实现了全面突破，创业服务的专业化、规范化、社会化和国际化水平有明显的提高。孵化器的自身发展也已走出政府主导、仅能提供简单服务的初级阶段，政企共建、民间自筹等多种形式的孵化组织成为主体，多层次、多方位，包括融资在内的服务内容成为孵化器的基本功能。政府指导，市场运作；探索新的服务内容，提供专业服务平台；向专化方向实现体制转移是后阶段孵化器发展的主要趋势。❶

通过引进国内外农业新品种、新技术，引进设施和科学管理模式，认真筛选、消化吸收、示范推广。食用菌样板棚室作为新品种、新技术的试验场地，通过高产高效栽培技术，做给农民看，带着农民干，切实发挥了示范带动作用。优质农作物品种的引进筛选繁育，提高了全县农作物的优质率水平。苗木基地的技术管理，通过采取微喷滴溉、测土平衡施肥、化学除草等技术，降低了成本，提高了苗木的成活率和成品率。❷

加入WTO将有利于我国知识产权产业化园区知识产权创新体系和机制建设，有利于我国知识产权产业化园区的二次创新，提高研究开发效率，促进技术密集、知识密集型行业的发展，也有利于我国知识产权产业化园区利用国际先进技术，并可得到多边保护。但是，加入WTO也会对我国知识产权产业化园区技术创新带来前所未有的冲击。

---

❶ “宁波市科技园区高新技术企业孵化基地五年发展规划纲要（2003年—2007年）”，载 http://www.nbhtp.gov.cn/simplified/0903/1112.htm.

❷ “农业科技园区的功能定位”，载 http://www.sjzys.heagri.gov.cn/default3.aspx? id =731.

（三）知识产权产业化园区的发展经验

1. 国外的经验

（1）先进的技术源头。综观国外知识产权产业化园区，几乎无一例外地与大学和科研院所有着千丝万缕的联系，许多甚至就产生于大学和科研院所。大学和科研院所丰富的技术和人才资源，有利于技术的传播、高科技企业的创建和高新技术产品的研制生产，并在研究开发、咨询服务、信息交流、体制创新等方面起着至关重要的作用，成为知识产权产业化园区建设发展的技术源头。

（2）健全的转化机制。国外知识产权产业化园区基本上都具备了健全的知识产权产业化机制，使知识产权能够迅速、有效地转化。转化机制一般包括：中介机构、孵化器、联动机制、分配机制等。健全的知识产权产业化机制促进了大学、科研机构、企业、政府的联动，推动了科技、经济等各项资源的优化配置，使知识产权产业化园区能适应市场的变化，加快知识产权的商品化、产业化。

（3）合理的管理体制。世界各国知识产权产业化园区大多有自己的管理机构。管理机构或由园区开拓者及大批中、小企业形成门类齐全的协作网，或由政府机构主导管理，具有一定的协调能力和法定权力，但更多的是通过中介机构发挥作用，避免了政府和社会的干扰，园区建设和高科技企业的发展按照市场经济规律运作，形成了一种“政府引导、市场主导，政府服务而不干预，支持而不干涉”的运作体系。

（4）良好的软硬环境。世界各国知识产权产业化园区为科技创业、发展高新技术产业和吸引投资者创造了良好的软硬环境。知识产权产业化园区内交通便利、通信网络发达、电力设施充足，具有良好的生产、居住条件。政府或园区管理部门都给进入园区的高科技公司提供资金、税收、法律等方面的优惠政策，倡导特殊的创业精神和独特的人文氛围，使得知识产权产业化园区得以不断发展壮大。

（5）强大的金融支持。金融支持对于知识产权产业化园区的发展有着特别重要的意义。它可以使知识产权产业化园区很快形成规模，加速高科技的研发，帮助高技术企业规避市场风险，所以世界各国都十分重视金融对知识产权产业化园区的支持作用。风险投资体系的健全完善，满足了高新技术产业发展的风险投资需要。政府和金融机构对高技术企业实行了多种方式的优惠信贷和资金融通，灵活多样的金融工具从资本市场筹集社会资金。

（6）有力的政策扶持。世界各国政府对知识产权产业化园区的政策扶持包括制定资金援助政策、税收优惠政策、市场扶持政策、技术进步政策、外部保护政策以及重视运用法律手段，重视加强规划引导，增进各部门的协调配合等许多方面,有力地促进了高新技术产业的快速发展,将知识产权产业化园区建成了具有规模经济效益的区域。

(7)完善的支撑服务。国外知识产权产业化园区支撑服务体系健全完善,信息网络畅通,技术、人才等要素市场发达,会计、审计、公证、律师、咨询等中介机构提供优质服务,架设了政府、金融机构与大学、研究院所和企业之间的桥梁,为各主体参与市场竞争提供了完善的服务。

(8)向上的创新文化。美国硅谷是世界上第一个科技工业园,也是知识产权产业化的典范。研究表明:硅谷内的高科技企业成功率可达60%,而一般条件下高科技企业成功率仅为16%,在美国风险投资总额中,硅谷占43%,每年有近1 000家风险投资支持的高科技企业在硅谷创立。硅谷风险投资成功的主要原因在于硅谷有着良好的“土壤”环境:肯于冒险的文化、敢于创新的精神、规范的作用关系、较低的交易成本等。知识经济时代,科技工业园区融人才、知识、技术为一体,是一种集约化和高效化的社会组织形式,必然成为风险投资由点到面扩散的基地和先行区。建设我国的科技工业园区,其基本原则是要按照“科技特区”的模式为风险投资的运作营造良好的经营环境、治安环境和社会环境,降低风险投资运作的交易成本。同时,在知识产权产业化园区应当兴建各类技术中心、工程中心和创业中心,为科技成果的“孵化”提供地域载体和实验基地。❶

2. 我国知识产权产业化园区发展的模式

(1)深圳模式。

第一,内在科技资源短缺,但能通过环境和机制优势吸引天下人才,招揽天下科技成果。

第二,能充分利用“后发优势”,实现局部领域的跨越式发展,在一张“白纸”上画最新最美的图画。

第三,在全国率先建立以企业为主体的技术创新优势。

第四,作为特区是小政府、大社会,政府对企业的干预少,科技企业有更为宽松的、自由的社会环境。

第五,政府把知识产业的发展放在重要战略位置上。

第六,作为移民城市有有利于创新创业的文化氛围。

第七,作为全国证交所的所在地,较快较好地实现了知识产业同资本市场的

---

❶ “政府在科技风险投资中的角色(二)”,载 http://www.wineast.com/news/2003/200305/w2187.htm.

结合。

第八，作为开放的“窗口”，从海外引进了一大批高科技公司。1998 年，高新技术产品产值已达 655.18 亿元，占全市工业总产值的 35.44%，其中电子信息产品产值达 570 亿元。高新技术产品出口占全国的 1/3，有自主知识产权的高新技术产品出口名列全国第一。

（2）北京模式。

第一，科技资源非常丰富，有最为先进的技术源头。

第二，作为中央政府所在地，有来自于中央部委各方面的大力支持。

第三，高新技术的企业家多由科技人员“下海”演变而成，带有很强的科学家的色彩。

第四，高新技术的产业化与传统产业的高新技术化相伴而生，成为经济发展的两个方向。

第五，知识产业具有很大的“内生性”，国外高科技产业（特别是制造业）的比重较小。

第六，社会的大部分科研活动游离于企业之外，企业创新主体地位有待确立。

第七，北京知识产权产业化园区正在进行一场以技术创新和制度创新结合为特色的“二次创业”。

第八，中央政府和北京市政府正联手将中关村科技园建成我国技术创新和实现技术跨越式发展的示范区，中关村科技园建设（1999 年）正成为我国继深圳特区（1979 年）和上海浦东开发开放（1989 年）后的第三次重大选择。

（四）发展我国知识产权产业化园区的对策

发展我国知识产权产业化园区应该从以下四个方面着手。

1. 引导知识产权产业化园区发展

世界知识产权产业化园区的基本特征之一就是以高智力的密集区为依托，大学和研究机构在知识产权产业化园区发展过程中始终起主导作用。据对全球 226 个著名知识产权产业化园区的调查，依托大学和研究机构创建的知识产权产业化园区占 83.16%。在创新网络中，大学和研究机构作为知识、技术和人才的主要供给者，直接参与了知识的生产、传播和应用。创新网络为大学、研究机构与企业之间的相互交流提供了界面，企业直接对大学和研究机构提出技术需求和科研经费，大学和研究机构根据市场需求的技术创新能力明显增强。双向互补的需求使交流结点频繁出现，创新资源的交流量加大，创新机会大大增加。美国硅谷电子信息产业就是以斯坦福大学为创新源，并且在发展过程中始终得到斯坦福大学在技术和人才上的支持。晶体管、个人计算机、集成电路核心技术、微信息处理技术等一大批高水平的技术创新成果都源于斯坦福等一批大学。这为硅谷的迅速崛起,继而成为世界最高水平的电子信息产业研发和制造中心奠定了基础。中国台湾地区新竹知识产权产业化园区信息和资讯产业的发展是以台湾电子技术研究院为创新源,这为台湾地区成为世界上第三大资讯产品的生产地和第四大半导体制造地作出了重要贡献。我国各类大学和研究机构不同程度地参与了知识产权产业化园区的技术创新活动,为提高我国知识产权产业化园区技术创新能力作出了贡献。但从总体上讲,我国大学和研究机构在知识产权产业化园区技术创新中参与度比较低,形成了与园区经济不相关的"飞地"。此外,部分知识产权产业化园区布局不合理,周边地区的智力和技术资源不足以形成高新技术产业发展所必需的支撑能力。长期以来,我国科技与经济脱节,强大的惯性导致实现两者的结合需要一个历史时期,决非一朝一夕。因此,应面对现实,从我国知识产权产业化园区各自的实际出发,进一步制定政策,引导和鼓励大学和研究机构走向市场,参与园区的技术创新,充分发挥科技力量雄厚的优势,使大学和研究机构真正成为知识产权产业化园区技术创新的创新源。

2. 将企业打造成为知识产权产业化园区的核心

强化企业能力建设的内容十分丰富,在这里仅就专业化分工与协作进行论述。在知识产权产业化园区创新网络中,生产体系可以被一个企业全部容纳,也可以由企业群落来构成。实现专业化分工协作的企业群体作为一个灵活的生产制造系统,能低成本或高效益地实现多品种小批量生产,同时也不排除大宗的通用零部件的规模化生产。与此同时,在知识产权产业化园区创新网络中,不仅拥有众多的、大小和形态不一的企业,而且这些企业不断衍生和繁殖,显现出较强的交叉繁殖能力。企业衍生是连接知识产权与商品之间的桥梁,其频繁程度常常意味着可转化为生产力的知识产权的多少。衍生出来的公司往往是具有创新活力的"分子",它们发掘出被原企业忽视的技术和市场,这种改弦易辙的行为常常会导致某个领域的变革和新技术市场的开拓,进而又使衍生企业迅速发展起来;新老企业在同一市场上展开竞争,又会促进技术和产品的进一步创新。同时,衍生企业往往在原企业的技术中产生了新的突破,分裂出来后在更高的技术水平上进行专业化经营,企业之间的分工协作水平就更上一个台阶。不断衍生的企业间的高度联系,形成了一条无形的创新链。依托创新链,企业间平等互惠而不是相互支配,进行着技术、制度、文化等各个方面的交流与合作,大大降低了每个企业负担的技术创新的投资成本。从某种意义上讲,我国知识产权产业化园区与美国硅谷、中国台湾地区新竹等世界上著名的知识产权产业化园区相比，在高新技术产业化方面最大的差距就在于我国园区技术创新主体之间的交易成本太高。所以，从我国知识产权产业化园区各自的实际出发，构建和依托创新网络，引导企业尤其是中小企业走"小企业、网络化"的发展路子，在企业间形成专业化分工与协作体系，使园区企业自身更多的资源用于核心能力建设上，增强已有的竞争优势。

3. 扩张知识产权产业化园区的作用

在创新活动中，政府应当通过法律、经济和组织管理手段在制度、环境和政策层面，引导创新活动的方向，刺激大学和企业间的协同创新，保护创新成果和协调创新主体之间的矛盾。日本政府和中国台湾地区当局在筑波科学城和新竹知识产权产业化园区开发建设中参与、介入得比较多，政府的作用显得十分明显。美国政府构建十分成功的间接宏观主导模式，在美国硅谷半导体—集成电路—计算机—控制系统这一技术创新演变的轨迹中，始终都有政府作用的影子。政府在硅谷的创新网络中直接实现了两个领域的技术创新协同：军事技术与民用技术的创新协同，大学与企业的技术创新协同，为硅谷的发展起到了应有的作用。我国知识产权产业化园区域创新网络建设应当与知识产权产业化园区的制度创新相结合，首先，应当转变政府在技术创新中的角色，逐步退出技术创新主体性地位。其次，应当完善创新政策，创新政策的完善重点指向应放在三个方面：一是强化对企业及企业家的刺激，即序参量定位准确，确立企业及企业家在技术创新中的主体地位，特别是应当制定有刺激力度的针对企业家的创新政策，以此来启动和推动技术创新。二是刺激技术创新协同的形成。创新政策指向要定位在刺激知识产权供给与需求的衔接，更进一步，由于现代高新技术创新模式呈一体化发展趋势，在高新技术创新过程中为互动、并行、网络关系，创新政策应直接指向技术协同创新，即在技术创新的起步阶段或中间阶段，促使各行为主体间协同创新。具体地讲就是企业、大学和研究机构等有关各方的协同。三是创造市场需求和良好的环境氛围。在当前和今后相当一段时期，我国市场机制不可能完备，单纯依赖市场进行资源配置成效有限，需要政府在加速培育市场的同时，通过创新政策的制定实施为激励技术创新而创造市场需求，用市场需求诱导技术协同创新，这对我国知识产权产业化园区高新技术产业的发展尤为重要。此外，创新政策应为技术创新和技术协同创造较好的环境条件与氛围，刺激技术创新的形成。

4. 强化知识产权产业化园区黏结功能

技术创新过程是一种高度社会化的活动,创新资源、创新行为主体协同关系形成之前,相互之间有一个搜寻、选择及被选择的过程,作为创新主体的企业,无论是在企业之间,还是在企业与大学、研究机构之间,要先搜寻、识别,再根据各自的效用函数和收益预期,历经博弈,进入满意空间,走上协同,完成技术创新。如果每一个企业在浩如烟海的信息汪洋里,单靠自己去完成搜寻、识别,工作量非常大,成本也非常高,并且在鱼目混珠、真假难辨的市场上,风险也大,难以形成合作博弈。许多企业在技术创新过程中的某一环节或某些方面力不从心,或某类资源缺项,均需要中介机构发挥综合社会高度分工而产生的众多比较优势,互补互动,集成于技术创新。筑波科技工业园区从1979年开始到1980年为止,就诞生了10个非官方的起中介机构作用的信息交流协会,如环境研究协会、应用地学研究协会、地球科学研究协会、构造工学研究协会等。到1991年,这种非官方的信息研究协会已达到近100个,有力地促进了筑波知识产权产业化园区的技术创新活动。与上述情形相反,我国知识产权产业化园区内中介机构数量少,专业化水平低,相互彼此独立,协同程度低,且行为不规范,服务功能单一,影响了知识产权产业化园区高新技术产业化能力的提高。因此,我国知识产权产业化园区应当强化中介服务体系的建设,发挥中介服务机构的作用,这既是深化改革、完善市场机制的需要,更是提高园区技术创新能力的需要。

综上所述,知识产权产业化园区的技术创新能力不仅取决于各个行为主体的高效运转,更取决于各个行为主体间的相互联系和合作,以及由此产生的创造性协同作用。如果仅有各个行为主体的高效运转,而行为主体间的技术流动和资源流动低效或无效,创新的整体效率就无从谈起。因此,形成富有特色的知识产权产业化园区创新网络,必将极大地提高我国知识产权产业化园区技术创新能力,这无疑是我国知识产权产业化园区应对加入WTO后各种挑战的基本战略选择。

9

第九章
保护制度

一、构建保护制度的意义

当今世界知识产权制度的变革与发展已进入一个空前活跃的阶段,知识产权在世界经济、科技和贸易中的地位得到了历史性提升,并成为促进一个国家经济发展至关重要的因素。强化知识产权制度,已成为世界各国发展科技、经济和增强国力的必然选择。日本明确提出从科技立国到"知识产权立国"的基本国策,美国将知识产权当做国家基础性的战略资源,把强化知识产权保护作为重要的竞争手段;把深化知识产权管理特别是对专利的管理作为指导科技创新、经济结构调整以及产业技术结构优化升级的重要手段。从国际大环境来看,知识产权保护范围正在不断扩大,知识产权保护水平正在进一步提高,围绕知识产权的竞争日益加剧。

我国在知识产权方面面临着严峻的挑战。目前,由于我国缺乏具有自主知识产权的核心技术,产业发展存在"技术空心化"的危险。截至2003年,外国人在我国申请的发明专利已占全国总申请量的69%,我国高技术领域创新空间被挤压。在合资合作中,一些外国公司对我国企业原有商标采取收购、搁置、冷藏或窒息策略,使我国的许多具有相当知名度的商标逐渐淡出市场。我国以软件版权为核心的高科技版权产业起步较晚,研发能力不强。在加入世界贸易组织的新形势下,由于技术性贸易壁垒等引发的纠纷越来越多,国内企业出口贸易频频受阻。面对这些前所未有的挑战,国家已经开始着手制定国家知识产权战略。

加强技术创新,发展高科技,实现产业化,是坚定不移地实施科教兴国战略和可持续发展战略的重大举措。我们现在的主要任务是:把我国建设成为民主、富强、文明的社会主义现代化国家,完成祖国统一,最终实现中华民族的伟大复兴。完成这一伟大的历史任务，需具备诸多方面的条件和前提，其中最重要的是发展经济。在这个过程中，我们必须有自己的科技发展战略，有自己的知识产权战略。

2008年6月5日，国务院颁布的《国家知识产权战略纲要》强调了知识产权产业化的重要性，因此，构建促进我国知识产权产业化保护制度具有现实意义。

首先，知识产权产业化是一个过程，就是将已有的知识产权以规模化、体系化和规范化的方式，运用于具体生产实践活动中，运用于市场经济过程中，以提高企业核心竞争力和国家综合竞争力，以达到发展经济的目的。由于这个过程是漫长的、持久的和艰难的，不可能在某一个特定时间完成。因此，从国家到地方，从行业到企业，都应当大力支持知识产权产业化，为知识产权产业化创造一个温馨、和谐的环境。构建促进知识产权产业化保护制度，是实现知识产权产业化的基本保障。

其次，知识产权产业化是一种实践，是使自然人、法人或者其他组织花费大量的人力、物力、财力和精力创造的智慧创作物转化为物品、产品或商品的具体活动。以集成电路为例，它经历了中小规模、大规模和超大规模发展阶段，目前正进入甚大规模集成电路阶段，其发展为当今电子信息产业提供了巨大的支撑。2000年，以集成电路为基础的电子信息产品的世界市场总额超过1万亿美元，成为世界第一大产业。据国外权威机构预测，未来10年内世界半导体产品的年平均增长率将达15%以上，到2010年全球半导体产品的年销售额约为8 000亿美元，支持近5万亿美元的电子装备市场。

在产业投资趋势方面，由于集成电路是知识密集、技术密集和投资巨大的产业，尤其发展深亚微米技术的产品，需要更高技术、更高精密度的先进加工设备，因此，设备投资愈来愈大。据分析，20世纪70年代中期，一个集成电路工厂加工设备的投入一般占总投资额的40%，20世纪90年代中期已提高到70%。[1]

人们将花费巨资研发出来的集成电路如果不能付诸实施，我们社会仍将处于模拟产品时代，就不会有今天的电子信息时代。这就是知识产权产业化的结果。构建促进知识产权产业化保护制度，就是为了充分、有效、全面保护知识产权免受他人的侵害，使知识产权所有人的合法利益受到有效保护，使知识产权产业化主体的正当经营活动得以顺利进行。

---

[1] 章晓文，林晓玲，阮春郎："国外军用超大规模集成电路的应用与发展趋势"，载 http://www.chinaemnet.com/ele/el054931.asp.

最后,知识产权产业化是一种观念,就是让人们充分认识到建立知识产权制度的目的不只是鼓励人们创造知识产权,更重要的是实现知识产权所具有的政治价值、文化价值、经济价值和社会价值。在我国,知识产权制度已有100多年的历史❶,但是,人们对它的认识还不是十分清楚。现在,总体情形有所进步,但与发达国家相比,还有相当大的差距。例如,大多数人只是认识到拥有知识产权的重要性,但对知识产权产业化的认识不足。近些年来,我国的知识产权拥有量呈上升趋势,但是,知识产权产业化的形势却并不令人乐观。在版权领域,我国版权产业对GDP的贡献率一直不高。根据世界知识产权组织2006年的调查,美国版权相关产业的产值占美国国内生产总值的12%,新加坡占5.7%,加拿大占5.38%。美国经济中的核心版权产业在1977~2001年间占GDP份额的增长速度是其他经济部门的两倍以上;1994~1998年间,荷兰版权产业的增长率为5.6%,与当时荷兰经济增长率3.2%相比,超出75%。❷

2006年9月,国家版权局副局长阎晓宏在接受记者采访时指出,尽管目前我国还没有对版权相关产业的经济贡献率作出专门统计,但在2004年,我国新闻出版、广播影视的文化产业实现增加值3 440亿元,占GDP的2.15%;2005年软件产业将完成收入3 900亿元,占GDP的2.17%,这足以说明版权相关产业在促进我国经济和社会发展方面的重要地位和作用。❸

据了解,截至2006年12月31日,国家知识产权局共受理专利申请333万余件,累计授权专利173万余件。由此可见,我国已经成为专利申请大国,但我国已经拥有的200多万项专利成果大多"养在深闺人不识",转化率还不足10%。❹

构建促进知识产权产业化保护制度,就必须通过各种可能的方式,宣传知识产权基本知识,树立知识产权观念,培养知识产权文化,使知识产权尽可能地产业化。促进知识产权产业化,可以从以下四个层面给力。

一是国家层面,即以国家或者国家政府及其所属部门为促进知识产权产业

---

❶ 我国的知识产权制度始建于清朝末年,以1898年光绪皇帝钦准的《振兴工艺给奖单程》为标志。紧接着就是1903年颁布的《商标注册度办单程》和1910年颁布的《大清著作权律》。直到中华民国时期,我国的知识产权制度已经基本创建完毕,并且能够与当时的国际标准相符合。新中国成立后,由于社会制度和政治制度的变迁,知识产权逐渐被冷藏。直到改革开放时期,知识产权应的地位和作用才被人们重新认识。

❷ "我国将着手开展版权相关产业经济贡献率调研",载http://www.univs.cn/newweb/news/news/tech/2006-09-08/662107.html.

❸ 同上。

❹ "我国专利转化率不足一成",载http://www.ebiotrade.com/newsf/2004-6/L2004615171556.htm.

化所应做的工作。这样的工作具有宏观指导性、全局性、整体性、普适性和稳定性。例如，制定相应的法律法规、规章条例等；制定相应的促进政策等。

二是地方层面，即各级地方政府及其所属部门，按照国家的统一部署，结合各地的具体情况，为促进知识产权产业化所应做的工作。这样的工作，虽然也可能具有一定的宏观指导性，但更多的应当是具有实际的可操作性。例如，关于设立知识产权产业化园区的具体工作，关于挖掘具有本地特色的产品、工艺、技艺，进行研发，然后进行产业化等。

三是行业层面，即各行业领域，根据国家层面促进知识产权产业化的整体规划，或者根据其所属地的地方政府关于促进知识产权产业化的具体要求，结合本行业国内外的具体实际，所应当做的促进本行业知识产权产业化的工作。例如，在动漫产业方面，该行业协会可以充分利用我国丰富的传统文化资源，开发动漫产业，积极进行产业化。

四是企业层面。企业是进行知识产权产业化的主体，也是排头兵。只有每一个企业积极进行知识产权产业化工作，知识产权才能真正地实现产业化，否则，知识产权产业化就是一句空话，没有实际意义。前面所说的三个层面的工作，都应当围绕如何调动企业进行知识产权产业化的积极性，为企业进行知识产权产业化提供必要且充分的环境和条件。当然，具体工作还得由企业来做。

尽管如此，以上四个层面的工作是一个整体，是同一根链条上环环相扣的链节。但是，每一个层面的工作又各不相同，不能混淆，不能越位，不能替代，否则，就会形成一团乱麻。

促进知识产权产业化保护制度，应当相应地划分为四个层面，各自发挥作用，最后形成一个有机整体，以促进知识产权产业化。

二、国家层面促进知识产权产业化保护制度

（一）构建国家层面保护制度之视角

国家层面促进知识产权产业化保护制度，应当包括两方面的基本内容：一个是国内层面的保护制度，另一个是国际层面的保护制度。

众所周知，知识产权具有地域性，即任何一个国家或地区依据自己的知识产权法授予的知识产权，只能在该国或地区范围内受保护，不具有域外效力。但是，作为知识产权客体的智慧创作物，因为具有无形性、共享性、可传播性等特征，以至于任何一项智慧创作物的受益者并不仅仅局限于研发者所属国家或地区范围内的自然人、法人或其他组织，而可能是全世界范围内的任何人。由此引

发出了三个话题：

第一，如何防止本国国民花费人力、物力、财力、智力和精力创作的智慧创造物被其他国家或地区的居民无偿使用？由于智慧创作物具有可传播性，所以，任何一项智慧创作物一旦被公开，不仅本国或地区的居民可以通过各种传播途径获得它，而且其他国家或地区的居民也可以通过各种可能的传播途径获得它。尤其是在当今时代，通信传播手段非常发达，人们可以在非常短暂的时间内获得在全世界任何地方已经公开的信息。因此，各个国家或地区政府，如果不采取与其他国家或地区政府进行合作的方式，构建一个知识产权保护的国际游戏规则，那么本话题所涉及的问题是绝对不可能找到满意答案的。

正是为了解决本话题所提及的问题，现在世界绝大多数的国家和地区，不仅建立了自己比较完备的知识产权制度，而且还积极参加了知识产权保护国际条约，制定了许多知识产权国际游戏规则，以避免本国或地区居民花费巨大的人力、物力、财力、智力和精力创作出来的智慧创作物被其他国家或地区的居民无偿使用。

第二，如何让其他国家或地区居民的智慧创作物适当地进入本国或地区？由于智慧创作物具有共享性，也就是说，其他国家或地区居民创作出来的智慧创作物能够为我所用。如果能够适当地引进其他国家或地区居民创作的智慧创作物进入本国市场，对本国的科技进步、文化繁荣、经济发展都将产生积极效果。我国改革开放的实践已经充分证明了这个命题的正确性。但是，我们所谓的引进，只能是适当的或者适度的，不能过多，否则，将对本国或地区的科技进步、文化繁荣和经济发展产生负面影响。例如，我国现在的某些领域，由于引进过多过滥，严重制约了该领域的发展。如何把握这个“度”，则是一个需要认真研究的课题。

建立知识产权制度的目的，不仅在于保护本国国民的知识产权，而且还在于通过保护，促进引进。如果没有知识产权保护，引进将是非常困难的。另外，引进其他国家或地区国民的知识产权，需要很高有成本和代价。因此，对引进的知识产权要加以充分利用。

第三，如何让本国或本地区国民的知识产权走出去？对任何一个国家或地区而言，如果自己国民创作的智慧创作物只能在本国范围内具有一定的效用，或者说没有能力走出去，那么，要谈这个国家或地区的科技进步、文化繁荣和经济发展，那只能是痴人说梦。美国政府，为了让自己国民的智慧创作物走出去，让自己国民的智慧创作物能够在其他国家或地区受到充分、有效的保护，采取了一系列行之有效的措施。在 WTO 建立以前，它最主要的措施就是《竞争与贸易综合法》中的“特殊301条款”、市场准入和最惠国待遇，迫使其贸易伙伴给其国民提供充分、有效的知识产权保护。由于这种做法成本高、效果差，它便采取强硬态度使之意图国际化，催生了《知识产权协定》。由于美国是智慧创作物创作之大国、强国，它的国民在其他国家或地区每年通过知识产权所获得的收益十分巨大，其知识产权产业化，不仅国内效益好，而且国际效益也很好。

上述三个话题说明了一个问题：国家层面构建知识产权产业化保护制度，其视角须为双重，即国际视野与中国实际。要在充分关注知识产权国际规则、国际动态、国际市场与国际环境的前提下，结合中国具体实际，构建知识产权产业化保护制度，以促进我国知识产权产业化。如果只是片面地强调国际视野，忽视中国实际，或者单纯地考虑中国实际，忽视国际变化或者国际动态，都可能使我国的知识产权产业化发展遭遇麻烦，甚至是遭受损失。

（二）构建国家层面保护制度之思路

如前所述，国家层面促进知识产权产业化保护制度应当具有宏观指导性、全局性、整体性、普适性和稳定性。为了实现这一目标，构建国家层面促进知识产权产业化保护制度的基本思路是：梳理—检讨—对比—整合—制定。

1. 对现行制度进行全方位梳理以摸清基本情况

近些年来，为了转变经济增长方式，鼓励自主创新，加强自主知识产权保护，促进知识产权产业化，已成为一项基本国策。因此，从1999年8月20日，中共中央、国务院发布《关于加强技术创新发展高科技实现产业化的决定》以来，国家相继出台了一系列对于知识产权产业化的法律法规及政策。国家层面的重要法律法规主要有：《中共中央国务院关于加强技术创新，发展高科技，实现产业化的决定》《中华人民共和国促进科技成果转化法》《中华人民共和国科学技术进步法》《国家科学技术奖励条例》《中华人民共和国农业技术推广法》《中华人民共和国中小企业促进法》《中华人民共和国专利法》《中华人民共和国商标法》《中华人民共和国著作权法》《财政部、国家税务总局关于贯彻落实中共中央国务院关于加强技术创新，发展高科技，实现产业化的决定》《财政部、国家税务总局关于促进科技成果转化有关税收政策的通知》《国家税务总局关于贯彻落实〈中共中央国务院关于加强技术创新，发展高科技，实现产业化的决定〉有关所得税问题的通知》国家经贸委《“十五”全国技术创新纲要》《国家发改委、科技部、商务部当前优先发展的高技术产业化重点领域指南（2004年度）》《国家高技术研究发展计划知识产权管理办法》《交通行业知识产权管理办法》《企业专利工作管理办法》《科技部、教育部关于进一步推进国家大学科技园建设与发展的意见》等。

对这些法律法规和政策进行梳理,不仅可以让我们清楚地知道已有保护制度,而且可以让我们清楚地知道现有的保护制度的不足或弊端,更重要的是可以清楚地知道还有哪些缺漏。在现有制度中,成功的,可以保留;不足的,可以修改或完善;缺漏的,应当增补;与现代发展相抵触的,则应当予以废止。总之,通过梳理,可以使我们做到心中有数,有的放矢,为构建促进我国知识产权产业化的保护制度做准备。

2. 对现行制度进行实事检讨以确定构建重点

由上分析可知,我国现行的关于保护知识产权产业化的保护制度,是在不同的时期,针对不同的重点问题而制定的,对于解决一些棘手的问题,具有一定的指导作用,也产生了一定的效果。例如,1999 年 8 月 20 日,中共中央、国务院发布《关于加强技术创新发展高科技实现产业化的决定》,为我国的知识产权产业化园区建设提供了纲领性的指导,催生了一批知识产权产业化园区。截至 2007 年 5 月底,经过 15 年的发展,我国现有省级以上的各类民营科技园区 200 余家,民营科技园以其"民营机制""创新机制""促进产业化"相结合的鲜明特点,走出了一条发展科技工业园区的新路子,成为我国自主创新的重要基地。[1]

但是,现行的促进知识产权产业化保护制度的缺陷和弊端也是十分明显的,主要有以下几点:

(1)到目前为止,还没有一部完整的关于促进知识产权产业化的法律法规。知识产权制度,虽然由专利制度、版权制度、商标制度、商业秘密保护制度等构成,各项制度之间存在着比较大的差异,但是,它们彼此之间毕竟具有内在联系。在国家层面,从宏观上制定一部促进知识产权产业化的法律法规,不仅可以给人们一个知识产权产业化的整体概念,而且可以使人们明确知识产权产业化所具有的战略意义。在此基础上,再制定某些行业知识产权产业化的制度,其效果将会更加理想。关于促进知识产权产业化的保护制度,在这部完整的促进知识产权产业化法律法规中就能够被系统化、规范化,不至于支离破碎,首尾不得兼顾。

(2)我国虽然已经制定了许多关于促进知识产权产业化的分散的、单方面的制度和政策,其中也包括保护制度等,但是缺漏太多。例如,关于版权产业化、影视产业基地、软件产业化、动漫产业化、电子信息产业化等方面的法律法规就比较缺乏。事实上,在当今时代,版权产业与版权产业化,包括数字内容产业、创意

---

[1] "全国省级以上民营科技园区达 200 多家",载 http://news.cctv.com/financial/20070607/109677.shtml.

产业等,成为一个国家或地区经济发展的重要支柱,能够促进经济增长。更重要的是,版权产业(包括创意产业、数字内容产业等)是绿色产业、环保产业,不仅能够提供很多的就业机会,而且是高智能性产业,对转变经济增长方式很有帮助。然而,关于促进版权产业化的制度不健全,有明显缺漏。除此之外,中医药知识产权产业化、民族民间文学艺术产业化等,具有中国特色,具有国际竞争力,但是,相应的保护制度比较少。

(3)已有制度相互之间的衔接关系不紧密。众所周知,一个产业链的形成,需要若干个相互衔接的环节环环紧扣,相互依存。近年来,"产业链"这个名词在报刊和文献上频繁出现,如:纺织产业链、啤酒产业链、生态产业链、服务产业链等,应用非常广泛,但有关产业链的概念基本还未明确提出。笔者认为,产业链可以定义为具有某种内在联系的产业集合,这种产业集合是由围绕服务于某种特定需求或进行特定产品生产(及提供服务)所涉及的一系列互为基础、相互依存的产业所构成。从现代工业的产业链环节来看,一个完整的产业链包括原材料加工、中间产品生产、制成品组装、销售、服务等多个环节。实际上,任何产业都能形成一条产业链,现实社会中存在着形式多样的产业链,而且众多产业链会相互交织构成产业网。产业链的概念有广义和狭义之分:广义的产业链包括满足特定需求或进行特定产品生产(及提供服务)的所有企业集合,涉及相关产业之间的关系;狭义的产业链则重点考虑直接满足特定需求或进行特定产品生产(及提供服务)的企业集合部分,主要关注产业内部各环节之间的关系。

经过初步研究,笔者认为产业链一般具有以下三方面的主要特征:①构成产业链的各个组成部分是一个有机的整体,相互联动、相互制约、相互依存,它们在技术上具有高度的关联性,上游产业(环节)和下游产业(环节)之间存在着大量的信息、物质、价值方面的交换关系,且它们之间具有多样化的链接实现形式。②产业链上的各个组成部分呈现出分离和集聚并存的趋势,它们存在着技术层次、增值与盈利能力的差异性,因而就有关键环节和一般环节之分,而且各个组成部分对要素条件的需求具有差异性,这就导致了产业链的战略环节存在区域差异性。③产业链受产业特征及发育状况的影响,存在繁简程度的差异性,同时产业链之间相互交织,往往呈现出多层次的网络结构,存在主链条、次链条的区分,而且这些链条都处于一定的外部支撑环境之下。[1]

---

[1] "从产业链角度论中国电子信息产业发展",载 http://www.chinainfo.gov.cn/data/200410/1_20041029_93976.html.

电子信息产业的内涵非常丰富,包括微电子、光电子、软件、计算机、通信、网络、消费电子以及信息服务业等众多领域,但每个领域几乎都涉及设备、软件和服务业三大部分。因此,可将电子信息产业链的主链条抽象为设备、软件、服务三个主要环节,这些环节是以客户需求为导向的,客户对此有积极的反馈作用。客户要享用电子信息产品的功能,往往既需要购买硬件产品,也需要购买相关的软件以及服务。设备既包括直接面向消费者的终端设备,也包括用于公共信息平台建设的中间设备(如网络设备),这些整机设备主要又由芯片及元器件、组件组装形成。软件是电子信息产业链的核心,它是各种硬件设备功能得以实现的必要条件,具有较高的附加值。服务是企业获取更多价值的重要一环,信息服务业已发展成为独立的行业,既包括一般性增值服务,也包括立足于网络的网络增值服务。一般性服务主要是针对软硬件产品开展的增值服务,而网络增值服务是立足于三大网络(计算机互联网。电信网、广播电视网)基础之上的服务,这就涉及网络设备及设施购置、网络建设及基础运营,同时需要借助软件实现功能。设备产业和软件业又可以细分成研发设计、生产和销售几个环节。更广泛地来看,电子信息产业的发展离不开相关产业的支撑,例如生产硬件设备离不开提供原料的材料行业以及提供生产设备的机械行业,这些相关产业的上下游之间的关系构成了电子信息产业的支撑链条。此外,存在于外部环境之中的高等院校、研究机构、金融机构、政府部门则为电子信息产业的发展提供了必需的技术、人力资源、资金、政策以及其他一些支持条件,所有这些相关内容共同构成了广义上的电子信息产业链。而狭义上电子信息产业链则是除相关产业支撑链和外部支撑环境之外的部分。❶

从目前的情形看,电子信息产业链上各个环节之间的衔接,我国已有许多相应的制度安排,使之能够顺利进行,但并不是十分紧密。高等院校、科研机构的知识产权产业化,是该产业链上的一个重要环节。但是,现在我国缺乏足够的制度,使其知识产权走出象牙塔,进行产业化,以推动电子信息产业发展。

3. 借鉴美日经验以探求改进之切入点

在当今世界上,美国和日本等发达国家在促进知识产权产业化方面的制度安排是最先进的,也是最具有实效的。1980 年,美国通过《斯蒂文森—维德勒技术创新法案》和《拜杜法案》,允许政府实验室和公立大学保留技术成果的知识产

---

❶ "从产业链角度论中国电子信息产业发展",载 http://www.chinainfo.gov.cn/data/200410/1_20041029_93976.html.

权，有权实施知识产权的商业化，并有义务按研发投资比例建立相应的管理机构，从事知识产权管理和技术转移。其主要政策内容包括：(1)受补助对象可获得研究成果的专利权。(2)联邦政府拥有征用权。(3)技术转让是研究机构的责任。每年编列上限5%的预算经费从事技术转让工作，技术转让的绩效则列入人事考核。(4)技术转让权利金必须分配给技术发明人。20世纪80年代以来，拜杜制度不断完善，促使政府、大学、政府实验室和企业在知识产权领域的合作关系日趋加强，有力推动了美国国家创新体系的全面发展。

日本从1998年开始实施《技术许可办公室法》，为技术许可办公室提供资金，促进大学和私人企业间的技术转移。2002年，日本《知识产权战略大纲》进一步明确，要加快日本拜杜制度的建设，改革相关法律规定，使国家科技计划研究成果使用有助于产学合作。此外，加拿大、欧盟、韩国等都已逐渐建立了与国家科技计划项目的知识产权管理制度。

4. 整合现有的相关制度以最大限度地发挥效用

整合，就是采取剔除、废止、修改以及制定等立法手段构建一套符合我国国情、具有中国特色的知识产权产业化制度，包括保护制度。本课题所称的知识产权产业化保护制度，是指包括司法保护、行政保护等措施在内的法律制度和相关政策、措施等。例如，关于建立国家级知识产权产业化基地的政策，关于扶持重点领域的知识产权产业化政策（例如，中医药知识产权产业化政策、民族民间传统文化产业化政策）等。类似的政策，现在虽然已经有了一些，但是还不全面、系统。

（三）构建国家层面保护制度之措施

国家层面促进知识产权产业化保护制度可以考虑从以下几个方面切入：

1. 税收政策

税收政策的主要目标是支持高等院校、研究机构和企业进行自主知识产权创新活动，以提高自主知识产权创新能力，丰富自主知识产权成果，充实知识产权产业化资源。从促进知识产权产业化保护制度角度看，国家应当给予优惠的税收政策，主要是减免税政策。例如，对于从事高科技领域自主知识产权研发所获得的收入免征营业税；对于从事高端软件开发生产企业的软件产品，按较低税率征收增值税；对具有自主知识产权之高新技术产品的出口，实行增值税零税率；等等。对于从事自主知识产权产业化的中小企业、以自主知识产权作为原始创业股而建立的企业等，可采取更加优惠、灵活的减免税政策，使尽快成长壮大。我国现有的自主知识产权之总量非常少，如果将这种为数不多的自主知识产权还不能尽可能多地(最好能达到70%以上)使之产业化,转化为现实生产力,我国现在这种被动局面将难以化解。

2. 财政政策

财政政策主要目标是通过政府直接和间接投入来引导和支持自主知识产权创新和自主知识产权产业化。从促进知识产权产业化保护制度的角度看,国家财政应当根据上一年度GDP或者财政收入拿出一定的比例,专门用于自主知识产权创新研发活动和自主知识产权产业化。具体可以采取直接投入与间接投入相结合的投入方式。直接投入包括通过各类项目计划进行的资助,间接投入包括税收返还和通过建立相应风险投资及担保机构进行的安排。

3. 金融政策

从促进知识产权产业化保护制度角度看,金融政策主要包括以下四个方面的内容:(1)对自主知识产权创新项目或者自主知识产权产业化项目设立专项贷款;(2)对自主知识产权产业化企业或者项目,可以考虑实行证券化管理,开通知识产权融资渠道;(3)鼓励社会基金或者金融机构向自主知识产权创新项目或者自主知识产权产业化企业投资;(4)其他有利于自主知识产权产业化的金融政策。但在我国的知识产权产业化实践中,许多企业的经费多数仍是以自筹为主,国家拨款和贷款为辅,只有为数很少的风险投资。

4. 知识产权转化政策

从促进知识产权产业化保护制度的角度看,知识产权转化政策主要目标是加速知识产权转化为生产力。这项政策知识产权作价入股,保障知识产权产业化企业的经营自主权,理顺知识产权产业化企业的产权关系;允许知识产权所有人、智慧创作物研发者参股或作为公司发起人;智慧创作物研发者可以参与分配。

5. 奖励政策

从促进知识产权产业化保护制度的角度看,奖励政策的目标是将目前的单纯追求获奖导向转为市场导向,鼓励智力劳动者以市场为目标进行研发。主要内容为精简奖励数目,提高奖励力度,完善奖励方式,扩大奖励范围,确保自主知识产权研发者能够获得应有的奖励,并使其能够通过自主知识产权研发成果,过上比较体面的生活,无须担心家庭、子女的生活。2006年11月,笔者赴日本访问期间,从松下公司了解到,它的研发人员完全将自己交给了公司,因为每当他们完成一个研究项目后,他们就能根据其成果取得知识产权的情况、市场效益等指标,获得非常丰厚的奖励,根本不必为家庭生活和子女求学等操心。奖励制度,一定要人性化，而不是单纯的经济奖励。例如，科研骨干人员，通常是上有老下有小，需要养家糊口。当他们潜心于自主知识产权研发活动时，他们就没有时间和精力去考虑子女的求学就业、扶养父母双亲等问题。这些事情虽然是杂事、琐事，但却是科研人员不得不考虑的大事。如果我们能够建立一套具有人性化的奖励制度，解决骨干研发人员的后顾之忧，他们就会将绝大部分精力投入研发，那么，自主知识产权的数量和质量就都有了保障。

三、地区层面的保护制度

我国幅员辽阔，由32个省、自治区、直辖市和特别行政区❶组成。由于历史、文化、经济和地域等诸多方面的原因，导致各省（区市）的经济发展水平、自主知识产权创新能力和产业状况具有较大差异。构建地区层面促进知识产权产业化的保护制度，应当在国家层面相应制度的指导下，允许各省（区市）根据自己的个性、结合自己的特点来做，不必“一刀切”。根据本课题组所了解的情况看，我国发达省市的知识产权产业化保护制度较为完善，而中西部地区各省市的知识产权产业化保护制度尚有待加强。

（一）发达地区知识产权产业化保护制度

1. 北京市

为了促进北京创新与研发活动的展开，北京市近年来颁布了一系列综合性的政策和有关规定，其中包括《关于加强技术创新，发展高科技，实现产业现代化的意见》《首都二四八重大创新工程实施纲要》等，这些鼓励性政策的实施，吸引了具有国际水准的研发资源的融入。北京市还相继出台了《北京市关于鼓励在京设立研究开发机构的规定》，制定并修订了《北京市自然基金管理办法》《北京市科学技术奖励办法》等。

在知识产权产业化方面，北京市提出了《关于加强技术创新，发展高科技，实现产业化的意见》，颁布了《北京市技术市场条例》及相应的配套性实施办法，构建了较为完善的技术成果交易平台；同时还出台了《北京市关于加快科技企业孵化器发展的若干规定》以及《首都经济创新服务体系建设纲要》《北京市科技中介机构享受专项资金支持认定办法》《北京市技术创新、创业资金管理办法》等政策措施，为强化创新服务体系的建设，促进科技中介机构的发展，提供了保障。在

❶ 由于特殊的历史原因，现在，香港特别行政区和澳门特别行政区具有相对独立的自治权，因此，本课题所指的地区层面的促进知识产权产业化保护制度，不包括香港特别行政区和澳门特别行政区的相应制度。

高新技术产业化环节上，为强化科技成果产业化的效能，使高新技术企业成为创新的主体，制定了相应的鼓励性政策和引导性政策，如《北京市关于进一步促进高新技术产业发展的若干规定》《北京市高新技术成果转化项目认定办法》等政策，促进了高新技术成果产业化的软环境建设。

2. 上海市

加快实施科教兴市战略，进一步提升城市综合竞争力，继续推动经济、社会、科技可持续发展，上海市政府2004年9月5日颁布了《上海知识产权战略纲要》(2004~2010年)，率先在国内推出了由地方政府制定的知识产权战略。《上海知识产权战略纲要》以《上海实施科教兴市行动纲要》为依据，以上海《关于进一步加强本市知识产权工作的若干意见》为依托，由上海市知识产权局、工商局、版权局联手进行具体的研究拟制，从起草到颁布历时16个月，期间得到了上海市委、市府领导的大力支持，得到了国家知识产权局的指导帮助。《纲要》分背景、指导思想和基本原则、总目标和主要分类目标、工作重点和措施、实施和评估等五大部分。

上海要建设成为国际经济、贸易、金融、航运中心，率先实现小康社会，率先基本实现现代化，必须坚持科学发展观，从上海经济社会总体发展的需要出发，结合实施科教兴市战略、科技创新战略和科技兴贸战略等，制定和实施具有全局性、长远性、前瞻性和可操作性的知识产权战略。

上海市计划以举办“2010年中国·上海世博会”和实施科教兴市战略为契机，经过7年时间的努力，逐步建立适应社会主义市场经济体制要求、符合市场经济规律和国际规则、科学有效的知识产权工作机制，初步形成以人才高地为支撑的城市知识产权创新体系，不断完善行政与司法并行运作的知识产权保护体系，努力形成全社会共享的知识产权公共服务体系。将上海市建设成为创新能力强劲、要素市场齐全、转化渠道畅通、知识产权保护有力、知识产权人才集聚、知识产权运作体制完善的国际大都市。

上海市修订了《上海市促进高新技术成果转化的若干规定》，规定对拥有自主知识产权的项目予以奖励的内容，经被认定为自主知识产权的项目，不仅可以享受高新技术的“优惠待遇”，还可享受“税收优惠期”“贷款贴息”“融资担保”“政府采购”“申请专利”等方面的特别照顾；同时上海市政府还确立了以专利技术为“窗口”，体现“知识的资本化”和“资本的人格化”的激励机制。

3. 广东省

近年来，广东省的知识产权事业走上了一条持续快速发展的道路，在知识产权管理、知识产权保护、知识产权实施、知识产权服务以及知识产权宣传培训等方面都取得了较大的进展，充分发挥了知识产权制度在保障和推动自主知识产权创新、有效配置资源、促进知识产权产业化以及维护市场公平竞争等方面的重要作用。

（二）中西部地区知识产权产业化制度

1. 四川省

西部大开发以来，四川省大力实施“科教兴川”和“人才强省”战略，科技对经济社会发展的支撑引领作用不断增强。2011 年，全省实现生产总值45 429.2亿元，2006～2011 年，年均增长率达 12%。

四川省充分发挥高科技优势，构建区域创新发展的带动龙头。四川在电子信息、重大装备、航空航天、核技术、新材料等方面具有较强实力，成都、德阳、绵阳等地高科技优势突出。四川省着力建设成德绵高新技术产业带，以此带动全省高新技术产业发展。主要抓了三个重点：一是建设绵阳科技城，着力构建军民结合的自主创新基地。二是建设成都高新区。建成了以 8 个国家级专业孵化器为骨干、23 家民营科技孵化器为主体的孵化器群体，成长了一批中小型高科技企业。三是建设德阳“国家重大技术装备制造业基地”。加强自主研发，积极推进引进消化吸收再创新。目前，成德绵高新技术产业带初具规模，经济总量约占全省的 50%；辐射带动作用增强，近三年全省高新技术产业产值年均增长 25%以上。

依靠科技进步开发优势资源，培育区域创新发展的特色产业。四川省坚持把科技创新的主战场放在推动优势资源开发上，增加资源附加值，培育了一批优势特色产业。一是加强钒钛资源综合利用关键技术攻关，建设世界最大的钒钛新材料基地。二是加强农业科技创新，大力发展农产品加工业。加大精深加工技术开发力度，着力壮大优质粮油、畜牧、果蔬、中药材四大主导产业，积极发展特色产业。2005 年规模以上农产品加工企业达到1 843户，实现增加值约占全省工业的 20%。三是加强中医药科技创新，做强中医药产业。积极推进国家中药现代化科技产业（四川）基地建设，组建了国家中药安全性评价、国家中药临床试验等 7 个研发中心。近年来，有 78 个中药新药获准生产，80 多个中药新药获准临床试验。

加快人才资源向人才资本转变，激发区域创新发展的动力活力。近年来，四川省省委、省政府两次召开全省人才工作会议，出台了《关于加快人才资源向人才资本转变的若干意见》，并制定了 24 个配套文件。整合科技资源，促进产学研结合。转换科研院所内部运行机制，综合运用分配、产权、社会价值激励等多种方式，鼓励科技人员创新创业。对9位有突出贡献的专家分别重奖了50万~100万元，去年12月隆重表彰奖励了10名“杰出创新人才”。狠抓技能型人才、农村实用人才培养，实施星火富民工程和农民工培训工程，近两年培训了1 000万人次，人力资源开发取得明显成效。

2. 其他中部地区的知识产权产业化制度

与发达地区相比，除了四川省等少数省份认识到知识产权保护工作的重要性外，中西部地区尤其是欠发达地区的知识产权产业化保护工作大都明显薄弱。其主要表现在以下几个方面：首先，政府未予以足够重视。不少地方政府缺乏对知识产权工作重大意义的全面、正确认识，知识产权工作基本未纳入议事日程。一方面不注重自主知识产权的培育；另一方面存在地方保护主义思想，片面强调发展经济，忽视甚至阻挠知识产权保护工作。其次，企业自我保护意识不强。相当一部分企业缺乏自我保护意识，知识产权保护工作基本空白。再次，知识产权工作部门工作鲜有成效。不少地方知识产权工作部门（尤其是专利工作部门）受诸多因素的制约，机构不健全、人员素质参差不齐、经费缺乏保障、工作举步维艰。最后，社会知识产权意识低下。公众知识产权意识总体低下，大多数人对知识产权保护工作漠不关心。

然而，中部欠发达地区实施知识产权战略进行产业化制度构建是非常必要的。

首先，知识经济时代知识产权业已成为经济竞争的核心。随着知识经济时代的到来，经济全球化格局下的经济竞争日益呈现为生产技术和商业信誉的竞争，而专利、驰名商标等知识产权则是生产技术、商业信誉的最高体现。

其次，知识产权欠缺是“中部塌陷”的基本特征和关键原因。缺乏核心技术和知名品牌是中部欠发达地区普遍的基本特征。事实上，这也是抛开政策等环境因素之后，中部地区，尤其欠发达地区缺乏市场竞争力、经济发展相对滞后的关键原因。

但是，境遇的改善并不意味着可以坐享其成。中部地区，尤其是百事待举的欠发达地区要实现“崛起”，不仅要脚踏实地从一点一滴做起，更要有一个系统的战略性谋划。知识产权战略便是不可或缺的重要一环。中部欠发达地区必须要构建适合省情的知识产权产业化保护制度，具体应该做到：（1）强调对自主知识产权及其潜力的挖掘与保护，鼓励知识产权创新，不失时机地掌握和运用自主知识产权；（2）鼓励知识产权产业化；（3）体现对知识产权的适度保护；（4）牢固树立知识产权观念，对知识产权产业化提供必要的政策和经费保障。

四、行业知识产权产业化保护制度

促进知识产权产业化保护制度，对各行业进行知识产权产业化具有重要意义。实际运作知识产权产业化的主体是企业。构建促进知识产权产业化保护制度，最大的受益者应当是企业。然而，不论何种性质、何种类型的企业，在整个市场经营过程中，并不是一个独立的点，而是处于市场经营线上的点，或者一个经营面上的线，甚至可能是一个经营体上的面。换言之，企业的上位是行业。离开了企业所属的行业，这个企业的生存环境就是不良的，这个企业也必定难以成长壮大。事实上，一个国家或地区的市场就是若干不同的行业组成的。现在，各个行业在知识产权产业化方面存在着明显的差异，但其共同问题是，无论是传统产业还是高新技术产业，其知识产权产业化保护成绩都不突出。

本节将针对行业需求，探讨我国行业知识产权产业化保护制度的构建，提出基本架构和建议，以促进行业知识产权产业化。

（一）行业以及行业组织的作用

行业是指从事国民经济中同性质的生产或其他经济社会的经营单位或者个体的组织结构体系，如林业、汽车业、银行业等。行业的作用，主要是解释行业本身所处的发展阶段及其在国民经济中的地位，分析影响行业发展的各种因素以及判断对行业的影响力度，预测并应引导行业的未来发展趋势，判断行业投资价值，揭示行业风向，为各组织机构提供投资决策或投资依据。行业的发展必然遵循由低级的自然资源掠夺性开采利用和低级的人工劳务输出，逐步向规模经济型、科技密集型、金融密集型、人才密集型、知识经济型转变，从输出自然资源，逐步转向输出工业产品、知识产权、高科技人才等。[1]

在市场经营活动中，行业处于一种特殊地位。从事具体市场经营活动的主体是企业，但是，企业在从事市场经营活动时，如果只是单打独斗，把同行当成冤家，终难成功。换一个角度讲，企业从事市场经营活动，只有在相关行业的统一协调与支持下，才能减少许多不必要的麻烦，或者使自己遇到的麻烦能够快速、顺利地解决。行业组织或者行业联盟，是以从事相同经营活动的企业为成员所组成的，不仅能够最大限度地协调行业组织内部成员之间的事务，而且能够最具效率地处理好行业组织外部所涉及的许多问题。例如，全国饲料行业知识产权

---

[1] 载 http://baike.baidu.com/view/114338.htm，2011年1月17日访问。

联盟成立之前，于2005年6月24日在北京召开全国饲料行业知识产权联盟筹备会，考虑到我国在饲料和饲料添加剂领域的基础研究取得一些进展，有些企业将自己的研究成果以专利等形式寻求知识产权方面的保护。由于市场竞争的激烈和侵权现象的多样化、严重化，仅靠企业或者个人的力量维权已难以奏效。组成行业知识产权保护联盟，以团体的力量来维护自己的合法权益，已是一些行业的通行做法。基于这种状况，参会企业考虑到知识产权在行业中的重要性以及作为企业核心竞争力的必要性，围绕企业知识产权保护现状，企业自有知识产权在确保企业核心竞争力、促进企业发展和行业进步中的作用，各自企业在市场中遇到的关于知识产权的问题和争端，企业在当前国家法律法规下保证自身权益的困惑和应对措施，知识产权保护在饲料行业的混乱局面等进行了大讨论。结合我国进入WTO的实际情况，就当前饲料行业存在的低水平重复、知识产权保护混乱、企业研发新产品新技术的积极性不高等问题，与会人员一致达成共识，成立全国饲料行业知识产权联盟是一个刻不容缓的问题。通过联盟的有效运作，制定并完善饲料行业知识产权预警机制，切实加强饲料行业知识产权保护意识，培育自主创新能力，提升相关权利人（单位）的市场竞争力。❶

在具体实践中，武汉晶源环境工程有限公司诉日本富士化水工业株式会社等侵犯发明专利权纠纷案，由于没有相应的行业组织进行调解，以至于这件纠纷历时10年仍没有妥善解决。2010年12月6日，在中国法学会知识产权法研究会年会期间，我国知识产权法学专家就该案件最后解决问题进行了专题讨论。其间，有许多专家认为，如果不依靠行业组织，类似的纠纷还会发生这种遭遇。成功的范例就是2003年3月成立的中国外商投资企业协会优质品牌保护委员会，为在中国投资的外商企业的知识产权保护（尤其是品牌保护）起到了重要作用。❷

行业协会在知识产权保护方面具有以下几个方面的作用：

第一，连接作用，即通过行业组织可以将相关行业范围内的企业连接成为一个松散或者紧密的整体，共同设计或者谋划本行业范围内的经营活动。

第二，协调作用，即行业组织对内协调成员企业之间的关系，对外协调成员

---

❶ “全国饲料行业知识产权联盟筹备工作启动”，载 http://www.feedtrade.com.cn/news/china/200507/78247.html，2011年1月17日访问。

❷ “中国外商投资企业品牌保护委员会”，载 http://ip.people.com.cn/BIG5/136672/136683/140625/8502322.html，2011年1月17日访问。

企业与其他所涉对象之间的关系，以解决成员企业面临的诸多困难，尤其是重大事项。

第三，服务作用，即行业组织能够为成员企业提供必要的经营信息，包括产品信息、技术信息、商业信息等，使成员企业获得国内外同行或者其他企业的各种信息。

(二)行业知识产权产业化保护制度概述

如前所述，行业并不是市场经营主体，而是市场经营主体即企业的归属类型化形式，可以是实体形式，也可以是虚拟形式。当某一个行业建立起具体的组织形式时，这一个行业就是实体形式，否则，即为虚拟形式。以实体形式表现出来的行业，为了促进本行业知识产权产业化，可能采取许多行之有效的措施，为成员企业服务，包括知识产权服务和知识产权保护等。例如，北京市智能卡行业知识产权联盟成立后，分三个阶段开展工作。第一阶段，促进技术吸收再创新、发挥预警功能、建立培训机制、加强联盟成员间的合作与交流。第二阶段，引导企业进行企业知识产权战略规划，提升专利数量和质量，通过联盟之间的交叉许可，避免重复的研发，减少成员内部的专利交易成本，实现专利联盟的防御型阶段功能，实现对国外专利布局的反垄断。第三阶段，实现真正意义上的专利联盟，即在企业积累相当的技术开发能力的基础上，由防御型的专利联盟向进攻型的专利联盟转变，直接参与国际技术标准的制定，做到以技术标准控制市场、创造市场。专利联盟最终将以专利经营作为主要工作内容，尝试通过专利经营为企业谋求利益和发展，逐步形成专利社会经营体系。智能卡行业联盟是企业在面临整体风险而形成的有效的组织，是行业企业与政府职能部门寻求对话的良好平台，也是推动我市专利社会经营体系的有益尝试。[1]

对于没有建立行业组织的行业，就是虚拟形式。这样的行业，虽然没有行业组织，但是，它仍然是一个客观存在的行业，也有行业知识产权产业化，也需要采取促进措施，为产业化发展提供应有的保护。

由此可见，行业知识产权产业化主要就是客观现实和社会需要，为了促进行业知识产权产业化，不仅行业组织应当创建本行业的保护制度，而且没有行业组织的虚拟行业也需要相应的保护制度。因此，国家和地方就必须针对行业知识产权产业化的特点，制定全国适用的保护制度，地方应当颁布适用于本地的保护

---

[1] "北京市智能卡行业知识产权联盟"，载 http://www.cipnews.com.cn/showArticle.asp? Articleid=9910，2011 年 1 月 17 日访问。

制度和保护措施，规范和指导行业知识产权产业化，并进行有效保护。例如，为了促进文化产业发展，韩国于2003年制定《韩国文化产业促进法》，为促进韩国文化产业提供保障，包括必要的知识产权保护制度。

行业知识产权产业化保护制度，应当是国家或者地方知识产权保护体系中的一个组成部分，国家或者地方制定知识产权法律规范、政策措施等当然是行业知识产权产业化的保护制度，而且是最重要的保护制度。但是，国家或者地方的知识产权保护制度并不能替代行业的保护制度。每一个行业都有其自身的特点，国家或者地方的知识产权保护制度或者知识产权产业化保护制度，由于具有更高位阶，原则性、指导性、强制力较强，但针对性、可操作性较弱。以印花布行业为例，纺织业是我国的传统产业，也是优势行业。在该行业内，其成员企业不仅要与本国企业展开激烈的竞争，而且还面临着外国政府、外国企业和外国行业的打压，生存环境比较恶劣。这个行业知识产权产业化更是步履维艰，其主要原因是知识产权维权和侵权问题困扰着企业或者产业化应用者。为了解决这个问题，浙苏鲁三地组建印花布行业知识产权联盟，高举知识产权保护大旗，既帮助成员企业维权，也防止成员企业侵权，使之开展正常的经营活动。❶

（三）行业知识产权产业化保护制度结构

行业知识产权产业化保护制度主要由五大部分构成，它们分别是：制度目标、主要任务、权利义务、保护对象与具体措施。

第一，制度目标。构建行业知识产权产业化保护制度，首先必须明确其制度目标。换言之，确立行业知识产权产业化保护制度的目标，就是回答为什么要构建该项制度这样一个基本问题。发达国家成功进行知识产权产业化的经验告诉我们，在市场经营活动中，企业是一个弱势群体，不管某一个企业有多么强大。但是，行业却是一个可以超脱于市场经营活动却又联系于市场经营活动的中间媒介，不是企业却又关联于企业。因此，行业在促进知识产权产业化过程中起着重要作用。构建行业知识产权产业化保护制度的目标就是搭建一个具有行业特征的知识产权服务管道或者桥梁，保障成员企业在市场经营活动中免受知识产权侵权与维权之苦，除却知识产权经营壁垒或者障碍，顺利进行知识产权产业化。

第二，主要任务。根据上述行业的特点与作用，我们认为，构建行业知识产

---

❶ "浙苏鲁三地组建印花布行业知识产权联盟"，载 http://www.ccedpw.com/news/newspar.asp?id=4639，2011年1月17日访问。

权产业化保护制度的主要任务，就是激励成员企业进行知识产权创造，最大限度地进行知识产权产业化，以提升行业在国内外市场上的竞争力。以我国版权产业为例，我国的版权产业本来应当具有非常巨大的市场潜力，因为我国拥有比世界上任何国家都丰富的文化资源。但是，截至2010年年底，我国版权产业在国家GDP的比重还不到10%，创汇能力比较弱，效果不佳。产生这种结果的最主要原因就是版权作品（尤其是可产业化的作品）数量不够，质量较差，产业化意识薄弱。如果建立版权产业保护制度，最主要的就是要激励可以产业化的作品的创作，并且及时地将具有产业化效果的作品最大限度地产业化。

第三，权利义务。行业知识产权产业化保护制度所涉及主体主要是行业成员企业，同时也包括相关行业的企业。构建行业知识产权产业化保护制度就必须明确成员企业或者相关企业的权利义务。从权力角度讲，每一个成员企业都能够享受行业组织提供的各种服务，或者相互进行知识产权交流合作，信息共享等。从义务角度讲，每一个成员企业必须严格遵守行业规则，遵守基本的商业道德，遵守国家的法律法规，同时还必须按照行业规则受到必要的约束。在知识产权产业化过程中，行业内的成员企业应当携手合作，避免相互倾轧。

第四，保护对象。行业知识产权产业化保护制度所保护的对象就是行业内所有的知识产权，包括专利、版权、商标、地理标志、集成电路布图设计、计算机软件等。本行业内的成员企业首先必须严格按照国家法律，保护自己的知识产权；其次，不得侵犯他人的知识产权；再次，对于任何侵犯知识产权的行为，采取积极措施寻求保护，而不是消极地等待或者放弃；最后，对于来自其他国家或者地区的知识产权侵权指控，应当积极应对。例如，我国许多企业，一旦遭遇美国的“337

调查”❶，就措手不及，或者束手就擒，或者置之不理，或者委曲求全。构建行业知识产权产业化保护制度，就是要最大限度地保护我们自己的知识产权，使知识产权最大限度地产业化，防止来自各个方面的干扰。

第五，具体措施。实现行业知识产权产业化保护的具体措施主要有：

（1）准确行业定位，即本行业属于何种性质、具有何种特性、拥有何种竞争力等，给予分析，以确定其国内外状况。

（2）统计行业成员企业，包括大型企业、中小型企业、内资企业、外资企业等具体数据。

---

❶ 美国“337条款”（337 U.S. survey）禁止的是一切不公平竞争行为或向美国出口产品中的任何不公平贸易行为。这种不公平行为具体是指：产品以不正当竞争的方式或不公平的行为进入美国，或产品的所有权人、进口商、代理人以不公平的方式在美国市场上销售该产品，并对美国相关产业造成实质损害或损害威胁，或阻碍美国相关产业的建立，或压制、操纵美国的商业和贸易，或侵犯合法有效的美国商标和专利权，或侵犯了集成电路芯片布图设计专有权，或侵犯了美国法律保护的其他设计权，并且，美国存在相关产业或相关产业正在建立中。美国国际贸易委员会根据申诉方的申请发起337调查，也可依职权根据所掌握的事实证据发起337调查，多数案件是由申诉方申请提起。法律要求申诉方证明所指控的产品违反了美国“337条款”，并且就其申诉书陈述的内容进行宣誓。申诉方提交的申诉书的内容包括：事实陈述、证据、诉讼请求、适用的法律法规等。事实陈述包括：被诉方名称和地址、陈述事实和理由、相关的证据。如果涉及知识产权，必须提供知识产权方面的资料。申诉方知识产权的描述、涉案产品描述、涉案产品的出口商及美国经销商的详细资料等。证据包括侵权或违反公平贸易的证据。诉讼请求包括申诉方向美国国际贸易委员会申请给予何种保护措施。证据提交及听证程序由美国国际贸易委员会实施细则、程序条例及美国行政法条例规定（除个别案例外，通常联邦法院的证据条例也适用）。

一般情况下，申诉方提起申请，美国国际贸易委员会都会受理，不受理的情况极少发生。申诉方为慎重起见，还可以在提交申诉前向美国国际贸易委员会下设的不公平进口办公室咨询，并由其对申诉书进行预审。如果美国国际贸易委员会裁定不受理申诉，申诉方还可对申诉书加以修改，再行起诉。如果最终还是被驳回，申诉方可以向美国联邦巡回上诉法院上诉。美国国际贸易委员会驳回申诉方的申请，应该以书面的形式将不立案的理由通知所有的申诉方以及在申诉书中列明的被诉方。

申诉方可以正当的方式在美国国际贸易委员会投票决定是否立案前撤回申请，如果申请临时禁令，要同时撤回临时禁令的申请。

美国国际贸易委员会通常在收到申诉方的申请后30日内决定是否立案。如果申诉方在提交申诉书时也同时提交了发布临时禁令的申请，美国国际贸易委员会将在收到申诉方的申请后35日内决定是否立案。申诉方也可以申请美国国际贸易委员会延期立案。

国际贸易委员会决定立案后在联邦公报上公告立案通知，将申诉书副本和立案公告送交被诉方及被诉方驻美国的使馆商务处。同时，也要将申诉书送交美国健康和人权服务部、美国司法部、联邦贸易委员会、美国海关以及美国国际贸易委员会认为其他相关的机构或部门。

国际贸易委员会立案后将指定一名行政法官负责案件调查。此外，考虑到公共利益的问题，美国国际贸易委员会还将指定一名政府律师代表公共利益。美国国际贸易委员会在立案后的45日之内，确定结束调查的目标日期：一般为12个月，较为复杂的案件可以延期6个月，即18个月结束。

(3)摸清行业知识产权家底。拥有知识产权是实现知识产权产业化的基础，摸清本行业的成员企业拥有的知识产权家底，对制定行业知识产权战略、知识产权发展规划以及知识产权保护计划，都是必要的前提。

(4)掌握国内外同行业知识产权信息。通常说，知识产权是市场竞争利器。如果经营者想向竞争对手使用知识产权利器，就必须弄清楚对手有何种更加先进的武器。不然，盲目出手，可能受伤害的会是自己。另一方面，如果经营者不了解对手掌握的利器为何，就无法采取有针对性的预防对策。行业就具有这种独特优势，能够摆脱具体经营事务，专心进行国内外同行业知识产权信息搜集工作，为成员企业提供信息服务。

(5)制定行业知识产权战略，或者知识产权发展规划，或者知识产权实施计划。知识产权产业化，是一个综合性、巨大的系统工程，不可操之过急。制定行业知识产权战略或者知识产权发展规划，或者知识产权实施计划，就是着眼于长远、着眼于未来的举措。

(6)指导企业实施知识产权产业化。本来市场经营活动是企业自己的事情，行业不必干预，但是，在进行知识产权产业化过程中，行业组织进行必要的指导，还是有意义的。

(7)采取一切合法措施保护成员企业的知识产权产业化行动。行业组织具有不同于企业的许多优势，可以直接以行业管理者的名义与政府(包括国外政府)、其他行业组织以及有关方面进行交涉与斡旋，同时还可以组织本行业的力量，为本行业企业提供帮助，使之免受知识产权侵害或者知识产权侵权指控，以维护企业的合法权益。

五、企业层面的保护制度

(一)知识产权产业化保护的关键在企业

从国内外的实践来看，成功的企业大都注重最大限度地发挥技术创新和品牌的竞争力。美国总统布什的经济顾问波什金强调，不管是硅芯片还是土豆片，只要能赚钱就都是好片。[1] 这其中芯片赚钱靠的是技术创新，而薯片赚钱靠的就是品牌。[2] 而我国在这两方面都存在问题。我国的企业要充分树立知识产权产

---

[1] 转引自马秀山：“专利技术缘何叫好不叫座”，载 http://www.sipo.gov.cn/sipo/xwdt/jdlt/200309/t20030912_76224.htm.

[2] 吴汉东：“企业核心竞争力和知识产权”，载《中华商标》2007年第5期。

业化的保护意识，建立合理的知识产权产业化保护制度。

一方面，我们要促进企业成为技术创新的主体，全面提高企业技术创新能力。企业要把建立健全技术创新机制作为建立现代企业制度的重要内容，要把提高技术创新能力和经营管理水平作为企业走出困境、发展壮大的关键措施，使企业真正成为技术创新的主体。企业的生存和发展，必须以市场为导向，加强知识产权创新和产业化，切实把提高经济效益转到依靠技术进步和产业升级的轨道上来。

另一方面，我们应该加强企业的品牌意识，加强品牌营销，扩大它们在消费者中的影响力和认同感，这同样也创造了非凡的业绩。比如食品行业的“可口可乐”公司、“麦当劳”公司，运动服装行业的“耐克”公司和“阿迪达斯”公司都是成功的例子。尤其是“可口可乐”公司，其生产的碳酸饮料并不包含有多大的科技含量，但它却以全世界第一品牌的位置雄居各企业之首。

为促进自主知识产权成为企业的核心竞争力，企业应该从以下几个方面来建立和健全知识产权产业化保护制度：

1. 促进知识产权产业化以实现提升企业的竞争力，首先要建立企业的知识产权管理机构

企业必须要充分认识到知识产权在现代竞争体制中的作用，要把知识产权的创造、运营变成企业利润的主要来源。同时，通过科技创新和品牌经营，获取自主知识产权，是知识产权产业化的前提。企业建立自己的知识产权管理机构，有助于组织和安排企业的知识产权创造和运营。

2. 建立权利维护的合理制度

企业须建立品牌经营的基本制度，正确对待自己的品牌，精心呵护自己的品牌，不要轻易转让自己的名牌，防止自己核心竞争力的丧失。这在我国出现了许多合资过程漠视品牌价值的现象，一些外商为有效遏制竞争对手，保住自己的霸主地位，他们在挑选合资对象时往往选择那些拥有知名品牌的企业，合资后将我国的知名品牌做冷处理，使其逐渐消失。若想这种重大失误不再重演，就需要我们的企业对自己的品牌有正确的认识和经营策略。另一方面，企业须建立权利保持的基本制度。譬如，建立保密制度是获得商业秘密保护的前提，如果企业没有采取保密措施，技术创新的成果就可能随着人才的流动而流失。获取了专利权的技术需要企业加强维持政策，核心技术的开发者继续研究开发周边技术形成专利权，以构筑专利网来维护自己的技术优势。核心技术为他人所掌控的产品，我们应该积极开发周边技术，形成大量的专利权以扭转授权谈判中的劣势地

位，甚至可以取得优势地位，这是我们模仿创新国家实现专利突围的重要策略。我们的企业一定要认识到获取和维护专利不仅是商战的进攻之术，更是商战的防卫之术。再如，要注意商标权的维护，商标的显著性是可以退化、淡化的。企业要保护自己的商标专用权，就要防止竞争对手将自己的商标变成商品的通用名称，更要防止自己把自己商标的显著性弱化。举个例子来说，过去我们有些企业热衷于将自己的商标命名为城市的街道，甚至是花钱买这个命名权，这种做法无疑会导致商标显著性的退化，因而是一种得不偿失的做法。

3. 建立打击侵权维护自己权益的制度

实施自我保护，要及时制止不法侵害以保护自己的合法权益。因此，企业要建立知识产权监察制度。企业要定期查阅有关知识产权的授权公报，如《商标公告》《专利公报》等，以了解技术发展的态势，了解是否有与自己商标相同或近似的商标注册，了解是否与自己已经公开的现有技术相同。如有这些情形，应及时提出异议或争议，以维护自己的知识产权。企业也应该坚持进行市场调查，发现侵权行为，企业应该利用行政机关和司法机关的力量来保护自己的合法权益，譬如侵犯专利权的行为可以诉请知识产权局处理，侵犯商标权的行为可以诉请工商行政管理机关处理，或者诉请海关处理，也可以向法院提起诉讼。

此外，企业也应该建立面对侵权指控的应对机制，以维护自己的合法权益。知识产权制度的发展使得知识产权权利呈现出复杂化的特征，不仅是权利项目呈现出集束状，而且同一智慧创作物所产生的权利也不只是一个种类，而有可能存在多项知识产权。以专利为例，传统上人们认为，一个装置或机器只有一个专利。然而，越来越多的产品包含许多不同的部件，而每一个部件都有可能存在一个或多个专利权。譬如，3G蜂窝式电话系统标准上就存在上千必要专利，DVD也有超过四百多个的专利权。知识产品的生产者很容易陷入劫持策略者布置的陷阱或成为其钓鱼的对象。这就要求我们的企业建立面对侵权的应对机制，以维护自己的合法权益。

（二）典型企业的具体制度

企业是我国的经济细胞，肩负着技术创新、知识创新、产品开发与生产的重任，在推动国家知识产权产业化发展方面具有独特的地位。企业实施有效的知识产权管理对于企业加强知识产权保护，有效地利用知识产权战略开展企业经营管理活动，提高自身的市场竞争力，具有十分重要的作用。这方面国内一些企业也有成功的经验。

1. 海尔集团公司

（1）企业内部专利行政管理。海尔集团设立了集团、本部、事业部三级专利管理体系。集团管理部门是知识产权中心，行使总体管理职能。目前该中心以集团最高级程序文件形式下发《专利管理规定》，明确了工作程序、复审、考核方法等；知识产权中心与科技委员会根据本年度新产品、新技术开发规划，结合上年度各单位的专利申请情况，制定本年度专利申请规划，进行目标分解，落实到各专利单位；各单位进行二次分解、落实，首先对年度科技开发指标进行专利含量估算，确定其专利申请指标，从而有效控制专利的申请量。具体的实施过程中，采取对已有技术、单一项目进行多项专利申请的方式。一项技术开发前，先进行专利文献检索，对比已有技术进行分析、借鉴、参考其精华，用以指导自己的设计开发，同时，又根据已有专利确定出自己专利的保护角度，并且就一项技术进行多项专利申请，充分扩大技术保护范围，形成各自产品的专利保护网。集团本部设立专职知识产权专管员；事业部设立兼职专利管理员，具体执行实际工作。此外，海尔集团还设立了许可证合同专利部。

（2）企业专利信息管理机制。1992 年，海尔集团知识产权办公室与中国专利局自动化部（信息中心）合作，开发建立了“中国家电专利文献数据库”，利用计算机自动数据库的形式收集了 3 万多件家电专利文献，从而使专利文献工作由手动变为自动，大大提高了检索的速度、质量和准确度，实现了文献信息管理自动化。这样，技术人员查阅专利信息更加方便，提高了技术开发的效率，大量科技成果及新产品的推出，为海尔成功的向多元化发展提供了有效的专利信息支持。1995 年，海尔集团又与已有长期密切合作关系的青岛市科委专利服务中心联手，建立了“中国家电行业专利信息库”，对最新的专利公报进行动态监控，将家电类专利文献进行摘录，以月度为周期进行汇总，编制成微机数据库形式，再将其进行二次加工，按所属企业的产品，将信息汇编成专题产品文献册，直接传送到企业领导和科研人员的手中。因此，海尔通过与市科委专利服务中心、省专利局文献室、国家专利局信息中心等服务机构进行联合，充分运用“借力”模式，结合自身的信息网络，为企业从不同角度提供不同的专利信息，并通过已有的文献系统资料库、国家专利局的专利文献光盘，形成了一套稳固、易操作且严密的信息来源渠道及加工分析网络。

1997 年以来，海尔的专利文献工作有了很大进展，知识产权中心把目标对准国外拥有最先进技术发展的大公司、大企业，充分利用专利文献的巨大作用，监控国外大公司的专利技术及其发展动态，同自己的技术开发相结合，以赶超世界同行业先进技术水平。对已有的产品项目进行国内国外的技术动态行业监控，从项目设计的相关领域、国内外目标公司等不同角度进行专利跟踪，形成课题积累资料库、竞争对手技术资料库，做到随用随查，知己知彼。

(3)对技术发明人的激励管理。海尔公司除了统一制定奖酬制度外，海尔集团各单位也制定了自己的奖励措施，比如把奖励机制分解成申请、授权、利用三个阶段执行兑现，科研人员、专利管理人员的工作达到某一阶段，便兑现该阶段的奖酬，并且年终以总量为考核，作为评选先进、申报“海尔奖”的重要依据。

2. 西安飞机工业公司

西安飞机工业公司是我国实行科研生产一体化的大型航空工业企业。20世纪90年代以来，随着我国知识产权制度的逐步完善，该公司加强了知识产权管理制度建设。1994年以来，先后制定了《保护西安飞机工业公司知识产权的若干规定》和《西安飞机工业公司知识产权管理条例》。

(1)不断强化知识产权的制度建设。西飞公司的知识产权管理制度建设主要体现为“三级”管理制度。其一是制定实施《西飞公司知识产权管理条例》。该条例是整个知识产权管理的核心文件和指导性规范，成为公司制定其他知识产权管理规定的基础，也是公司实施知识产权管理的纲领性文件。其二是制定专项知识产权方面的管理规定。公司制定了《西飞公司专利管理办法》《西飞公司商标管理办法》《西飞公司技术秘密管理办法》，这些规定具体指导公司的专项知识产权管理活动。其三是针对特定情况、特定产品、特定人员的知识产权专项管理规定。该公司制定了《知识产权项目档案管理制度》《民用项目知识产权管理办法》《外来人员参观技术设施管理暂行规定》等。

(2)形成符合自身发展特点的知识产权管理模式。公司在一系列具体的知识产权管理中，形成了以下管理模式：建立知识产权三级管理组织机构；实行专利的集中管理模式，充分利用文献为公司的科研、生产服务，强化发明人和设计人的激励措施；实行突出主商标的商标战略，通过商标管理树立企业形象，促进和提高产品质量和服务水平；强化对技术秘密的管理，对重大技术秘密项目采用与主要涉密人员签订保密协议的形式加以保护；完善档案管理制度，适应知识产权保护的要求。

3. 华为公司

华为公司重视“拥有自主知识产权的世界领先的电子和新技术的支撑体系”的构建，重视新技术的研究开发及知识产权管理。

(1)知识产权管理机构。华为公司1995年成立知识产权部，负责专利、商标、著作权、域名、保密、科技情报、合同评审、对外合作、诉讼事务等工作。这些部门与技术开发部、总体技术办、流程管理处、安全管理部等联合成立了领导小组,建立相互联系的制度。

(2)知识产权制度建设。华为公司1995年制定实施了《华为知识产权管理办法》,内容主要涉及:界定智力成果、专利、职务发明、技术秘密等概念;建立知识产权管理机构;专利申请与保护、商标命名与注册、软件保护、非专利技术与商业秘密保护、无形资产评估、知识产权许可贸易等各项知识产权管理业务;有关奖惩制度等。

(3)奖惩措施。华为公司1995年制定了《华为公司科技成果奖励条例》,确立了专利申请奖、初审合格奖、专利授权奖、专利实施奖等奖励类型,当专利申请进入到什么阶段,公司就发放这一阶段的奖励。此外,华为公司还制定了《专利创新鼓励办法》,以此激发员工从事技术创新。该办法将专利工作与员工的绩效、工资待遇联系起来,有效地调动了员工从事研究开发的积极性。

4. TCL集团股份有限公司

TCL集团股份有限公司的知识产权产业化制度主要有:建立健全专利管理制度;每年研发投入达到产品销售收入的3%;投资30多万元建立了"TCL中外专利信息系统",该系统包括电学、光学、声学、信息、机电工程、照明、测量、测试等,使研发人员及时了解世界最新专利成果;以项目为纽带积极开展产学研,加快掌握自主知识产权的速度。

5. 中国石油集团

在宏观政策与发展规划上,中国石油集团先后制定了完整的《"九五"科技发展纲要》和《"九五"新技术推广规则》,并与前国家科委火炬计划办公室联合制定了《中国石油天然气总公司高新技术企业认定实施细则》。在国家科委划定的高新技术产业范围的基础上,根据石油工业的特点,确定了石油高新技术产业发展的内容与重点,制定了鼓励石油企事业单位兴办高新技术企业的优惠政策。

六、构建我国保护制度的对策

根据我国知识产权产业化保护的现状,总结我国国家层面、地方层面、行业层面、企业层面等多方面的经验教训,本课题组认为,构建我国促进知识产权产业化的保护制度应该考虑以下几个方面:

(1)流程管理,防范侵权更有效。规模化生产降低产品的可变成本的方式来防范仿冒产品十分有效。产品生产环节:通过产品本身让防范机制发挥作用。

生产流程:在这个领域,对侵权行为的防范机制发挥作用的重点不在产品本身,而是在生产方式和手段上。此外还包括知识管理手段,比如分割生产流程,将核心技术转移到本土市场等。人力资源环节:重点不是仿冒产品被如何制造而是谁在制造。一般来说,如果雇员能够与企业建立比较紧密和长久的服务关系,那么本企业产品被盗版和侵权的概率就有可能降低。法律环节:通过法律手段对盗版和侵权行为进行防范,比如注册商标、申请专利等。采取有效措施,营造有利于技术创新和发展高科技、实现产业化的政策环境。

(2)实行财税扶持政策。各级财政部门要加大对知识产权产业化投入的力度。财政对知识产权产业化的投入方式,由对科研机构、科技人员的一般支持,改变为以项目为主的重点支持;国家科研计划实行课题制,大力推行项目招投标和中介评估制度;建立科技型中小企业知识产权创新基金,为知识产权产业化提供资金支持。

允许和鼓励技术、管理等生产要素参与收益分配。在部分高新技术企业中进行试点,从近年国有净资产增值部分中拿出一定比例作为股份,奖励有贡献的职工特别是科技人员和经营管理人员。

(3)实施金融扶持政策。金融机构要充分发挥信贷的支持作用,积极探索多种行之有效的途径,改进对科技型企业的信贷服务。依据企业的不同特点建立相应的授权授信制度,完善资金管理办法,增加信贷品种,拓展担保方式,扩大科技信贷投入。要尽快研究提出解决中小型科技企业贷款担保的办法。对符合条件、能提供合法担保的科技项目,要优先发放科技贷款与技改贷款;对于有市场发展前景、技术含量高、经济效益好、能替代进口的高新技术成果转化和技术改造项目,要提高贷款支持力度。国家对这类项目给予相应的贴息支持。国家对高新技术产品出口在信贷和贴息方面给予扶持。

要培育有利于高新技术产业发展的资本市场,逐步建立风险投资机制,发展风险投资公司和风险投资基金,建立风险投资撤出机制,加大对成长中的高新技术企业的支持力度。引进和培养风险投资管理人才,加速制定相关政策法规,规范风险投资的市场行为。优先支持有条件的高新技术企业进入国内和国际资本市场。在做好准备的基础上,适当时候在现有的上海、深圳证券交易所专门设立高新技术企业板块。

(4)完善科技人员管理制度,鼓励转化科技成果。科研机构转制为企业后,实行企业的劳动用人制度和工资分配制度。继续由政府支持的科研机构要实行以全员聘任制为主的多种用人制度。改革现行职称制度,推行岗位职务聘任制。

对科研机构内部的职务结构比例，政府人事主管部门不再实行指标控制，由科研机构根据自身需要，自主设置专业技术岗位和职务等级，确定岗位责任和任职条件。科技人员竞争上岗，所取得的岗位职务和相应待遇仅在聘期内适用。科研机构实行按岗定酬、按任务定酬、按业绩定酬的分配制度，自主决定内部分配。

科研机构、高等学校要重视对技术创新带头人的培养和使用。要在科技人员中大力弘扬爱国主义、集体主义和求实创新、拼搏奉献的精神。造就一批适应市场竞争、善于经营管理、勇于开拓创新的技术和经营管理人才，努力为他们的成长创造良好的环境和条件，使他们有用武之地，促使优秀人才特别是青年人才脱颖而出，尽快走上关键岗位。

要进一步采取切实措施，以多种形式吸引优秀海外人才。在职务科技成果转化取得的收益中，企业、科研机构或高等学校应提取一定比例，用于奖励项目完成人员和对产业化有贡献的人员。

(5)对科研机构转制为企业的给予专项政策扶持。科研机构转制时可以自主选择转为企业或进入企业的具体方式。转制时其全部资产(包括土地使用权)转作企业资产，全部资产减去负债转作国有资本金或股本金；原拨付的正常事业费，主要用于供养转制前离退休人员。转为企业的可将其原名称作为企业名称；进入企业的可继续以原名称从事科技开发等业务活动。

科研机构转制时，在职人员实行企业职工养老保险制度，纳入当地养老保障体系，建立基本养老保险个人账户，单位和职工从转制后开始按比例缴纳养老保险金，转制前视同已缴纳。其中，转制前参加工作的在职人员，按法定年龄退休后，领取的养老保险金低于原事业单位标准的，可由单位按原事业单位的标准给予补贴。

(6)正确评价科技成果和进行科技奖励。国家根据各种科技活动的不同特点，实行相应的评价标准和方法，精简奖项数目，提高奖励力度。在国家级科技奖项中，自然科学奖的评审标准要与国际标准一致，侧重科学水平、科学价值；技术发明奖要奖励重大技术发明，特别是战略高技术的发明者；科学技术进步奖要强化高技术成果产业化导向，侧重自主知识产权和经济社会效益；国际科学技术合作奖要设置双边、多边科技合作奖。特别设立国家最高科学技术奖，对在当代科学技术前沿取得重大突破或在科学技术发展中有卓越建树的，在技术创新、科技成果商品化和产业化中创造巨大经济效益或社会效益的杰出人才实行重奖。

鼓励和规范社会力量举办的各种科学技术奖励。同时加强对各地区、各部门和社会奖励的管理。要较大幅度地精简部门和地方的奖项及获奖数目，改变将科研人员待遇与科技奖励普遍挂钩的状况。对科学技术奖励要建立客观、公正的评审办法，完善评审机制，强化政策导向。

科技成果的价值，最终要看是否符合国家的需要，是否占领市场并获得良好效益。要改革和完善对研究开发成果或产品的鉴定办法。政府计划项目成果应委托有资格的社会中介服务机构进行客观评价，根据合同组织验收。

(7)加强对知识产权保护。对于政府财政资金支持的科技项目，要充分运用知识产权信息资源，选准高起点，避免低水平重复研究；对于取得的科研成果，要重视运用知识产权制度保护其合法权益；对于知识产权的职务发明人、设计人、作者以及主要实施者，要给予与其实际贡献相当的报酬和股权收益。要大力加强知识产权法律宣传和人才培训工作，引导企业、科研机构和高等学校建立和完善知识产权管理制度。要进一步提高全社会知识产权保护意识和法制观念，加大知识产权保护和执法力度，坚决查处和制裁各种侵权行为，及时有效地处理知识产权侵权和纠纷案件。

(8)加强党和政府的领导，全面推进技术创新，发展高科技，实现产业化。各级党委和政府以及有关部门要充分认识加强技术创新，发展高科技，实现产业化的必要性和紧迫性，切实加强对这项工作的领导。要认真调查研究，根据本地区、本部门的实际情况，解放思想，大胆创新，形成具有地方特色和优势的科技与经济发展战略。要具体部署科研机构企业化转制的工作，明确技术创新的工作目标与重点，制定切实可行的措施。要认真总结、宣传各地的成功经验，加强督促检查，积极务实地推进技术创新和科技成果商品化、产业化的工作。

(9)完善科技立法，加强国家创新体系建设，加强协作。各地区、各部门要进一步强化全局观念和法制观念，从经济、科技、教育和管理等各方面全方位加快技术创新和发展高科技，实现产业化进程。要充分发挥各民主党派、群众团体、民间组织的优势，鼓励他们积极贡献力量。国务院有关部门要紧密配合，采取积极措施，主动为技术创新和科技成果商品化、产业化服务。

总之，加强技术创新，发展高科技，实现产业化，是坚定不移地实施党的十五大提出的科教兴国战略和可持续发展战略的重大举措。我们一定要在以胡锦涛同志为核心的党中央领导下，发扬当年搞“两弹一星”的那种团结协作和艰苦奋斗的精神，发挥科技第一生产力的强大作用，努力提高国民经济整体素质，增强综合国力，把我国社会主义现代化建设事业推向前进。

10

第十章 国际合作

一、引言

俗话说:近朱者赤,近墨者黑。这句话告诉我们,环境对于人的成长、对事物的发展具有非常重要的影响力。在研究构建促进我国知识产权产业化制度时,我们一定要远离“墨者”、靠近“朱者”吗?这需要我们作辩证分析。为了构建一个能够对我国经济发展具有重要作用的知识产权产业化制度,本课题组认为,我们不仅需要接近“朱者”,而且还需要接近“墨者”。其理由在于:(1)从积极意义上讲,成功的经验是一笔宝贵的财富,它让我们知道应当怎样做才能取得成功。但是,某一个具体个人或者企业采取的某一种成功的做法并不一定适合于其他的个人或者企业。如果你机械地模仿别人的成功做法,等待你的可能是失败。我国历史上“东施效颦”❶的故事家喻户晓。换言之,近朱者并非一定能“赤”。❷(2)从消极的意义上讲,失败的教训也是一笔宝贵的财富,它让我们知道这样做可能导致失败。但是,事物是在不断变化的,对某一个人来说是失败的做法,对其他人来说,这样做或者稍加修正的去做,并不一定也是失败。换言之,近墨者并不一定就变成“黑”。❸

前面的论述告诉我们,不论是近朱者还是近墨者,都表明当事者没有将自己

---

❶ 东施效颦这个成语,比喻胡乱模仿,效果极坏。西施是中国历史上的“四大美女”之一,是春秋时期越国人,有心痛的毛病。犯病时手扶住胸口,皱着眉头,比平时更美丽。同村女孩东施学着西施的样子扶住胸口,皱着眉头,因其本来就长得丑,再加上刻意地模仿西施的动作,装腔作势的怪样子,让人更加厌恶。

❷ 靠着朱砂的变红,靠着墨的变黑。比喻接近好人可以使人变好,接近坏人可以使人变坏。指客观环境对人有很大影响。

❸ 同上。

与其他的人或事相孤立，至少当事者愿意与他人打交道，只不过是考虑是与什么样的人或事打交道，是在选择过程中分析其利弊得失、好坏优劣而已。如果当事者既不近朱者也不近墨者，那么，这个人会是一个什么样子的结果呢？既不赤也不黑？既赤且黑？赤而不黑，黑而不赤？说不清楚。构建促进我国知识产权产业化制度，我们就必须同时与朱者和墨者打交道，既能学习其他国家或地区的成功经验，也能清楚地知道其他国家或地区失败的教训。具而言之，就是我们应当积极地进行知识产权领域的国际合作。

二、知识产权产业化的国际视野

（一）知识产权国际化发展趋势

知识产权最初是在一定行政区域或特定国家内部实施的，因此地域性一直是知识产权的基本特征。随着信息化、网络化的发展，信息化的生产、交往方式和虚拟的网络世界已经使地域性的存在地位产生了某种程度的动摇，与知识产权"地域性"相区别，虚拟的网络世界已经突破了传统的时空概念，科学技术的无国界性已经使无地域性正在成为知识产权的新特征。[1]

知识产权国际化的发展完全可以从知识产权国际协议和公约的发展历程得到证明。1967 年，世界知识产权组织建立，这是第一个世界范围内的知识产权国际组织，表明知识产权保护开始向国际化迈进。从 19 世纪末到现在，国际上相继缔结了许多知识产权条约，例如，《保护工业产权巴黎公约》《保护文学艺术作品伯尔尼公约》《商标国际注册马德里协定》《专利合作条约》等。尤其是世界贸易组织的建立，它标志着国际贸易新体制的诞生，是世界经济一体化的重要里程碑，也是知识产权贸易在国际贸易中上升为主导地位的标志。作为世界贸易组织三大支柱之一的《知识产权协定》，将知识产权正式纳入国际贸易法律框架体系，使知识产权随着经济全球化、贸易一体化的世界经济进程一起向国际化迈出了最为关键的一步。在 WTO 的框架下，国际贸易不再仅仅是货物的贸易，现在和将来的国际贸易包括货物贸易、服务贸易和知识产权贸易三个板块。知识产

---

[1] 对知识产权地域性进行挑战的做法，首先来自知识产权国际公约的缔结与实施，使得各个国家或者地区的知识产权交流变得非常容易，进而导致知识产权的地域限制削弱。其次是版权保护的自动性，使得在某一成员国创作的作品，根据《伯尔尼公约》或者《知识产权协定》，能够在此特定时间同时在所有成员国受到保护，感觉仿佛没有了地域限制。最大的挑战就是有美国、欧盟和日本发起的世界专利。如果某一天准予一项世界专利了，那么，它将同时在所有缔约国产生效力。到那时，至少是最需要受到地域限制的专利，没有了地域限制。

权贸易上升为国际贸易的三大板块之一，而且在货物贸易和服务贸易中到处都有与知识产权有关的问题。通过这些知识产权国际公约，有关知识产权的概念、内容、范围和保护程度等呈现出日益趋同的趋势，这不仅为知识产权保护国际化提供了制度基础和操作平台，而且本身就是知识产权向国际化迈进的实质性步骤。随着知识经济的发展，知识产权贸易的比重和地位必将不断上升。知识产权在国际贸易竞争中的重要战略地位由此可见一斑。

20世纪80年代以来，西方发达国家为了巩固其在世界经济中的强势地位，陆续采取了一系列加强知识产权创造、管理、运用和保护的重大举措。国际知识产权制度发展态势主要表现为：知识产权正成为各国增强国家经济、科技实力和国际竞争力、维护本国利益和经济安全的战略资源；知识产权制度国际化趋势加快，知识产权保护成为国家之间进行科技、经济、贸易和文化合作与交流的重要组成部分；随着信息技术、生命科学、海洋技术、新材料技术等高技术的快速发展，各国加强了知识产权的立法工作，知识产权保护范围不断扩大，保护水平和保护力度不断增强；知识产权正成为各国企业取得国际国内市场竞争优势的重要手段；知识产权在全球的申请或注册数量快速增长，掌握和控制关键领域和前沿技术中的知识产权成为各国在国际竞争中的焦点所在，同时知识产权已成为科技、经济竞争的主要内容和重要手段。

许多国家把知识产权从原来的纯法律范畴提升到国家大政方针和发展方略的宏观高度，把加强知识产权工作作为在科技、经济领域夺取和保护竞争优势的一项重要战略。如在专利领域，美国已对含有计算机程序的计算机可读载体、基因工程、网络经营模式等发明给予专利保护。❶ 发达国家知识产权保护覆盖了基本的研究手段和市场化产品，知识产权的保护范围被逐步扩大。亚洲新兴工业国家也越来越重视保护自己的知识产权。跨国公司更是在利用知识产权制度制约竞争对手、维护自身利益方面采取了更加有力的行动，仅一个美国史克公司，就在120多个国家注册了25 000多件商标。❷

随着信息技术的迅猛发展和交通工具的巨大进步，世界经济已经由工业经济向知识经济（或者称信息经济、后工业经济等）转变，人类社会开始由工业社会向知识社会发展。在知识经济中，农业产品和工业产品从数量、质量和品种等各

---

❶ “浅议知识产权保护工作怎样应对入世后的挑战”，载 http://www.chinaue.com/html/2005-12/20051212180835501.htm.

❷ “经济全球化时期的商标战略”，载 http://www.315jx.cn/tsydnews.aspx? aid=8865.

个方面都会比过去有很大的提高，但是知识对农业产品和工业产品发挥着重要影响，知识产品将和农业产品及工业产品一样，成为社会的主流产品之一。相应地，文化产业将成为更加重要的产业，知识型企业将在知识经济中起主导作用。在社会的财产中，和其他财产相比较，知识财产不再处在次要和服从的地位，而将处于主要和支配的地位。知识的创造、利用、传播、交易将成为社会生活的重要内容，知识产权将无所不在、无处不在。由此可见，在知识经济社会中知识产权有着多么重要的战略地位。

进入21世纪以来，随着世界经济全球化进程的加快和科学技术的迅猛发展，作为鼓励和保护创新、促进人类社会进步和经济发展的基本法律制度，知识产权制度在经济和社会活动中的地位得到历史性提升，知识产权保护受到国际社会的广泛关注。

（二）我国知识产权产业化面临的国际形势

21世纪，经济全球化是大势所趋，科技经济将改变传统的贸易方式，如网络经济、电子商务等。在这种形势下知识产权产业化的国际趋势不可阻挡，知识产权和与相关联产业的发展不再局限于某一国家或地区，而是全球化、一体化。在全球范围内，外国大型企业利用知识产权占领高新技术产业制高点，试图将世界版图归于自己的掌控之中。在这样的背景下，知识产权产业化面临的国际形势具体表现在：

1. 知识产权政策已成为各国政府决策的重要内容

从我们面临的国际知识产权形势来看，知识产权已成为国际政治、经济、科技和军事竞争的焦点。近年来，以美国、日本、欧盟为代表的发达国家，纷纷根据自己的势力范围调整或制定面向新世纪，面向不发达国家的知识产权战略，并将其纳入国家经济、科技发展乃至全球总体战略之中，期望通过强化知识产权保护取得更大的市场份额。其中，日本政府还特意在20世纪末提出了“知识产权立国”战略。由此可见，知识产权政策已成为各国政府决策的重要内容。

2. 专利审查的国际化

以美国、日本、欧盟为代表的发达国家和地区提出打破专利审查的国家限制，建立“世界专利”，即由少数几个国家负责专利审查并授予专利权，其他国家承认其审查结果。其目的就是垄断和控制发展中国家经济、科技及军事的发展，使其永远处于落后状态。根据统计，我国有60%的出口企业遭遇过国外技术壁垒，发达国家利用技术壁垒使我国出口额每年损失约500亿美元。[1]“世界专利”这一设想如果实现，发达国家会从中谋取更多的经济利益，而对包括我国在内的广大发展中国家来说，这意味着我们形成自己的创新能力，提高自己的科技竞争能力将受到极大限制，国家的经济安全和主权将面临严重威胁。

3. 跨国公司实行“跑马圈地”的专利战略

跨国公司的这种知识产权战略在我国的表现尤为突出。近年来，跨国公司大举进入中国市场，实行“跑马圈地”的专利战略。目前，许多跨国公司已纷纷进入中国市场，实行“产品未到，专利先行”或“资金未到，专利先行”的战略，抢先在中国申请专利，以便及早占领市场。这些跨国公司的申请范围涵盖了当今世界高新技术的主要领域，特别是在迅猛发展的信息技术、生物技术等领域的专利申请量在我国占绝对优势，这对我国今后这些领域的发展将构成严重制约。一些发达国家（如美国、日本等国）不仅加紧研究制定知识产权战略、在发展中国家抢注知识产权，而且还时刻跟踪、研究发展中国家知识产权保护状况和进展情况。他们最终是要达到控制发展中国家政治、经济乃至军事的发展，使其永远处于落后状态的目的。

（三）知识产权产业化国际化意识

中国加入WTO以后，中外企业便开始了全面、直接的交锋。知识产权作为知识经济条件下的核心财富，在国家经济竞争和企业竞争中显得尤其重要，特别在经济全球化发展的今天，知识产权已经成为各国争夺国际市场的最重要的武器。

众所周知，知识产权的竞争不只是在本国市场，而是在整个世界市场。以美国为首的西方国家已经开始以知识产权作为王牌，占据和扩张其市场范围。近年来，西方国家有目的地在我国大量申请专利。据统计，20世纪90年代末期，在核技术、计算机、医药、生物、通讯和半导体等高技术领域，外国在我国申请的发明专利已经达到了我国受理的专利总量的90%以上。[2]当国内的相关产业发展到一定程度的时候，就会发现我们需要开发或使用的技术，已经被外国人申请了专利。面对这种情形，我们只有两个选择：或者向外国人交一大笔使用费，换取使用权；或者停止相关产业的发展，把市场拱手相让。当跨国公司纷纷利用知识产权在我国“跑马圈地”，实行知识产权产业化发展的国际化策略时，我们自己的

---

[1] 马秀山：“专利　标准　壁垒”，载 http://www.sipo.gov.cn/sipo/zscqb/yaowen/t20020131_3873.htm.

[2] “亡羊，如何补牢?”，载 http://www.people.com.cn/GB/paper77/1675/271805.html.

情况又是如何呢?

1. 堵死各种可钻的空子,外国企业就只能按套路出牌

不可否认,虽然情况令人担忧,但国内的大部分企业没有意识到自己所面临的危险,许多企业实际上连起码的知识产权意识都没有。据有关部门统计,我国有70%以上的国有大中型企业、95%以上的小型企业没有提出过一件专利申请。[1] 不仅如此,我们一些企业对自己的技术秘密、技术创新严重缺乏保护意识,一些科研成果通过学术交流、发表论文、公开展览或使用等方式向国外无偿公开。即使一些申请了专利的成果,由于只申请了中国专利,也随着专利的公开而被西方国家无偿获得和使用。

在商标领域问题同样令人忧虑,国内企业至今仍然缺乏必要的商标意识,绝大多数企业至今仍然没有自己的注册商标。由于绝大多数的企业只是使用自己的未注册商标,或者只是将自己的商标在中国注册,没有注意到商标注册的地域效力,因此,中国企业商标在国外被抢注的形势严峻。据统计,15%的国内企业的商标在国外被抢注。例如,有80多件在印度尼西亚遭抢注,近100件在日本遭抢注,有近200件在澳大利亚遭抢注。特别是一些知名商标在境外遭抢注的现象十分严重,如食品类商标:天津麻花商标"桂发祥十八街"以及北京酱菜老字号"六必居"在加拿大遭抢注;烟酒类商标:河南著名白酒品牌"杜康"在日本遭抢注,云南著名卷烟品牌"阿诗玛"和"红塔山"在菲律宾遭抢注,四川著名白酒品牌"五粮液"在韩国遭抢注;其他产品商标:海信公司的"HiSense"商标在德国遭抢注,厦门节能灯商标"FIREFLYKW萤火虫"在德国遭抢注,"康佳"在美国遭抢注,"科龙"在新加坡遭抢注;等等。资料显示,对2004年世界品牌实验室公布的"中国500个最具价值的品牌"中,有46%未在美国注册,50%未在澳大利亚注册,54%未在加拿大注册,而在欧盟的未注册比率则高达76%。[2]

相比较而言,国外的一些大公司,如索尼、联合利华公司等,拥有的注册商标达到几千件、上万件。外国一个企业拥有的注册商标之数量甚至超过我国一个大城市所有企业拥有的注册商标数量的总和。而且,我国较少的、能够在国际市场上具有一定知名度的商标,又纷纷在国外被抢注,我们通向国际市场的路被硬

---

[1] "知识产权保护平台建设研究——现状和问题",载 http://www.ier.org.cn/specialtopicshow.asp?newsid=10000090.

[2] 刘贵增:"中国企业国际化与品牌保护战略",载 http://www.njip.gov.cn/newsone.php?id=1297.

生生地被堵住了。而外商在进军中国市场时又瞄准了中国仅有的一些名牌，通过合资、收购的办法，将我国原有的这样一些名牌控制在自己手里，予以长期的闲置和冷却。仅就人们熟知的饮料、洗涤用品、化妆品等行业来看，原有的一些国产名牌绝大部分被外商“合资”后销声匿迹。

我们的企业在国内和国外两个市场同时遭到外国企业夹击的现象，既有外国企业不按套路出牌之错，但更主要的是我国企业没有知识产权国际保护的观念和意识，给了外国企业不按套路出牌的机会。从企业参与国际竞争的角度分析，大量抢注的情况说明了中国企业参与国际市场的竞争力不断提升，引起国外公司的关注。从企业内部分析，显现了中国企业目前在知识产权国际保护意识、资金投入以及知识产权管理和制定战略等方面存在的问题，其原因可以归纳为企业由于处在创业、成长的初期，所创立品牌的影响力不大；缺乏保护意识以及在国际化过程中的通盘策略；嫌在国外进行注册、保护的费用高；只在目前有出口和销售的国家和地区注册；只在目前销售的产品上注册；注册滞后于产品的销售等。从国外企业来看，中国产品价格具备竞争优势；产品转换灵活，适应市场需求；国际大企业更懂得游戏规则，或者滥用市场优势等。如果我们能够将所有的空子给堵死了，让它们无空子可钻，它们就只能按套路出牌了。

2. 经济发展需要我们加强知识产权产业化的国际协调

知识产权制度起源于西方国家，现已演进了近400年。知识产权保护是商品经济发展的内在要求，发达的商品经济又是知识产权制度存在和发展的深厚土壤。在这种情况下，企业的知识产权意识直接关系到企业的市场竞争能力，关系到企业的经营状况。而我国长期以来始终是一个以农业为主的国家，没有产生保护知识产权的内在要求。自清末以来的近现代知识产权立法，基本上都是迫于西方国家压力的产物。新中国成立以后，我国实行的计划经济体制，也使知识产权制度在整体上没有存在的环境。改革开放以后，我国开始恢复重建知识产权制度，在立法水平上基本达到了国际标准，基本制度已经与国际接轨。但是，我国的经济仍然不发达，市场经济体制还很不成熟。从整体上说，企业对知识产权保护还没有切身的体会和积极的要求。从一定意义上讲，我国的知识产权保护制度是依靠国家权力机关的立法行为强制推行的结果。在这种情况下，我国企业知识产权意识的提升还需要一个过程。

当然，随着我国的经济发展、对外贸易的增长和市场竞争的加剧，知识产权保护已成为企业自身的内在要求，在某些行业或领域，这样的要求可能还非常迫切。但是，由于一些地区或部门的执法者对知识产权保护的必要性缺乏足够的认识,加之地方保护主义、地方经济利益的影响,使一些企业的知识产权未能得到充分的保护。知识产权制度的激励机制未能发挥其应有的效能,企业开发和保护知识产权的积极性遭到挫伤,更谈不上体会到知识产权在企业竞争中的关键作用了。

在中国加入 WTO 以后,中国企业在国际市场与国内市场上都将与外商进行全面的竞争。现在所进行的竞争应当按照 WTO 所确立的规则(包括《知识产权协定》)进行,当然也包括知识产权争端机制所确立的规则。

从以上分析我们不难看出,我国的知识产权产业化国际化视野还不够深入人心,尤其是一些企业,对知识产权保护意识和知识产权产业化发展、国际化发展还不是太重视,为了避免我国企业在今后国际竞争中陷于同样的被动局面,必须要从观念上加强我国国民的知识产权国际保护意识,尤其是要加强企业对知识产权产业化的国际性认识。这就需要我们在全社会形成普及知识产权知识的共同意识,通过各种措施来扩张我国民众,尤其是企业对知识产权产业化的国际性视野。

三、知识产权产业化的国际协调

知识产权产业化制度建构的国际协调,是指在知识产权国际保护现行体系下,充分运用知识产权国际条约规定的保护措施来确保和促进我国知识产权产业化的顺利进行。知识产权国际保护,是指一国参加有关知识产权的国际公约或条约,并履行公约或条约所设定的国际义务,通过国内知识产权制度对其境内的知识产权予以保护。也就是说,是以履行国际公约或条约义务的形式,通过国际协调来实现对本国知识产权及其与知识产权有关产业的国内保护。

我国已经加入了世界贸易组织(WTO)并依据《知识产权协定》修改或者制定了相应的法律法规。伴随着 WTO 的建立及运转,《知识产权协定》已成为知识产权国际保护的一个重要标准,但世界知识产权组织(WIPO)作为联合国专门负责知识产权协调工作的机构仍将发挥巨大的作用。

(一)知识产权国际保护体系的发展历程

知识产权国际保护经历了从依据国内法保护逐步过渡到依据国际法保护的过程,而且多边国际保护伴随着国际政治、经济、文化的发展也经历了一个逐步演化的过程。该过程可以分为三个阶段:初创阶段;组织化阶段;贸易化阶段。

知识产权国际保护的初创阶段,是指从 1883 年《巴黎公约》诞生至 1967 年世界知识产权组织(WIPO)成立。从 18 世纪中叶到 20 世纪初期是全球市场建立和发展的时期,此时大工业在世界经济中开始占据支配地位,交通和通信手段的革命,大大缩短了各地区之间的距离,使国际贸易扩展到全球各个地区,而引发知识产权多边保护的导火索是1783年的维也纳国际博览会。由于担心本国国民的发明或商标在博览会上得不到保护而被其他国家的厂商利用,大多数接到邀请的国家都不愿参加,世界第一次多边知识产权冲突爆发了。为排除障碍,博览会举办国奥地利政府颁布法律,对参展的发明或商标给予临时保护。此次偶发事件,揭示了缺乏知识产权国际协调必将阻碍世界经济贸易交流的严重后果。基于这种严重后果的共同认识,在世界各国的共同努力下,终于在1883年签署了《保护工业产权巴黎公约》。此后,知识产权国际保护多边条约不断涌现,如1886年的《保护文学艺术作品伯尔尼公约》、1891年的《制裁商品来源的虚假或欺骗性标志协定》、1891年的《商标国际注册马德里协定》等。这些公约和条约奠定了知识产权国际性保护体系的基本框架。

组织化阶段,是指从世界知识产权组织成立到《知识产权协定》签署。依《巴黎公约》成立的巴黎联盟与依《伯尔尼公约》成立的伯尔尼联盟两个机构,于1893年联合组成"知识产权联合国际局",即WIPO的前身。在1967年斯德哥尔摩期间,《巴黎公约》和《伯尔尼公约》的缔约国签订了《建立世界知识产权组织公约》,并成立世界知识产权组织。后来,该组织成为联合国的一个专门机构。1995年之前,WIPO是唯一一个真正在知识产权国际保护方面有全球性影响的国际组织,它所管理的国际条约,也构成了知识产权多边国际保护的主要内容。

贸易化阶段,以《知识产权协定》的签署为标志。1994年4月15日,持续了八年之久的关贸总协定乌拉圭回合谈判结束,谈判各方在激烈的争吵和磋商之后,签署了《马拉喀什宣言》,宣布世界贸易组织正式成立,谈判达成的53个协议文件都将在1995年1月1日起正式实施,《知识产权协定》就是其中一个重要的协议。从此,在WIPO管理的条约之外,最重要又最具有特色的知识产权国际多边条约体系诞生了。WTO这个经济联合国通过把知识产权与国际贸易相挂钩的方式,解决了原来在WIPO体制下无法解决的一些问题,形成了知识产权国际保护新体制。

(二)知识产权国际保护新体系与我国的知识产权保护

1. WIPO框架下的知识产权制度

(1)WIPO的地位、历史功绩。

回顾19世纪以来的知识产权国际保护历史,可以说与WIPO有着不可分割的联系。美国正是不满于WIPO确立的知识产权国际保护体系,才创造了特别

301 条款,并以此相威胁,迫使其他国家加入了《知识产权协定》体。但是,新体系的诞生并不意味着原体系的彻底消失,WIPO 体系仍将以各种形式与新体系发生联系,在知识产权国际保护新体系的运转中发挥自己的作用。对于广大发展中国家而言,尤是如此。截至 2006 年年底,WIPO 已有 183 个成员国,签订了 21 个知识产权条约,❶中国于 1980 年 3 月 3 日递交了加入《建立世界知识产权组织公约》的加入书,从 1980 年 6 月 3 日起成为世界知识产权组织的成员国。

WIPO 体系的最大特点在于对发展中国家的支持和帮助,在联合国与 WIPO 达成的协定中确认:WIPO 服从联合国及其机构的约束,根据有关文件、条约和协定采取适当的行动,特别是应负责促进知识产权创造性智力活动,推动与工业产权有关的技术向发展中国家转让,以加速发展中国家经济、社会和文化的发展。WIPO 的一项重要的任务就是通过多种形式帮助发展中国家建立和完善知识产权制度。基本目标就是促进发展中国家在其国内和国际交往中尊重知识产权,“一个国家只有对发明者和文学艺术作品的作者进行保护,才能大大增强该国在技术发明和文学艺术领域的创造能力,并使这种能力在实际上真正得以存在。”

WIPO 的功能主要有:鼓励缔结新的知识产权条约,协调各国知识产权的立法;收集、传播有关知识产权的信息,从事和促进这方面的研究;给予发展中国家以法律和技术上的援助,也为成员国的其他要求提供服务。所有这些活动服务于该组织的尊旨,即“通过各国间的合作,并与其他有关国际组织适当配合,促进在全世界保护知识产权”,在世界范围内扩大对知识产权的尊重。WIPO 把这种“法律和技术上的援助”或“对发展中国家的援助”统称为“发展合作计划”。该计划的主要目标就是为发展中国家的知识产权发展进程作出特殊贡献。为了达此目标,WIPO 制定了在工业产权和版权方面对发展中国家提供帮助的长期计划,而且 WIPO 在知识产权上倾向于发展中国家的立场,这在《巴黎公约》的历次修订中一再显现。

(2)WIPO 近年来在国际协调方面的成就。

WIPO 近年来在知识产权的各个领域都做了大量的协调工作,主要表现在以下几个方面:

---

❶ 其中著作权方面的条约是 6 个,依次是:《保护文学艺术作品伯尔尼公约》(1886 年)、《保护表演者、录音制品制作者和广播组织罗马公约》(1961 年)、《保护录音制品制作者禁止未经许可复制其录音制品日内瓦公约》(1971 年)、《发送卫星传输节目信号布鲁塞尔公约》(1974 年)、《世界知识产权组织版权条约》(1996 年)、《世界知识产权组织表演和录音制品条约》(1996 年)。

商标领域。一是在商标领域与 WTO 互相合作,在《知识产权协定》缔结以前,WIPO 在知识产权保护上与 WTO 保持着工作联系。如 1995 年 12 月 22 日,WIPO 与 WTO 在日内瓦就其各成员的国内法的交换、在《知识产权协定》框架内实施《巴黎公约》第六条之三以及法律技术援助和技术合作等问题达成协议。二是 WIPO 近年来在专门问题上的协调。WIPO 针对驰名商标以及知识产权与电子商务、网络域名与商标冲突等专门问题,开展国际性的咨询磋商活动,寻求解决上述问题的措施。三是缔结了商标法条约。1994 年 10 月 27 日,为协调各国商标法,简化行政程序,使商标注册体系更加便利用户使用,WIPO 在日内瓦总部缔结了《商标法条约》(TLT)。四是协调尼斯协定下的《商品和服务国际分类表》的修订工作。五是《马德里协定》有关协议书的制定。WIPO 为吸引一些新的国家加入商标国际注册体系,自 20 世纪 80 年代起开始为拟定一个与协定相平行的新条约不断提出建议,并在协定国与有关国家之间斡旋。最后,在 1989 年 6 月的外交大会上通过了马德里协定有关议定书。

版权领域。20 世纪 80 年代,人类技术成果异彩纷呈,静电复印、录音录像、卫星广播、有限电视、计算机程序、电子数据库等新技术的发展对国际版权保护体系提出了极大的挑战。WIPO 从 1989 年起就着手版权法对新技术发展的应对策略的研究。

专利领域。WIPO 从 1985 年开始举行专家委员会,主题是关于建立国际性专利制度,其中专利法条约(PLT)是其在这方面通过组织一系列会议的产物。目前,WIPO 还在为此条约的完善做相关的国际协调工作。专利合作条约也是 WIPO在专利领域国际协调的一项重要工作成果。

(3) WIPO 在新体制下的作用。

目前《知识产权协定》已居于知识产权国际保护的主导地位,但新体系的诞生,并不意味着原体系的彻底消失,WIPO 体制仍将存在并以各种形式与新体系发生联系,并在知识产权国际保护新体系的运转中发挥巨大的作用,因为《知识产权协定》并不排斥 WIPO 涉足与贸易有关的知识产权。1995 年 12 月 22 日在日内瓦达成的《世界知识产权组织与世界贸易组织的协议》更是说明了这一点。

2. WTO 框架下的知识产权制度

1995 年 1 月 1 日,世界贸易组织正式成立,从此取代了关贸总协定,确立了多边贸易体制规则。它不仅从法律上具备了健全的国际法人资格,而且协调管理的领域拓宽,规则变严。世贸组织通过贸易政策审议机制、争端解决机制、补贴纪律、可持续发展、服务贸易自由化、知识产权保护和贸易政策、法规的透明度等基本原则，使其对世界经济贸易的发展产生重大影响。就世贸组织现有的职能和协调范围而言，它已成为名副其实的“经济联合国”。WTO 的建立逐渐弥补了 WIPO 在知识产权保护体制中的缺憾，尤其对于知识产权国际保护来说，经过乌拉圭回合长期艰苦谈判而最终达成的《知识产权协定》，是迄今为止知识产权国际保护中涵盖面最广，总体保护标准最高的知识产权条约。

一方面，《知识产权协定》建立在现有的知识产权条约基础之上，为 WTO 全体成员方必须遵守的知识产权保护义务规定了一系列最低标准。《知识产权协定》明确规定了知识产权保护范围，即版权与邻接权、商标、地理标志、工业品外观设计、专利、集成电路布图设计和商业秘密等。而这些最低标准主要活跃在这七大板块中，因此《知识产权协定》可以称为是“知识产权国际保护的法典”。[1]

另一方面，《知识产权协定》又为知识产权保护的执法机制勾勒了整体框架并规定了具体措施，而且更为重要的是，它规定了通过 WTO 争端解决机制来解决争端，从而大大强化了知识产权保护的力度。《知识产权协定》是值得赞赏的，因为它在多边贸易的框架下迫使政府采取积极行动保护知识产权，所以，在知识产权保护领域中，WTO 扮演着令人耳目一新的重要角色。

《知识产权协定》是世界贸易组织法律框架中最为重要的协议之一，是迄今为止知识产权国际保护体系中涵盖面最广，总体保护标准最高的知识产权条约。这也就意味着 WTO 必然在许多方面超越了世界知识产权组织的职能，并在 WIPO之外形成了一个崭新的知识产权国际保护体系。

3. WIPO 与 WTO 对知识产权保护的异同研究

世界知识产权组织是联合国的一个专门的机构，从 1967 年开始发挥其知识产权国际保护的重要作用，它的总部设在日内瓦，有 180 多个成员国。WIPO 主要运行四个国际公约：巴黎公约、伯尔尼公约、马德里协定和罗马公约，涵盖了专利、商标、版权和商业秘密等知识产权的最主要方面，但是美国等一些国家对 WIPO的规定并不满意。于是，在 1986 年开始 GATT 乌拉圭回合谈判时，美国政府转而致力于运用关贸总协定来加强对知识产权保护水平的努力。这种努力集中体现在 1991 年 12 月邓柯尔起草的与贸易有关的知识产权协议中。《知识产权协定》同 WIPO 都采用了国民待遇原则，但前者非常具体地规定了知识产权的最低保护标准，同时还规定了最惠国待遇。这两点在 WIPO 中是未作规定的，而这也是美国等发达国家所极力追求的。

---

[1] 曹新明：《中国知识产权法典化研究》，中国政法大学出版社 2005 年版，第 78 页。

乌拉圭回合关于《知识产权协定》的谈判，所预设的一个重大前提是就相同的议题不采取有害于 WIPO 已有成果的措施，并且，这一前提为参加谈判的各方所广泛接受。近年来，在《知识产权协定》的背景下却出现了 WTO 与 WIPO 之间一些不和谐的音符。这种现象的出现，不仅与知识产权国际保护被冠以“与贸易有关”的头衔有关，而且也与 WTO 与 WIPO 这两大国际经济组织自身不断地改革有着密切的联系。

(1)有关条约之间的冲突。

第一，条约在价值取向方面的差异。众所周知，WIPO 是隶属于联合国的专门机构。联合国的宗旨之一是加强国际合作以促进对人权的尊重。1948 年的《世界人权宣言》第 27 条指出：“人人享有自由参加社会文化生活的权利”，1966 年的《经济、社会和文化权利国际公约》第 15 条进一步指出：“公民享有参加文化生活和享受科学进步及其应用所产生之利益的权利。”这两条规定，实际上为知识产权进入国际人权法保护领域提供了坚实的基础。在 WIPO 管理的一系列条约中，许多保护知识产权的规定均充分体现了人权法所一贯倡导的理念，知识产权被视为人权的有机组成部分得到了较为完整的保护，比如《伯尔尼公约》中对作者的“经济权利”和“精神权利”的双轨制保护。

而与之相反的是，WTO 却对此采取了消极的态度。这集中体现在《知识产权协定》在版权领域对作者“精神权利”的排除。难怪 WIPO 在其 1994 年 6 月举办的“未来版权与邻接权研讨会”上，开诚布公地指出：伯尔尼公约中无论是对作者精神权利的保护，还是对其经济权利的保护，都是当做“人权”来保护的，因此与《世界人权宣言》一致。而《知识产权协定》所讲的知识产权保护，在理论上和目的上均不同于《伯尔尼公约》。

对于以上这种反差，前任 GATT/WTO 法律顾问彼特斯曼教授提出了“《知识产权协定》没有参照人权法”的批评。❶ 他一针见血地指出了这种现象的原因，即制定贸易政策的政治家宁愿选择避免人权对话从而使得政治化的贸易关系不具有民主色彩。❷ 同样，联合国人权委员会发布的《知识产权与人权》报告指出，《知识产权协定》所包含的知识产权措施与国际人权法是冲突的。

第二，因条约的修订而产生的分歧。《知识产权协定》在其相关条款中规定

---

❶ 转引自吴汉东：“知识产权 VS. 人权：冲突、交叉与协调”，载 http://www.66wen.com/03fx/faxue/faxue/0694/20632.html.

❷ 同上。

了它与《巴黎公约》《伯尔尼公约》《罗马公约》《关于集成电路知识产权条约》等由 WIPO 管理的国际知识产权条约的关系，因此这些条约的一些规定直接或间接地进入了《知识产权协定》。不难看出，这些条约中被《知识产权协定》纳入的相关条文，存在着“双重管辖”的现象，即 WTO 与 WIPO 都有权管理这些条文。

事实上，WIPO 管理的一些重要条约的现行文本都是在经过多次修订而形成的，如《巴黎公约》就经历了 8 次的修订，而形成了现有的 1967 年文本。《伯尔尼公约》也是在经历了多次修订的基础上，形成了现有的 1971 年文本。就目前的情况来看，WIPO 管理的主要条约的现行文本有的已处在修订的议程中。

如果那些已经进入《知识产权协定》的其他条约的相关条文，在 WIPO 中已被修订，那么为了保持条约之间的协调一致，WTO 有必要对《知识产权协定》进行相应的修订工作。然而，WTO 中针对《知识产权协定》的修订程序很难跟上 WIPO修订条约的节奏。结合《建立 WTO 协议》和《知识产权协定》的相关条文可以得出，以提高知识产权保护水平为目的的修订，在“与贸易有关的知识产权理事会”(TRIPS 理事会)一致同意的基础上，提交部长级会议讨论通过，且不必要经过正式的接受程序。这样的安排，其目的虽然是为了《知识产权协定》的进一步修订提供“绿色通道”，但是这一程序的一个重要前提是 WTO 的全体成员已接受其他多边协议中已生效的修订，同时由于部长级会议是两年召开一次并以协商一致作为决策方式，这都使得《知识产权协定》的修订仍然进程缓慢。而且由于并非所有的 WTO 成员都是 WIPO 管理的相关条约的成员国，因此，部长级会议能否就《知识产权协定》相关条文的修订达成协议仍然是个未知数。这也就意味着，条约修订这个问题，很有可能引起 WTO 与 WIPO 之间的分歧。

(2)争端解决机制之间的冲突。

杰克逊教授曾指出，有的国家希望将知识产权保护移植入 GATT 体制的最重要的理由，就是羡慕 GATT 的争端解决机制，因为该机制已演化到了这样一个高度，即为国际条约规范实行相对强制执行规定了合理而有效的程序。[1] 现行的 WTO 争端解决机制是建立在原有的 GATT 争端解决机制的基础上的，并对其进行了突破性的改造与发展。

然而，在 WIPO 内部却没有一套适用于国家间的争端解决机制。《巴黎公约》和《伯尔尼公约》分别在其第 28 条和第 33 条中，规定了成员国若不能通过协商

---

[1] “WTO 与 WIPO：TRIPS 协议框架中的冲突性因素与合作契机之探讨”，载 http://www.myipr.com/suma/2005-05/3357.html.

来解决争端，一国可向国际法院起诉。但这两个条文又指出，成员国可以对以上规定提出保留，允许由其决定是否接受国际法院的管辖。这使得争端解决的前提即管辖权的确定上存在致命的缺陷，而且至今也尚无通过国际法院解决国家间知识产权争端的先例。所以，这种“外置型”的争端解决规定是没有价值的。现有的WIPO仲裁与调解中心，主要是为私人间的知识产权国际纠纷提供仲裁和调解服务。虽然，根据该中心的解释：“国家实体可以作为由本中心解决争端当事人，但是，它需书面同意和其他当事人具有同样的地位。”这要求国家放弃豁免权，实质上国家是作为民事主体参加争端解决。

由于缺乏一个有效的争端解决机制，使得WIPO管理的一系列条约的执行效果大打折扣。WIPO也早已预见到了这一潜伏的隐患，并于1990年召开了拟议《知识产权领域国家间争端解决条约草案》的专家研讨会。有的学者对WIPO在WTO外再建立一个适用于国家间的知识产权争端解决机制提出了三点理由：第一，并非所有潜在的知识产权争端都当然地适用于WTO争端解决机制；第二，并非所有多边知识产权条约的成员都是WTO的成员；第三，最为重要的是，在WTO外建立另一争端解决机制，可以使得国家间在一种相对于WTO而言政治性因素被淡化的环境中解决争端。关于在WIPO内建立一个能适用于国家间的争端解决机制的议题，现正处于谈判的过程中。如果谈判顺利，WIPO将在其组织内部建立起一个可以适用于国家间的知识产权争端解决机制，那么也就是说，在知识产权国际保护的法律体制中将同时存在着两套“各自为政”的争端解决机制。

WTO《关于争端解决规则与程序的谅解》（以下简称《谅解》）第23条第1款和第2款（a）项的有关规定，确立了WTO争端解决机制的“专属管辖权”。这就要求各成员，在谋求排除违反《知识产权协定》所规定义务的行为时，遵守《谅解》的规则和程序诉诸WTO争端解决机制，而不能在这一机制之外进行单方认定或诉诸其他争端解决机制。因此，WIPO在建立新的争端解决机制过程中所面临的首要问题便是，如何处理两套争端解决机制在管辖权上的冲突。由于《知识产权协定》与WIPO管理下的一些条约有着紧密联系，这在事实上加大了WIPO解决这种“管辖权冲突”的难度。WIPO若不能成功地解决这一问题，模糊的管辖权分配必然是引发两者间关于“管辖权之战”的隐患。

除此之外，两套争端解决机制还可能存在着条约解释上的冲突。比如在美国版权法案中，WTO专家小组认为绝大多数的《WIPO版权条约》（WIPO Copyright Treaty，WCT）缔约方曾参与了《知识产权协定》的谈判并已是WTO的成员。因此，除非以明示方式规定不同之处，在对TRIPS解释时亦可援引WCT的相关规定。但 WCT 在其第 1 条中就规定,“本条约不得与除《伯尔尼公约》以外的条约有任何关联,亦不得损害依任何其他条约的任何权利和义务。”这似乎也意味着在 WIPO 主持制定 WCT 时,已事先否定了 WCT 与《知识产权协定》之间存在着“任何的联系”。因此,WIPO 专家小组就不可能会认可 WTO 专家小组对 WCT 与《知识产权协定》关系的解释。如果出现类似的“条约解释”的冲突,就会造成这两套并行的争端解决机制之间的裂痕。

4. 知识产权新体系对我国知识产权产业化的影响

在知识产权国际保护新体制框架下,一些与贸易有关的国际公约将对我国知识产权产业化制度产生影响,主要有以下几个方面:

(1)《知识产权协定》的影响。

1994 年通过的《知识产权协定》是 WTO 中关于知识产权保护的新规则。该协定拓展了知识产权的保护范围,提高了保护力度。一是把知识产权保护与贸易结合起来,规定了国际统一标准,确定了国民待遇原则和最惠国待遇原则。二是对各个领域提出了最低保护标准,其保护范围和保护力度超过了世界知识产权组织制定的公约。TRIPS 将知识产权保护期由原来的 15 年增加到 20 年,并把已有的知识产权国际公约分为三类:第一类是基本完全肯定、要求全体成员必须遵守并执行的国际公约,包括《巴黎公约》《伯尔尼公约》《罗马公约》《集成电路布图设计公约》4 个国际公约;第二类是基本完全肯定、要求全体成员按对等原则执行的国际公约,包括十几个国际公约,主要是《巴黎公约》的子公约;第三类是各成员方可以根据具体情况选择执行的国际公约,主要有《世界版权公约》《录音制品公约》等。三是规定了解决成员方知识产权冲突的争端解决程序,对不履行裁决的成员提出严格惩罚措施,允许使用“交叉报复措施”和贸易制裁。

《知识产权协定》在统一最低保护标准和解决纠纷程序的同时,承认并允许处于不同发展阶段的知识产权制度的差别;在承认知识产权是私权的同时,还强调了保护公共利益的目的。一是明确了知识产权具有地域性,各成员方的知识产权法律具有相对独立性;二是有条件地区别对待不同发展阶段的成员方。《知识产权协定》把 WTO 成员划分为发达的、发展中的和最不发达的成员方以及转型国家,并在一些条款执行上留有不同的政策调整期限,给发展中国家较长的政策调整期;三是提出合理保护知识产权,防止滥用知识产权进行非法垄断的原则,允许成员方制定反垄断法或者限制竞争法;四是明确保护知识产权不得损害公益,允许成员方在知识产权制度中体现维护公共利益的目标,并采取相应的措施。

《知识产权协定》要求我国的科技发展战略由技术跟踪转向原始性创新。根据《知识产权协定》,WTO成员在实施知识产权保护方面将执行最惠国待遇原则,并将国民待遇扩大到了世界贸易组织的所有成员,同时还对协议规则的实施作了明确规定。随着知识产权保护的加强,发达国家在世界范围内进一步将其在技术原创方面的自然垄断地位转化为市场垄断优势,市场垄断能力进一步提高。据调查,到1997年,美国拥有生物工程领域世界专利的59%,欧洲拥有19%,日本拥有17%,其他国家仅拥有5%;在药物生产领域,美国拥有51%的专利,欧洲拥有33%,日本拥有12%,其他国家仅拥有4%;在人类DNA排序方面,美国拥有40%的专利,欧洲拥有24%,日本拥有33%,其他国家仅拥有3%。[1] 同时,为抢占中国市场,外国企业在发明专利申请的数量和质量上都有了较大的提高。近五年来,国外发明专利的申请量一直高于国内申请量,在高新技术领域尤为明显。1997~1999年,我国受理的航空航天、计算机和办公设备、电子和通讯设备以及医药制造业等高技术领域中,国外发明专利申请占76%,而国内仅占23%左右。在其他高技术领域的发明专利申请中,国外所占的比例也大体相当。这使我国的产业发展在很大程度上受到发达国家的专利制约,会出现有些产品,尤其是高科技产品,只要生产就可能侵权的不利情形。因此,我国科技发展必须加速实现由跟踪模仿为主向自主创新为主的战略性转变,切实提高基础研究和战略高技术研究领域的原始创新能力。

由此可见,在知识产权新体系下,我们面临着严峻的知识产权压力。但是,我们不是被动地接受《知识产权协定》的约束。一方面,我们要通过遵守《知识产权协定》,提高知识产权管理水平,严格执法,加大对假冒和侵权行为的惩罚,创造促进企业创新的市场环境,增强产业竞争力;另一方面,我们要全面理解《知识产权协定》的原则,在满足最低保护标准的基础上,根据国情制定知识产权管理和保护制度。尽快制定反垄断法规,防止滥用知识产权,保护消费者和企业的合法权利;从维护公共利益出发,制定一些灵活措施。

(2)《与贸易有关的投资协定》(TRIMS)的影响。

《与贸易有关的投资协定》使得以市场换技术的思路受到挑战。在WTO体系下,我国已经承诺取消并停止执行通过法律、法规或其他强制措施实施贸易平衡和外汇平衡的要求、当地含量要求、出口实际要求以及转移技术要求的合同条

---

[1] "科技部加强与科技相关的知识产权保护和管理工作的思路和安排",载 http://ybkj.gov.cn/news/uploadfile/2003102716364366.doc.

款。我国确保进口许可证、配额、关税配额的分配,或者其他准许进口的方式,进口或者投资的权利等,不以中央或者地方政府设定的出口实绩要求为条件,不考虑是否有同类产品国内提供者存在,不以诸如当地含量、提供补偿、技术转让等或者在中国进行研究与开发为条件。在生产原料和货物的采购,以及为了在国内市场或者为了出口生产、推销或者销售其自产产品的条件方面,给予外商投资企业与其他企业同等的待遇。这就使得我国长期奉行的"以市场换技术"的发展战略受到挑战。据此,我国的外商投资法律和政策已经作了相应的修改,取消了对外商投资的国产化率、出口比例的要求,也取消了"市场换技术"、外汇平衡以及在中国兴办研究开发中心等一系列强制性要求。

目前,我国大部分产业处于技术跟踪研究阶段,企业以引进技术和模仿为主,许多商业技术开发是引进技术进行适应新市场需求的再开发。过去,企业依靠国家法律法规强制外商转移技术,加入 WTO 以后,《与贸易有关的投资协定》将会影响国内企业获得技术的途径和成本。一方面,增加了企业进行国际技术合作的机会;另一方面,企业不能再依靠法律强制手段引进技术,部分技术的获得成本将提高,相应的对策是化被动为主动。一是加强自主知识产权的研究开发,包括在消化、吸收引进技术的基础上进行改进和创新;二是把过去强制转移技术的政府行为变为企业竞争的自觉行为,企业可以市场份额为砝码,通过正常渠道引进技术,包括进行国际合作联合开发。

(3)技术性贸易壁垒协议(WTO/TBT)的影响。

WTO/TBT 建立了成员方制定技术法规、标准、认证体系以及通报和咨询方面的规则,其宗旨是指导成员方制定、采用和实施正当的技术型措施,鼓励采用国际标准和合格评定程序,保证这些措施不构成不必要的国际贸易障碍。WTO/TBT 对我们的影响是利大于弊。

首先,可以利用 WTO/TBT 解决争端的机制,减少其他国家歧视性标准对我国出口产品的限制。目前,我国的出口产品遇到了一些发达国家的标准障碍,我们可以运用 TBT 赋予的权力,维护我国企业的利益。但要注意,不是所有的影响我们出口的标准都是技术性贸易壁垒。WTO/TBT 中的技术性贸易壁垒是指一些成员方为了保护当地市场,故意设置不利于外国制造商的技术标准。因此,只有歧视性的标准才属于技术性贸易壁垒。

其次,一些国际标准将影响国内产品和生产技术的发展方向。如欧盟打火机的安全标准要求在打火机上安装安全锁,欧洲企业早有这方面的专利技术,而我国大部分企业没有这一技术。为了适应这一标准,企业不得不自己研究开发或购买外国专利。一些大型跨国公司把专利与标准结合起来,收取高额专利费,削弱了我国一些产品的竞争力和市场占有率。因此,在部分产品和技术标准逐步与国际接轨的同时,要逐步实现标准制定与研究开发结合,与专利结合,提高产品竞争力。

最后,防止对其他成员设置技术性贸易壁垒。WTO/TBT 规定了制定技术法规、标准和认证体系以及通报和咨询方面的规定,因此,我们在利用标准保护本国市场时应注意不能违反这些原则,在遵守国民待遇原则的基础上,设置合理的"技术壁垒"。

(4)补贴与反补贴协议的影响。

WTO 的《补贴与反补贴协议》把补贴分为禁止性补贴、可申述的补贴和不可申述的补贴三大类。禁止性补贴主要是针对出口和进口替代实行的补贴,这种补贴一经认定事实就必须撤销。不可申述的补贴是允许的补贴,主要是指社会效益比较大的公共财政支出范围内的补贴,其中包括对研究开发贫困地区环境保护投入的补贴。对研究开发的补贴主要是指对公司研究开发活动的援助,或是对高等教育机构、研究机构与公司签约进行研究开发活动的援助。成员国一般不能对这类补贴提出申述,也不能对其实施反补贴税措施。可申述的补贴是介于禁止性补贴和不可申述的补贴之间的补贴行为,只有满足两个基本条件才可行:一是不针对特定企业与特定行业,对各种经济成分的企业一视同仁,公平对待,特别是对外企业实行"国民待遇"。二是要把补贴控制在一定数量之内,不能影响其他成员的利益,不构成竞争威胁。

《补贴与反补贴措施协议》要求我国对现行的科技计划与政策进行相应调整。《补贴与反补贴措施协议》认为,政府对产业研发活动的过高补贴会对国际贸易和自由竞争构成一定威胁,为此该协议对 WTO 成员国产业研发活动的补贴范围、水平和合法成本进行了详细规定,这将成为我国制定和修改科技投入政策的直接依据。按照《补贴与反补贴措施协议》的规定,政府对基础性研究的补贴不在限制之列,对产业研究的补贴比例为不超过 75%,对前竞争开发活动的补贴比例不超过为 50%。其中,产业研究是指旨在发现新知识的有计划的探索或关键性的调查研究,这些新知识有助于开发新产品或有利于对现有产品、工艺和服务的重大改进。前竞争开发活动是指将产业研究的成果转化为新的、改良的或改进的产品、工艺或服务开发所需的计划、蓝图或设计,以及首次非商业目的的原型与初步展示和试验方案的活动。我国政府对科技活动的支持主要体现在由一系列财政、金融和税收政策以及以资金支持为主要内容的科技计划所组成的复杂体系。总的来看,我国现行的科技计划和政策基本适应 WTO 规则的要求,但由于近年来为了解决技术与经济的结合,一些计划与政策的支持重点有所前移,包括了部分成果转化、市场导入以及出口补贴和进口替代的内容,需要作相应调整。

由此可见,在 WTO 体系下更有利于政府对企业研究开发和技术创新的支持。因此,政府应改变补贴对象的环节和方式,根据 WTO 原则,最大限度地利用 WTO 允许的政策空间,促进企业创新,提高产业竞争能力。

总之,我们要在遵守 WTO 原则的基础上,充分利用允许的政策空间,合理保护知识产权,维护国家利益,化不利为有利,把挑战变为动力。

(5)知识产权产业化与技术标准的协调研究。

高新技术产业已成为推动一个国家或地区经济发展的原动力,特别是在当今时代下,一项产品的技术含量越高,其带来的经济效益也就越好。同时,在高新技术领域,如移动通讯、数字电视等,由于技术含量高和本身竞争的压力,任何一个知识产权权利人也不可能包揽和控制这一领域的所有技术成果,他们需要一种能够更加集中的方法来管理自己的权利,技术标准战略正好就是适应这种需要而得以完善的。因此,推进技术标准和知识产权产业化过程的协调就成为企业经营必须切实解决的问题。在当前形势下,我们只有顺应历史潮流,建立并完善我国知识产权产业化制度和技术标准的协调体制,才能参与国际竞争,争取主动的地位。

在 WTO 新规则下,知识产权产业化与技术标准的协调成为国际贸易的客观需要。随着经济的全球化的发展,世界各国正在逐步消除关税壁垒和行政壁垒,国内竞争国际化、国际竞争国内化,技术壁垒、技术标准和知识产权对市场的占领和保护作用不断凸显出来。技术标准和知识产权已经发展成为发达国家聚集世界范围内财富的杠杆和发展中国家的硬约束,知识产权产业化与技术标准的协调已经成为国际贸易的客观需要。我国加入 WTO 后,企业要直接面对拥有国际营销和知识产权综合优势的跨国公司的竞争,激烈的国际竞争对我国的知识产权产业化与技术标准的协调提出了更高的要求,由此也增强了正确协调两者之间关系的重要性。据《国际商报》报道,商务部的调查表明:2002 年,中国 71% 的出口企业遭遇到国外技术性贸易壁垒不同程度的影响,造成的损失逾 170 亿美元,这相当于 2001 年出口总额的 5.2%。以打火机生产企业的遭遇为例,我国是打火机的生产和出口大国,产品出口包括欧盟、美国在内的 30 多个国家和地区。2001 年,仅浙江省出口打火机就达到 9.13 亿只,出口额 1.29 亿美元,占全国打火机出口的49.9%。1994年以来,欧美各国逐步通过了规定进口廉价打火机,特别是出口价格在2欧元以下的打火机必须要防止儿童开启的安全保险装置的CR法案,这给我国的打火机出口制造了巨大的障碍。[1]

因此,面对WTO新规则,我们如何在知识产权和技术标准方面作出适当的调整,是我们必须马上解决的重要问题。从长远来看,构建促进我国知识产权产业化的机制,就必须考虑知识产权和技术标准的协调,以便我们的产品具有与国际市场需求相符合的标准,具有国际竞争力。

由此可见,构建促进我国知识产权产业化的制度,仅仅将其视角放在国内市场是绝对不行的,必须充分考虑国际市场、国际技术标准以及国际竞争状况。人们常说,末流企业卖苦力,二流企业卖产品,一流企业卖专利,超一流企业卖标准。我们通过知识产权产业化而制造的产品,其技术含量应当是有保障的,其专利水平、版权水平以及其他的科技水平也应当是有保障的。但是,能否符合相应的市场标准则是需要注意的问题。从本质上讲,世界级领先企业是通过标准的推出节奏来控制市场竞争的节奏和游戏规则。在这个意义上来说,科技研发和技术标准的协调就成为超一流企业引领市场的主要手段,因此我们在WTO新规则体系下,构建促进我国知识产权产业化的制度,就应该重视对科技研发与技术标准的研究,在技术创新和自主知识产权领域站稳脚跟,不断闯出自己的一片天地。

5. 美国"特殊301条款"对知识产权业化的影响

美国的《综合贸易与竞争法》中的"特殊301条款"是以国内法的形式处理国际贸易争端的典型。这种单方面的贸易制裁措施,极大地破坏了国际贸易的公正性和互惠性,许多国家强烈要求美国取消其特殊301条款,但由于经济实力的不对等及霸权主义的存在,《知识产权协定》达成之前,美国根本无意考虑取消特殊301条款。因而,争取达成多边协议以限制美国的单方面措施是许多国家支持并参加乌拉圭回合谈判的重要原则之一。但是,《知识产权协定》的达成并不意味着特殊301条款的消失。因此,构建促进我国知识产权产业化制度时,由于我国的知识产权产业化制度与国际贸易密不可分,我们就应该正视美国特殊301条款的存在,运用合理有效的措施进行应对来维护我们的合法权益。

---

[1] "北京技术标准和科研协调发展现状研究",载 http://www.soft6.com/article/2005-05-18/150398.shtml.

四、在国际协调方面的具体措施

进入21世纪,随着科学技术的迅猛发展,经济全球化进程的日趋加快,以及以对知识和智力资源的创造、占有和应用为基础的知识经济时代的到来,以专利技术为核心的知识产权的创造和拥有必将成为经济发展的动力源泉。基于此,知识产权日益成为国与国之间激烈竞争的焦点,知识产权保护在世界经济、科技领域受到空前的重视,甚至成为政治、经济和军事竞争的一个重要手段。加入WTO后,我国的政治、经济、科技、文化等诸多方面都面临着来自外部世界的竞争和挑战,这意味着在以高科技为内容、以知识产权为保护手段的激烈竞争中,我国的科研机构、高新技术企业不得不与具有丰富知识产权运作经验并拥有大量自主知识产权的发达国家进行面对面的竞争。面对新形势,必须在知识产权产业化国际协调方面,采取相应对策,在不利的竞争环境中变被动为主动,既信守我国在WTO、WIPO和《知识产权协定》中的承诺,享受权利、承担义务,切实保护缔约国的权利,同时又遵循我国法律、法规的有关规定,使我们自己的权利不受侵犯。

(一)国外知识产权产业化国际协调的经验研究

1. 美国

(1)美国特别强调政府对知识产权标准化制定的介入,认为政府在签订国际协调的标准协定方面可将发挥重大的作用,通过指定最有利于本国的国际知识产权标准来保护本国知识产权。[1] 美国政府认为,以专利权为核心的知识产权,是美国新经济的基础,也是当代美国经济的核心利益之一。因此,保护美国在海外的知识产权是美国对外政策的重要目标。早在20世纪70年代,美国就制定了相关法律,为应对美国在海外的知识产权被侵犯提供法律基础,其中最著名的就是《综合贸易与竞争法》中的"特殊301条款"。在多边外交活动中,特别是在世界贸易组织框架中,美国不但使有关反补贴的规则便利于美国技术政策的制定与运作,而且使与贸易相关的知识产权条款体现美国的利益需要。通过世界知识产权组织和WTO谈判所达成的一揽子协定,提高了美国发明人和知识产权持有人在海外获得和维护平等权利的能力。尽管在世界贸易组织的框架下,各国对于知识产权法律、管理和执法的纠纷完全可以通过世界贸易组织知识产权理事会解决,但美国仍然抓住"特殊301条款"不放,这样可以更及时、有力、不受干

[1] 崔伟:"美国知识产权战略特点及对我启示",载《国际技术经济研究》2004年第3期。

扰地反映美国的意志。

（2）美国政府在知识产权战略中的作用十分突出。政府不仅是公共政策的制定者、干预者，同时又承担谈判者的角色。2001年年底，美国政府就提出了要改革现行专利体系，使其既能进一步促进技术创新又能保护创新技术的知识产权。同时，美国政府从立法上把国内法运用到国际上（如“特殊301”条款）。由于知识产权已成为世界各国激烈竞争的焦点之一，国际社会从来没有像现在这样如此热衷于运用专利、商标、版权等知识产权来维护自身利益。知识产权被作为衡量指标已与综合国力、科技竞争和贸易等直接挂钩，成为提高国家综合竞争力的重要武器，成为跨国公司在国际投资与贸易中的“撒手锏”，更成为发达国家处理国与国之间政治、经济、贸易问题的一个重要手段。

2. 日本

（1）日本将知识产权保护提升到国家层面。日本政府将知识产权保护提升到国家层面上，将其视为提高国家竞争力和振兴日本经济的立国战略，而不仅仅将其视为确定知识产权归属的一种民事法律制度。日本政府将知识产权作为立国战略，必然是经过了全面、深入的研究后作出的决策。日本知识产权战略大纲和基本法的出台，是日本政府各部门在达成广泛共识的基础上密切协作的结果。

（2）知识产权制度是保护和促进知识产权产业化的重要手段。日本于1959年制定了现行的工业产权法，后来又陆续颁布了其他的知识产权法，包括对植物新品种进行保护的《种苗法》等。日本还加入了《巴黎公约》《世界版权公约》《伯尔尼公约》《专利合作条约》《知识产权协定》等知识产权国际条约，逐步形成了与知识产权国际保护标准相协调的知识产权制度。为使其知识产权制度与国际接轨，以适应新形势发展的要求，日本不断对其知识产权法律进行修改。尤其是1994年以后，随着WTO成立和《知识产权协定》的生效以及日美在知识产权方面达成的共识，日本对其专利法、实用新型法、外观设计法、商标法、著作权法、不正当竞争防止法等进行了全面的修订，朝着强化对权利人的保护的方向发展。

（3）高效、统一、分工协作的机制是日本知识产权战略的显著特征，也是制定和落实知识产权基本法和战略大纲的有力保障。日本知识产权战略大纲包括100多项具体知识产权行动计划，而这些计划分由各相关部门负责制定和实施。为了有效地协调指导所有行动计划的工作，《知识产权基本法》规定要设立知识产权战略本部，其目的在于建立一个横向沟通和协作的平台，形成一个高效、统一、分工协作的机制。

（4）日本政府和企业、民间机构在知识产权保护问题上通力协作，对外行动一致。从法律上讲,知识产权只是企业或者个人的民事权利,其保护主要依赖于权利人自身的主张。对于在外国获得的知识产权,由于客观原因,权利人往往难以充分有效地主张和行使权利。日本政府认识到,保护其外向型企业的知识产权及其经济利益,就是保护日本自身的经济利益。因此,日本在对外交往中,利用各种机会和场合向所在国施压,反映日本企业在知识产权保护问题上的强烈愿望。

(5)日本注重知识产权国际合作,打击国外侵权。日本有学者提出:围绕知识产权的纠纷已在世界范围内爆发。[1] 日本政府认为打假需要国际合作,尤其是政府间的合作;对侵权企业进行知识产权培训,以提高其知识产权意识;及时收集假冒侵权的具体情况,向有关国家政府反馈,相互交流,推动打假。为此,日本建立了国际知识产权交易委员会,禁止出口产品被仿造以后再次进入日本。

3. 韩国

韩国企业在国际市场竞争和国际知识产权开发方面已取得巨大成功,因而其越来越关注知识产权国际规则的制定和知识产权国际合作。现在,韩国已成为专利合作条约(PCT)的第8位申请国和第6位信息检索成员单位;同时,韩国在PCT制度改革和技术合作中发挥着重要作用;韩国知识产权局积极为PCT新成员提供教育培训;2003年4月,韩国成为马德里协定的成员国。韩国还积极参与知识产权国际合作和国际条约的制定与修改。韩国在现有知识产权制度国际化的基础上,进一步加强对专利审查结果的合作开发和对公有技术联合检索等领域的国际合作,积极参加中日韩三方知识产权峰会,以及与美国、澳大利亚和发展中国家的双边合作。

(二)我国知识产权产业化国际协调的现状研究

近年来我国在知识产权国际规则的调整和变革过程中努力发挥自己的作用,积极参加知识产权主要国际公约和条约,积极加强同各个国家间知识产权的协作,与许多国家、国际组织和外商投资企业在知识产权领域广泛开展对话、交流与合作,妥善应对和处理纷繁复杂的国际知识产权事务,初步建立起了知识产权国际交流与合作的新格局,对外知识产权宣传工作取得初步成效。总体而言,为了促进我国的知识产权产业化,在知识产权国际的统筹协调方面,我国已经取得了一定的成绩。

---

[1] “日本‘知识产权战略推进计划’带来的启示”,载 http://bbs.pku.edu.cn/bbs/bbstcon.php?page=0&board=IPDA&threadid=46&num=78.

自2001年以来，国家知识产权局、国家版权局、农业部、国家林业局、国家工商行政管理局、商务部等部门先后与世界知识产权组织、国际植物新品种联盟以及亚太经合组织等联合举办各种形式的知识产权研讨会。这些活动不仅表明我国政府愿意在知识产权领域与国际组织合作，也表明我国政府长期以来一直致力于知识产权保护，有利于促进我国的知识产权产业化。

与此同时，我国政府与其他国家或地区在知识产权领域开展了多方面的交流与合作。中美于1992年签署了《中美知识产权谅解备忘录》，于2000年建立了知识产权定期磋商机制，在每年开展知识产权定期磋商的基础上，2003年共同举办了知识产权圆桌会议，并在2004年成立了中美商贸联委会保护知识产权工作小组。在与欧盟合作方面，1992年6月30日，中欧双方签订了有关保护知识产权的会谈纪要；2003年10月30日，中欧共同签署了建立"中欧知识产权对话机制"的协议，构筑了中欧双方在知识产权方面进行交流的新平台；2004年10月21~22日，中欧双方成功举行了知识产权对话首轮会谈；双方自1996年进行了为期六年的中国—欧盟知识产权合作项目；中国与法国商标部门之间定期举行中法商标混合工作组会议，1998年9月24日中国与法国签订了《中华人民共和国政府和法兰西共和国政府关于知识产权的合作协定》。中国与日本、韩国之间也建立了知识产权双边及三边对话与合作机制，自2001年开始，中日韩三国知识产权局之间每年定期举行政策对话机制；中日著作权行政部门之间每年举行定期会晤，并于2003年由中国国家版权局与日本文化厅签订了《著作权及邻接权合作协议》；自1996年起中国工商行政管理总局商标局与日本特许厅之间建立了两局领导不定期会谈机制以及与韩国知识产权局正在磋商建立的密切业务合作关系等；另外，中日、中韩双边经贸联委会和中日韩三国经济局长会议也涉及知识产权的议题。中国与巴西、墨西哥等国家也开展了卓有成效的知识产权交流与合作。

在这些对话与合作框架下，中国与其他国家还多次联合举办有关知识产权问题的研讨会，如2001年9月4~6日，国家版权局与中国—欧盟知识产权合作项目办公室在京联合举办版权集体管理研讨会；2003年8月下旬，中国国家版权局与日本文化厅在北京举办了"首届中日著作权研讨会"；2003年10月23~24日，在中国—欧盟知识产权合作项目框架下，中国国家知识产权局与欧洲专利局在北京共同举办了"中国与欧洲知识产权保护合作回顾、现状及展望"国际研讨会；2004年10月，中国商务部与欧盟驻华代表团和日本驻华使馆共同举办了"中欧日三国知识产权研讨会"。中国与其他国家和地区通过有效的沟通与对话，增进了解，互通有无，为推进知识产权保护水平的提高作出了共同努力。

总体而言，我国知识产权涉外协调取得了不菲的成绩，但是还是要更进一步加强涉外协调，在国际竞争中有效地保护我国的知识产权。

（三）对我国知识产权产业化国际协调的建议

知识产权产业化国际协调要本着为国家整体外交工作服务，为国家经济、科技、贸易工作服务，为我国知识产权事业发展服务的宗旨，坚持逐步实现使我国由知识产权国际规则的被动接受者，转变为制定国际规则的负责任、建设性的参与者，由被动应对知识产权国际规则调整，转向积极主动地推动知识产权国际规则的调整朝着维护我国国家利益的方向发展的“两个转变”。加强国际合作的基础性工作，注重收集、整理和研究国际知识产权发展动向和主要国家的有关信息，提高制定应对预案的水平，提升应对突发事件的能力，为我国知识产权管理工作服务。加强政府主管部门之间的沟通和合作，密切与我驻外使团的联系，认真做好知识产权涉外工作。加强政府主管部门与国内企业之间的沟通与合作，建立和完善企业知识产权涉外纠纷的解决机制。继续加强与世界知识产权组织、国际植物新品种保护联盟、世界贸易组织等国际组织的联系，积极参与国际规则的制定和修订，扩大我国在知识产权国际合作中的影响。保持和发展我国与世界主要国家、广大发展中国家和双边或多边之间的合作，不断增强国际合作的广度和深度，营造良好的国际发展环境。

1. 树立知识产权产业化国际意识

知识产权产业化国际意识，实际上就是需要我们的政府、企业、行业或者有关机构或组织清醒地认识到，知识产权产业化虽然是某一个国家或地区提高其综合竞争力、发展经济的重要措施，但是，实现知识产权产业化的目标，并不是某一个国家或地区关起门就可以做到的事，而是需要与其他国家和地区以及有关国际组织进行通力合作，才能达到目的。为此，我们应该采取措施对国民进行知识产权素质教育。为在全社会形成“崇尚创新精神，尊重知识产权”的良好氛围，我国国家知识产权特别将2007年确定为“知识产权文化年”。[1] 根据国家知识产权局的指导思想，知识产权文化建设将着力于知识产权知识的普及、法制观念的树立和道德标准的培育。为了实现这一目标，各级知识产权管理部门将针对不同社会群体，采取多种形式，广泛开展知识产权文化宣传普及活动，使知识产权

[1] “中国确定今年为‘知识产权文化年’”，载 http://www.huaxia.com/wh/whxx/2007/00602879.html.

文化理念深入人心，成为人们的意识认同和行为指导；同时，以法制手段为后盾和保障，加强公众对知识产权在经济社会发展中的重要作用的深刻了解；在全社会形成对侵犯知识产权行为的严厉谴责和惩罚、对他人的知识产权予以充分尊重、对自主创新予以知识产权保护的社会氛围。此外，知识产权文化建设将着力加强对全社会自主创新和知识产权创造意识与能力的培养。开展多形式、多渠道的知识产权教育和培训活动，以逐步建立多维度的知识产权文化教育模式，开展贯穿自主创新和知识产权创造意识与能力的教育，为创新活动提供强大的智力资源和保障。❶

在知识产权文化建设中，对之要加以继承、弘扬、丰富和发展；同时，要学习西方文明中包含的科学精神、法制观念、竞争意识等现代文明成果，努力建设面向未来、富有时代精神、充满激励创新活力的知识产权文化。在此活动中，我们还需要做好涉外知识产权的统筹协调工作，开拓国际交流与合作的新局面，与国际知识产权界进行友好沟通。

从根本上讲，知识产权存在于人们的头脑之中，存在于那些经过良好的教育，具有一定的科学文化素质的人的头脑之中，特别是那些具有创新意识，能够不畏艰险，在科学崎岖小路上勇于攀登的人的头脑之中。为此，我们要重视素质教育，改革教育，增加投入，提高我国的大学普及率和整体教育水平，培养既有真才实学和创新精神，又有良好的道德素质的人才，他们将会最终改变我国知识产权拥有量低的落后状况。

2. 运用 WIPO 与 WTO 机制，促进我国知识产权产业化

一方面，要有效利用 WIPO 在知识产权方面对发展中国家的优惠措施，促进我国知识产权事业的发展。建立世界知识产权组织的目的之一就是为知识产权领域的国际合作提出一个整体性的框架，而不是要求其成为一个知识产权国际执法机构。科学技术的不断发展，历来是推动知识产权制度变革的技术性因素，许多知识产权条约的缔结或修订无不烙刻着技术性因素之痕迹。近年来，随着信息和生物技术水平的快速发展，WIPO 已在相关的回应性工作中取得了引人瞩目的成就。如 1996 年 12 月，WIPO 主持制定了《WIPO 版权条约》（WCT）和《WIPO表演与录音制品条约》（WPPT）。这两个条约被称为是“WIPO 国际互联网条约”，得到了各方的广泛赞誉。同时，WIPO 本身具有较强的科研能力和相关的

---

❶ “国知局印发了 2007 年知识产权宣传工作要点”，载 http://wr.cccv.cn/1309/dyn2007325165824902.shtm.

配套措施,这为它制定新规则提供了技术性的基础。如1999年4月,WIPO公布的关于国际互联网域名问题的最终研究报告中提出的一系列措施,对全球域名系统的整体性改革产生了巨大影响。2001年9月,WIPO又推出关于域名问题的研究报告,再一次为未来域名系统的改革指明了方向。

WIPO历来对发展中国家有着较多的关注,因而广大发展中国家认为它具有较强的亲和力。与WTO相比,WIPO对于向发展中国家提供援助的活动具有更为丰富的经验,并已建立起一套相应的网络体系。比如在1996年到2000年这5年内,WIPO向111个发展中国家和区域组织就知识产权立法或原有法律的修订工作提供了帮助,仅在2000年这一年中,WIPO就为25个发展中国家提供了38部关于知识产权的立法或原有法律修订的草案。此外,WIPO还举办了124次培训课程,来自发展中国家的将近4.5万名相关人员得到了培训。WIPO还在102个发展中国家无偿为其建立了255个计算机网络系统,并提供相应的软件服务。因此,由WIPO承担起援助发展中国家的任务,是能够取得积极成果的。为此,WIPO也把援助发展中国家的计划列为其整体计划的重要组成部分,并提出了相应的细节规划和财政支出的预算。

因此,我们应该积极参加世界知识产权组织合作项目提供给我国的各种考察、培训;利用图书资料、互联网等信息来源整理相关的文件资料。发挥社会各界的力量,加强对知识产权国际发展趋势的研究;加强对知识产权重大问题、技术创新与知识产权关系及其政策问题的深入研究,进一步提高知识产权宏观管理水平和决策水平;通过信函、电话、数据电文等形式或通过考察、互访,与国外的知识产权相关机构进行间接或直接的交流,积累有关的资料,建立资料库,从而为我国的知识产权产业化服务。

另一方面,我们也要重视WTO在现行的知识产权国际保护新体系下的重要作用,熟练运用WTO关于知识产权的规则,充分有效地保护我国知识产权产业顺利有序地发展。

换言之,我们应当熟悉知识产权国际纠纷的协调处理机制,熟练运用WTO的知识产权争端解决机制,处理我国在国际竞争中的知识产权国际纠纷。目前,我国的涉外知识产权纠纷较多,但处理涉外纠纷的经验和能力还比较欠缺,需要学习提高。根据美国的经验,联邦国际贸易委员会代表国家和企业的利益,专门负责外来产品对美国知识产权的侵犯案件;贸易代表办公室根据"特殊301"条款的授权,负责处理海外对美国知识产权的侵权事宜,并领导和从事与其他国家的谈判。因此,我们应该建立相应的机构负责知识产权的国际纠纷,维护国内消费者和企业的利益。

就 WTO 而言,它将主要为解决国家间的知识产权争端提供服务,并通过《知识产权协定》提高知识产权保护标准。WTO 创设了崭新的争端解决机制和贸易评审机制,并且不断采取各种措施以推动多边贸易谈判。WTO 制度的最主要特点之一就在于其新的争端解决机制,它是“多边贸易体制的中心支柱”,是“WTO 对全球经济稳定的最独特的贡献”。WTO 争端解决机制建立在原有的 GATT 争端解决机制的基础上,对其进行了突破性的发展,这极大地提高了争端解决机制运作的效率,并且推动该机制在“规则取向”的轨道上运行。

具而言之,WTO 框架下的《知识产权协定》为国家间提供了一个有效解决知识产权纠纷的途径。一项知识产权保护政策优劣与否,取决于国家的目标和环境以及所涉及的经济部门,因此很容易产生国家间的利益冲突。为此,《知识产权协定》通过 WTO 争端解决机制来解决成员间的争端。WTO 争端解决机制的主要目的体现在维持各成员在 WTO 协议下权利与义务的平衡以及确保 WTO 体制有效地运行。机制的设立不是为了判明谁是谁非,而是要找到一种争端双方都能接受的解决方法,以恢复或重建权利与义务的平衡。通过这种途径来解决国家间的知识产权纠纷,有利于进一步扫除各国间在知识产权领域进行合作的障碍,也有利于促进知识产权国际保护制度的安全、稳定与可预见性。因此,我们应该在国际纠纷的协调处理机制方面下大力气,不断缩小与发达国家在这方面的差距,在国际知识产权纠纷中取得有利地位以维护自己的利益,并促进我国知识产权产业化。

3. 加强国际合作,促进我国知识产权产业化

加强同其他一些知识产权国际组织合作,充分利用我国加入的国际组织和国际合作项目,广泛开展工作,争取在知识产权政策法规的制定、人员培训、知识产权信息利用等方面得到国际组织的支持,与它们建立广泛的业务联系,增加相互了解的机会。同时,加强同国际上与知识产权有关的民间组织、协会、研究会、基金会以及科研院所的合作,邀请国际知名的专家、学者或政府官员参观、访问,举办各种知识产权培训班和研讨会,以便我们在知识产权的理论研究、行政管理和司法保护方面获得更多的发展机会。重视同国际跨国公司之间的交往,为我国企业建立、健全知识产权的管理和保护体制提供第一手资料,提出切实可行的建议,促进我国的知识产权产业化。

4. 与其他国家或地区保持联系,促进我国知识产权产业化

正如前面所说,知识产权产业化是一种开放行为,必须与知识产权国家组织

保护密切联系，同时还必须与其他国家或地区保护密切联系。此种联系能够带来的明显利益有：

(1)其他国家或地区在知识产权产业化过程中所取得的经验，通过开放、引进和交流，可以为我所用。经验是一笔宝贵的财富，学习、借鉴其他国家或地区在知识产权产业化方面的成功经验，可以使我们的知识产权产业化更加顺利地进行。

(2)其他国家或地区在知识产权产业化过程中所获得的教训，通过交流、沟通与联系，可以用做反而教材，让我国在知识产权产业化进程中少走或不走弯路。成功的经验是财富，实际上是失败的教训也是财富。另外，由于每一个国家或地区的具体情况不同，有些国家的成功经验不一定能够直接拿来为我所用，也许需要借鉴过来与我国的具体实际相结合，或者通过改造后适用；而有些国家或地区失败的做法，通过认真的研究分析或者修正后，正好可以为我所用。

以美国为例，它在知识产权产业化方面已经取得了令人比较满意的成绩，它制定的一系列促进知识产权产业化的制度和采取的一系列措施，有的可以借鉴，有的则只能参考，并不能直接为我所用。例如，它将国家投资研发所取得的科研成果之所有权转让给企业，由企业进行知识产权产业化，就是一个比较成功的做法。我国目前还不能这样做，因为这与我国现行的生产资料所有制形式不符，可能造成国有资产流失。

再以日本为例，它在知识产权产业化方面也取得了成功，它的主要做法是建立一套赋有人性化的奖励机制，从知识产权的创造、获权、管理、产业化、保护、后续开发、向国外延伸等各个环节，都与具体的人相联系，而且让每一个具体的人都能够获得多种形式的奖励，尤其是对其子女、家庭和日常生活的关照，解除了研发人员的后顾之忧。日本的这种做法，我们可以借鉴，并结合我国的具体实际实施。但是，我国政府或企业却没有足够的能力兑现。例如，我国政府可以给袁隆平、王选等高端科学家提供高额奖励，提供上亿元的科研经费，但不可能给每一个研发者都给予足以让他们的子女、家庭都无忧的奖励金额。造成这种现象的原因是我国的经济实力还比较弱，有限的资金需要用于更加急迫的用途。另外，由于政府过于庞大，每年的财政支出占去了政府年度收入中的相当部分，再加之因贪污腐败、渎职等造成的浪费和缺失过大，使本来就紧张的经费更加捉襟见肘。

通过对其他国家或地区知识产权产业化经验或教训的研究、参考和借鉴，可以为我国的知识产权产业化提供比较有益的帮助。

参考文献

[1]郭民生,王锋主编．区域专利发展战略(河南卷)[M].北京:知识产权出版社,2005.

[2]刘仁豪,张学全,姜启安主编．区域知识产权战略[M]．北京:知识产权出版社,2005.

[3]中国知识产权研究会编．各行业专利技术现状及其发展趋势报告[M]．北京:科学出版社．

[4]王太平．知识产权法律原则理论基础与具体构造[M]．北京:法律出版社,2004.

[5]寇宗来．专利制度的功能和绩效[M]．上海:上海人民出版社,2005.

[6][澳] 伊利奇·考夫．专利制度经济学[M]．柯瑞豪译．北京:北京大学出版社,2005.

[7] 武心莹．电子商务与企业战略[M]．北京:经济管理出版社,2001.

[8]孙新强．美国版权法[M]．于改之译．北京:中国人民大学出版社,2002.

[9]李明德．美国知识产权法[M]．北京:法律出版社,2003.

[10] http://www. sina. com. cn[2006 - 03 - 10].

[11] http://www. chinatech. com. cn/aspx/news/single. aspx? titleid = 20011212. 031&title.

[12] http://www. chinatech. com. cn/aspx/news/single. aspx? titleid = 20020322. 061&title.

[13] http://www. chinatech. com. cn/aspx/news/single. aspx? titleid = 20011212. 031&title.

[14] http://www.chinatech.com.cn/aspx/news/single.aspx?titleid=20030219.015&title.

[15] http://www.chinatech.com.cn/aspx/news/single.aspx?titleid=20040713.009&titlc.

[16] http://www.chinatech.com.cn/TechNews/link.asp?id=20060217.001&kind=9.

[17] 21IC 中国电子网.

[18] 曹新明. 构建促进知识产权产业化制度基本问题浅析[J]. 私法研究, 2005(5).

[19] 冯晓青. 企业知识产权战略[M]. 北京:知识产权出版社, 2005.

[20] 广东省知识产权局郭喜泉局长在全省专利工作会议上的工作报告, 2000-06-19.

[21] 长三角地区16城市结成知识产权保护联盟. http://www.csonline.com.cn.

[22] 陕西省人民政府. 关于进一步加快软件产业发展的意见. www.chinaeclaw.com.

[23] 上海知识产权战略纲要(2004~2010年).

[24] 提高自主创新能力、努力建设创新型国家——全国科学技术大会代表发言摘登[N]. 人民日报, 2006-01-18.

[25] 中部欠发达地区实现崛起之知识产权战略刍议(2005年9月27日).

[26] 重庆摩帮走在中国企业知识产权保护前列"[N/OL]. 中国摩托车网. 2005-11-30.

[27] 自贡市高新技术创业服务中心所属孵化器管理暂行办法.

[28] 令人担忧DVD企业如何走出知识产权困境[N/OL]. 慧聪影音商务网.

[29] 化工部化工行业加强知识产权保护工作的若干意见(1995年9月11日化政发[1995]689号).

[30] 家具行业知识产权保护[EB/OL]. http://www.365f.com.

[31] 家纺展突破成熟期瓶颈[EB/OL]. 中国寝具网[2005-10-10].

[32] 汽车零部件行业知识产权保护势在必行[N]. 民营经济报, 2005-11-29.

[33] 知识产权保护关键在企业[N]. 中华工商时报, 2005-12-29.

[34] 中国知识产权保护现状调查[EB/OL]. http://finance.sina.com.cn [2005-03-30].

[35]中小企业更应得到保护[N]. 南方都市报,[2002-10-13].

[36]王宏. 中药知识产权保护状况及应对策略[N]. 中国知识产权报. 2008-02-28.

[37]吴汉东. 企业核心竞争力与知识产权[J]. 中华商标,2007(5).

[38]王文翌,安同良. 中国制造业企业知识产权保护策略探讨[J]. 产业经济研究,2006(1).

[39]刘建文. TRIPS视野下的知识产权制度研究[M]. 北京:人民出版社,2003.

[40]冯晓青. 企业知识产权战略[M]. 北京:知识产权出版社,2005.

[41]吕薇主编. 知识产权制度挑战与对策[M]. 北京:知识产权出版社,2004.

[42]刘月娥编著. 知识产权保护与技术创新[M]. 北京:知识产权出版社,2002.

[43]汤宗舜. 知识产权的国际保护[M]. 北京:人民法院出版社,1999.

[44]徐明华,包海波,等. 知识产权强国之路:国际知识产权战略研究[M]. 北京:知识产权出版社,2003.

[45]朱雪忠. 知识产权协调保护战略[M]. 北京:知识产权出版社,2005.

后　记

呈现于读者面前的这部作品，是我与华中科技大学前任教授朱雪忠博士（现为同济大学教授）共同申报的教育部人文社会科学重点研究基地——中南财经政法大学知识产权研究中心2004年的重点研究项目《促进我国知识产权产业化制度研究》（项目编号:04JJD820006）的研究成果。

改革开放30多年来，尤其自2001年我国加入WTO 10余年以后，我国的知识产权法律制度发展非常迅速，知识产权在经济发展与对外贸易中发挥了非常重要的作用，知识产权产业化程度有了明显的提高。为了促进知识产权产业化，国家政府相继制定了诸多政策，包括税收优惠政策、知识产权融资政策、高新技术产业化优惠政策、政府采购政策、中小企业知识产权转化扶持政策等。本课题主要是在2004～2008年期间完成的，此后虽然进行修改，2008年以来的新资料有所更新，但知识产权事业日新月异，本书仍存在一些遗憾，敬请读者原谅。

在本课题的研究过程中，吴汉东教授、朱雪忠教授等专家给予了指导，学生梅术文博士、梁志文博士、雷艳珍博士等帮助搜集、整理、汇编和分析资料。在此，我向所有给予帮助的专家学者、同事、朋友、学生和家人表示衷心的感谢！

作者庚寅年岁末于武昌